組織事故と
人間は事故を起こすのか、危機を救うのか
レジリエンス

ジェームズ・リーズン [著] James Reason

佐相邦英 [監訳]

㈶電力中央研究所
ヒューマンファクター研究センター [翻訳]

日科技連

The Human Contribution: Unsafe Acts, Accidents, and Heroic Recoveries
Copyright © James Reason 2008
Original English edition published by Ashgate Publishing Limited.
Japanese translation rights arranged with Ashgate Publishing Limited through Japan Foreign-Rights Centre.

訳者まえがき

　ジェームズ・リーズンの著書 Managing the Risks of Organizational Accident の日本語版（邦訳『組織事故』）を出版した1999年、茨城県東海村の核燃料加工会社 JCO において、わが国初の臨界事故が発生した。また同じく、Managing Maintenance Error の日本語版（邦訳『保守事故』）を出版した2005年、JR 西日本の福知山線において、死者107名を出した列車脱線事故が発生した。どちらも、現場第一線で働く人間の不適切な行動が発生のきっかけとなった事故であるが、設備上の問題、安全管理上の問題、組織上の問題などが大きくクローズアップされた事故でもあった。また事故がもたらした影響についても、単に当該組織の安全対策の見直しにとどまらず、同業他社、安全規制の見直しなど、実に広範にわたった。まさにジェームズ・リーズンのいう「組織事故」である。これらの事故は、安全管理に携わる人々、特にヒューマンファクターの視点から安全を考える人々にとっては、極めて意味深い事故であり、二度とこのような痛ましい事故を起こさないために、次世代の人々に語り継ぐべきものであろう。

　今年7月、㈶電力中央研究所にヒューマンファクター研究センターができて満23年になる。このおよそ四半世紀のなかで、無能な人間がヒューマンエラーを起こすという考え方から、状況や環境が人間にエラーを起こさせるという考え方へと、安全管理に携わる人々の考え方が、徐々にではあるが、しかし着実に変わってきた。また、自動化や機械化、手順書や規則の整備、安全教育体制の整備、安全管理体制の整備、安全文化醸成活動などを通じて、ヒューマンエラーを防ぐためのさまざまな改善がなされてきた。

　このように、人間の不適切な行動がきっかけで起きた事故とその再発防止に傾注するなか、私たちは、ひとつ、重要なことを忘れていた。それは、「危機

を救ってくれるのも人間」ということである。2009 年、ニューヨークのラガーディア空港を離陸した直後に、両エンジンが停止した US エアウェイズの旅客機を異常発生の 3 分後にマンハッタンのハドソン川に不時着水させたのは、パイロットたちのとっさの判断であった。死傷者ゼロの「ハドソン川の奇跡」である。2001 年、静岡県焼津沖での日本航空機どうしのニアミスでも、最悪の事態を救ったのはパイロットたちであった。事故を起こすのも人間、危機を救うのも人間である。

　ジェームズ・リーズンの最新作 The Human Contribution は、この人間の二面性を私たちに気づかせてくれる。事故を起こす人間という視点から、ヒューマンエラーや違反行動が生じる心理学的メカニズム、かの有名なスイスチーズモデルによる組織事故発生のメカニズム、事故調査における視点の変遷が述べられている。一方、危機を救う人間という視点から、軍事、航空、医療などの分野で起きた危機を切り抜けた実例を挙げ、人間を「危機を救うヒーロー」と見ることの重要性を示している。そして最後に、レジリエンスが高く、安全な組織とはどのようなものであるか、そしてそのために何が必要であるかを広範に述べている。

　今日、事故や不祥事の再発防止にあまりに重点が置かれ、過剰なまでの活動が現場を疲弊させているともいわれている。本書は、このような「振れすぎた振り子」に対する警鐘を鳴らす一冊ではないだろうか。

　最後に、本書の出版を快諾していただいた日科技連出版社、ならびに編集の労をとっていただいた鈴木兄宏氏に深く感謝する次第である。
　ジェームズ・リーズンのこの最新作 The Human Contribution の日本語版を出す 2010 年、組織事故が発生しないことを心から祈るばかりである。
　2010 年 5 月

訳者を代表して　佐　相　邦　英

組織事故とレジリエンス

人間は事故を起こすのか、危機を救うのか

目 次

訳者まえがき ………………………………………………………………………………… iii

第Ⅰ部 イントロダクション

第1章 事故を起こす人間、危機を救う人間 ─── 3
- 1.1 はじめに ……………………………………………………… 3
- 1.2 本書の構成 …………………………………………………… 4
- 1.3 本書について ………………………………………………… 9

第2章 心のユーザーへ ─── 11
- 2.1 喉まで出かかっているが口に出ない ……………………… 12
- 2.2 心の活動の意識モードと自動モード ……………………… 13
- 2.3 パフォーマンスの3つのレベル …………………………… 16
- 2.4 長期記憶との関係 …………………………………………… 19
- 2.5 意図と検索サイクル ………………………………………… 21
- 2.6 同時処理 ……………………………………………………… 23
- 2.7 記憶と注意の関係 …………………………………………… 25
- 2.8 まとめ ………………………………………………………… 27

第Ⅱ部 不安全行動

第3章 ヒューマンエラーの性質と種類 ─── 35
- 3.1 エラーの定義と分類 ………………………………………… 35
- 3.2 エラーにまつわる作り話 …………………………………… 44
- 3.3 スリップとラプス …………………………………………… 47
- 3.4 ルールベースのミステイク ………………………………… 56
- 3.5 ナレッジベースのミステイク ……………………………… 57
- 3.6 まとめ ………………………………………………………… 58

第4章 違反とさまざまなルール関連行動 ─── 59
- 4.1 チェルノブイリとゼーブリュージュ ……………………… 59
- 4.2 不安全行動としての違反 …………………………………… 62

4.3	最も違反しそうなのは誰か	66
4.4	なぜ、人は安全規則を破るのか	67
4.5	違反の心の「経済学」	69
4.6	不適切な手順書	70
4.7	手順書の使用	70
4.8	違反行動に関する2つのモデルの比較	71
4.9	さまざまなルール関連行動	73
4.10	臨機応変の達人	79
4.11	おわりに	80

第5章 不安全行動の見方 ——— 83

5.1	疾病モデル	84
5.2	パーソンモデル	86
5.3	法律モデル	110
5.4	システムモデル	112
5.5	スイスチーズモデルの発展	116
5.6	パーソンモデルとシステムモデルのバランス	124

第Ⅲ部 事　故

第6章 エラーの罠と再発する事故 ——— 129

6.1	個人の事故傾向	129
6.2	日常のエラーの罠	134
6.3	事故の再発パターン	136
6.4	再発シナリオの要素	150
6.5	文化力	152
6.6	まとめ	153

第7章 重大事故の調査 ——— 155

7.1	過去にまつわる問題	156
7.2	事故調査の変遷	157

	7.3	マホン報告とモシャンスキー報告	162
	7.4	振り子は振れすぎたか	165
	7.5	状況要因と原因	166
	7.6	事実に反する誤った考え方	167
	7.7	現在の見方	168

第Ⅳ部 驚異的なリカバリー

第8章 訓練、規律、リーダーシップ ── 173
- 8.1 フエンテス・デ・オニョーロ村での軽歩兵師団の撤退(1811年) 174
- 8.2 第1海兵師団の長津撤退(1950年) 181
- 8.3 おわりに 193

第9章 正真正銘のプロフェッショナリズム ── 195
- 9.1 ロストロン船長とタイタニック号生存者の救助(1912年) 196
- 9.2 アポロ13号の生還(1970年) 206
- 9.3 ブリティッシュ・エアウェイズ09便(1982年) 216
- 9.4 BAC1-11型機のインシデント(1990年) 220
- 9.5 卓越した外科手術(1995〜1997年) 224
- 9.6 おわりに 235

第10章 スキルと幸運 ── 237
- 10.1 ギムリー・グライダー(1983年) 237
- 10.2 アル・ヘインズ機長とユナイテッド航空232便(1989年) 244
- 10.3 おわりに 253

第11章 すばらしい臨機応変 ── 255
- 11.1 ガリエニ将軍とパリのタクシー(1914年) 255
- 11.2 ゴードン・ベッティ機長とセスナの捜索(1978年) 260
- 11.3 まとめ 266

第12章 驚異的なリカバリーの源泉 ── 269
- 12.1 予想された潜在的な危険性への対処 270

	12.2	なさそうで、ありそうな潜在的な危険性への対処	272
	12.3	驚異的なリカバリーに必要な特性	280
	12.4	まとめ	288

第V部 レジリエンスを高める

第13章 個人の注意深さと集団の注意深さ — 291

	13.1	一貫性と変動性	291
	13.2	動的非事象	292
	13.3	集団の注意深さ	293
	13.4	個人の注意深さ	296
	13.5	レジリエンスの様相	302
	13.6	英国患者安全機構による洞察訓練	304
	13.7	組織のサポート	306
	13.8	将来を見据えて	307
	13.9	注意深さとレジリエンス	319

第14章 安全を求めて — 321

	14.1	はじめに	321
	14.2	「安全」という言葉の意味	322
	14.3	安全の2つの顔	323
	14.4	安全空間モデル	325
	14.5	レジリエンスの高いシステムとは	333
	14.6	結び目のあるゴムバンドモデル	337
	14.7	安全の積極的な定義	341
	14.8	本書のおわりに	345

索 引 347
著者紹介 355

第Ⅰ部
イントロダクション

第1章　事故を起こす人間、危機を救う人間

第2章　心のユーザーへ

第1章
事故を起こす人間、危機を救う人間

1.1 はじめに

　本書の目的は、複雑かつ厳重に防護されたシステム[*1]の安全性とレジリエンス（resilience）[*2]の双方に対する人間のかかわりについて、考えることである。この話題を扱う際には、人間を潜在的な危険性とする見方が支配的である。つまり、大部分の大惨事は、人間の不安全行動によって引き起こされるという見方である。しかし、もう一つの見方がある。それは研究があまり進んでいるとはいえないが、人間をヒーローとする見方である。すなわち、トラブルに見舞われた大惨事寸前のシステムを救うのは、人間の順応行動の高さと対処行動のすばらしさである。

　潜在的な危険性が高いシステムにおける人間の不安全行動を30年以上研究してきたが、正直なところ、人間が間一髪の危機を救うという、驚異的なリカバリー[*3]のほうがずっと興味深いことに気づかされた。そして、結局のところ、危険なシステムでの安全性の向上を追求するうえでは、この驚異的なリカ

[*1] 相互に影響し合う要素から構成される、まとまりや仕組み。文脈に応じて系、組織、制度、機構、プラントシステムなど、さまざまな用語に該当する。
[*2] 業務上の潜在的な危険性に対する抵抗力、回復力、弾力
[*3] 正常状態から逸脱したときに、その逸脱を補う補償行動

バリーのほうが、より役立つ可能性があると考えている。潜在的な危険性の高いシステムで働く人間の行動が明らかになるのは、多くの場合、詳細な事故調査報告書のなかである。そのため必然的に、人間をヒーローとする見方よりも、潜在的な危険性とする見方のほうが一般的である。

　しかし、不安全行動と驚異的なリカバリーはまったく対照的である。エラーや違反は、平凡であり、もっと言えばありふれている。人間の通常活動の一部であって、息をして、食べて、眠って、死ぬのと同じようなものである。その一方、驚異的なリカバリーは、非凡で注目すべき出来事であり、伝説に値する。ごくわずかな人はこの驚異的なリカバリーを成し遂げるヒーローとして生まれるだろうが、この能力を獲得することは不可能ではない。私たちのほとんどは、必要とされるスキルを身につけて、大惨事を阻止するチャンスを五分五分以上にできる。ただし、いつでも驚異的なリカバリーができるわけではないことを忘れないでほしい。最も優秀な人々にさえ、ついていない日がある。

1.2 本書の構成

　本書は5部構成になっている。第Ⅰ部（イントロダクション）の第1章であるこの章では、本書の主題を紹介している。第2章は、心のユーザーへのガイドを示す。私たちは皆、心をもつというのが、どのような感覚であるかを知っている。しかし、"知っているという感覚"が時々大きな誤解を招く場合があることを、十分に理解しているわけではない。自分の心がどのように働くか知っていると思っていても、実際は知らないことがある。そして、知らないと思っていても、実際は知っていることがある。心の最大限の可能性を認識するためには、知っている（または知らない）という感覚がいつ役に立つか、そして、それがどのようなときに当てにならないかを理解する必要がある。これから、私は心のユーザーの視点からこれらのメンタルプロセスについて議論していく。すなわち、利用者の外側から見るのではなく、利用者の側から見ていきたい。

　私は心と脳との密接な関係を否定するつもりはない。ただ、本書は、脳科学

や脳神経学に関するものではない。現代科学が脳の構造や機能についてさまざまなことを示しているが、その一方、心のユーザーであることの、その時々の経験を、決して完全に捉えているわけでもなく、意識と無意識のプロセスの間の微妙な相互作用のすべてを説明できるものでもない。そして、この相互作用こそ、私が興味をもっているものである。

第Ⅱ部（不安全行動）は不安全行動、すなわちエラーと違反、そして、不安全行動に影響される人々が、それをどのように受け止めているかについて述べていく。不安全行動は、ヒーローの行動ほど魅力的でないかもしれないが、同じくらい重要である。

第3章では、ヒューマンエラーの性質と種類に焦点を当てる。エラーによる損害発生を抑制し、その検出やリカバリーの可能性を高めるために、エラーの認知科学的な起源とエラーを起こしやすい状況について理解する必要がある。これらを理解することは、現場第一線の作業者の"エラーに関する見識"につながる。これについては、**第Ⅴ部**のなかで、「個人の注意深さ」として述べていく。

第4章ではルールに関連した行動について述べていく。まず、違反のさまざまなタイプを考察し、次に、人々がルール、規制、安全運転手順に従わないことを選択させている社会的要因、感情的要因、システム（systemic）*4 要因について議論する。しかし、このようなルールの不遵守行為がいつも悪いわけではない。この行為は、望ましくない結果を生むこともあるが、有益な結果をもたらすこともある。12種類のルール関連行動の詳細を見ると、このことが明らかになる。

第5章では人間の不安全行動について、いくつかの異なった見方を述べていく。最も主要な2つの見方は、パーソンモデルとシステムモデルである。これらのモデルそれぞれには、不安全行動がどのように起きるか、そして、どのよ

---

*4 「システム（system）全体に広がり、影響している」の意。翻訳にあたって、「システムの（的、上の）」と訳した。

うに修正し、管理するのかについての独自の理論がある。パーソンモデルでは、エラーは当事者の心に由来すると考えられており、直感的に魅力的で、多くの分野で依然として支持されている。しかし、最近では、システムモデルがますます支持されつつある。このモデルでは現場第一線の人々を、良くない事象を引き起こす張本人ではなく、むしろ長期間潜んでいるシステムの問題点を押しつけられた人々と考えている。この2つの見方のどちらか一方に偏ることは問題であり、この2つの見方のバランスをとる必要があると私は考えている。

第Ⅲ部（事故）では、事故とその調査について考えていく。類似した状況が、別の人に同じ種類の不安全行動を引き起こさせていることから、システムアプローチが強く支持されている。第6章の不安全行動の再発に関する議論から、問題のかなりの部分は、エラー傾向をもつ人よりも、エラーを誘発する状況にあることが示唆されている。エラーやインシデントの報告システムの第一の役割は、この「エラーの罠」を明らかにすることである。エラーの罠を排除することが、エラーマネジメントプログラムの第一の仕事である。

複雑かつ潜在的に危険性の高いシステムにおいて、良くない事象の影響の受け方は2種類ある。一つは、負傷や損害が限られた範囲にしか及ばない個人事故と、もう一つは、発生は比較的稀であるが、その影響が破壊的で広範囲におよぶ可能性のある組織事故である。これらの2種類の有害事象を区別する特徴の一つは、予見できる潜在的な危険性に対する有効な防護の度合いである。個人事故は通常、非常に限られた安全措置の故障または欠如から生じるが、組織事故は多くのバリア、安全措置、および管理のなかで起きる欠陥の連鎖に関係している。この多種多様な「深層防護」にできる欠陥の連鎖が、組織事故を特徴づけるものであり、これこそが本書の関心事である。

第7章は、良くない事象に対する人間のかかわりについて、今までの見方を根本的に変えた、2つの草分け的な事故調査に焦点を当てる。これらの事故調査は、特に、不安全行動と潜在的な組織要因（病原体）が、相互に影響して何層にもなったシステムの防護を破る様子を説明している。さらに、事故調査における着眼点が、現場における機器の故障や人間のミスから、組織のプロセス、

安全文化、規制、さらには経済的・政治的情勢といった"上流"側にある要因の影響の検討へと推移していった様子が、これらの事故調査からたどることができる。また、現場で起きた事象をきっかけに、時間的にも場所的にも遠く隔たったところに原因を見つけようと、振り子が振れすぎてしまっていることについて述べていく。さらに、事故調査官やその他の過去を理解しようとする人が直面する問題について、考察していく。その問題の一つは、状況要因と原因を区別することができず、そのために事実に反する考えに陥ることである。

　上記の理由、そして関連することから、生産性と安全性との間に存在し続ける緊張が、病原体となってシステムに埋め込まれることを述べていく。これはすべてのシステムに当てはまる真実である。しかし、このような組織の欠点は、原因というよりむしろ状況要因である。これらは防護の欠陥をつくりはするが、それ自体が事故の直接的な原因にはならない。良くない事象の直接的な引き金となるのは、長年システムに潜んでいて、事故として表面化することを待っているものに、最後の仕上げをしてしまう機器の故障や人間のミスである。すべてのシステムには、人間の身体のように病原体が住み着いている。これは、普遍的な特性である。通常、時間的にも空間的にも事故に近接している直接要因だけが、大惨事を被るシステムと、同じ事業形態でも大惨事に遭わないシステムを区別するのである。

　ここまで本書は、人間を主に潜在的な危険性として扱うことになる。**第Ⅳ部（驚異的なリカバリー）**では、もう一方の側面、すなわち、人間をヒーローとする見方から、11の驚異的なリカバリーの実話を紹介する。これらの話は、次の4つの章に分けられている。

- 第8章（訓練、規律、リーダーシップ）では、1811年のポルトガルとスペインの国境でのウェリントン将軍の軽歩兵師団の撤退、1950年の米国第1海兵師団の長津（チョンジン）湖からの撤退という、2つの軍隊の事例を述べていく。
- 第9章（正真正銘のプロフェッショナリズム）では、1912年のロストロ

ン船長によるタイタニック号生存者の救助、1970年のアポロ13号の生還、1982年のブリティッシュ・エアウェイズ09便のジャカルタでの危機、1990年のBAC1-11型機の危機、そして、1995〜1997年に行われた大血管転換術の事例を述べていく。

- 第10章(スキルと幸運)では、1983年のカナダ・ウィニペグ湖畔での「ギムリー・グライダー」、および1989年の米国スー・シティでのユナイテッド航空232便の奇跡を見ていく。
- 第11章(すばらしい臨機応変)では、1914年のガリエニ将軍とパリのタクシー、そして1978年のゴードン・ベッティ機長による南太平洋上でのセスナ捜索について紹介する。
- これらの危機を救ったヒーローには何か共通点があるのだろうか。第12章では、驚異的なリカバリーの源泉を明らかにしていく。

第V部(レジリエンスを高める)は、2つの章で構成されている。第13章では、カール・ワイクの「注意深さ」の概念について詳しく述べる。最も広義にとると、この注意深さには合理的な用心深さが含まれる。これは、潜在的な危険に留意し、うまくいかない場合の準備をしていることである。注意深さは、現場第一線で働く人々のレベル、そして、組織全体のレベルの両方にある。本書では前者を「個人の注意深さ」、後者を「集団の注意深さ」とする。システムのレジリエンスを高めるには、この両方が必要である。私たちは、人間のミスや機器の故障をゼロにすることはできない。そして、いかなるシステムも経済や政治の影響を受けないではいられない。しかし私たちは、その事業上の運命の起伏のなかで起きる、これらの潜在的に有害な混乱を耐え抜く可能性を高めることを期待できるのである。

最終章では、安全性の追求について述べていく。これは本書において考察の範囲が最も広い部分である。安全空間モデルと結び目のあるゴムバンドモデルという、安全性に関する2つのモデルを説明する。前者は文化や組織のレベルでの取組みを説明するものであり、後者は連続制御プロセスを安全な範囲の中

に留めるための戦術レベルに焦点を当てている。これらのモデルはともに、安全性とレジリエンスを高めるように、既存の文化を再度エンジニアリング的に構築することを暗示している。言い換えれば、この結びの章では、個人の注意深さと集団の注意深さの両方を高めるために必要な、実際的な方策を取り上げていく。

1.3 本書について

本書のスタンスと想定する読者について述べることで、本章の終わりとしたい。それには、本書が当てはまらないことを説明するほうが早いだろう。たとえ科学的、技術的問題に軽く触れているとしても、本書は学術書ではない。本書は一人称で書いた。つまり、ここに書かれていることは私、ジェームズ・リーズン（James Reason）の私見であり、偏見である。たとえ研究者や学生が興味深いと思う部分があるとしても、実務者のために書いたものである。最初の数章で専門性の高い心理学について触れてはいるが、本書を読むのに心理学の知識をまったく必要としない。そして、これはハウツー書でもない。本書の内容を説明するとすれば、「複雑で潜在的な危険性を有するシステムの管理における哲学書」になるだろう。哲学とは、とっつきにくい言葉であるが、本書では、単に問題に対する考え方を意味している。要するに、リスクを合理的に実行可能な限りできるだけ低く保って、そのうえでビジネスを継続できるように、潜在的に危険性を有するシステムのなかで生じる問題への対処方法について述べていく。ビジネスの継続なくして、安全性の向上はありえない。

第2章
心のユーザーへ

　70年間、心(mind)*1 を利用してきたが、私は心についてほとんど理解していないと実感している。そして年をとるにつれ、ますますそう思えてきた。心理学の研究と教育に携わって約40年になるが、自分が何を知っていて、何を知らないかが、ようやく薄々わかってきた。また、知っていると思っていても実は知らないという場合もある。さらに、自分自身に適切な質問をすれば、知らないと思っていたけれども、実は知っていたことに気づくこともある。しかし結局のところ、私の心の機能の大半は依然として謎めいており、手の届かないところにあり、驚きに満ち溢れている。

　皆さんはもう気づいているかも知れないが、ジークムント・フロイト(Sigmund Freud)は、100年以上も前に、このことを私たちに教えてくれている[1]。新しいことは何かあるのだろうか。いや、新しいことはたくさんある。これからそれについて書いていきたい。フロイトといえば、"無意識の心"という概念と強く結びつけられているが、彼がその言葉をつくったわけでもなく、その用語に関する彼のかなり狭い考えが、当時の心理学者に広く受け入れられたわけでもない。私は、"無意識の心"の概念を否定するわけではなく、それどころか、その概念の存在が、本章を書く主な理由である。しかし、心の活動

---

1) Freud, S. (1914) *Psychopathology of Everyday Life*. London: Ernest Benn.（オリジナル版は1901年出版）

＊1　身体(body)と区別して、思考・意志などの働きを司るところ

における"無意識の心"の役割についてのフロイトの厳格な解釈には、異議を唱えたい。

　本章の目的は、毎日、心を利用しているあなたに、あなた自身の心の活動の謎に、詳しくなってもらうこと、そして、あなたがまだ気づいていないことを伝えることである。また、第3章、ならびに第4章で述べるエラーと違反に関する議論への導入にもしたい。

2.1 喉まで出かかっているが口に出ない

　ありきたりな経験から始めることにしよう。「喉まで出かかっているが口に出ない」ということがある。これほど、自身の心の中にあることを知っているか、知らないか、この微妙さを表現できるものはほかにはない。「喉まで出かかっているが口に出ない」とは、知っていると確信していることを記憶から検索しようとするが、結局「これぞ正しい」と思える答えを得られないことである。その代わり、「正解に近い」名前や単語は出てくるが、探し求めているものでないこともわかっている。

　この記憶の検索をしつこく続けると正しくない同じものが、いらいらするほど押しつけがましく、頭に浮かんでくる。「喉まで出かかっているが口に出ない」という経験がとてもいらだたしいのは、この繰り返し出てくる邪魔物が目的のものにとても似ていると思えるからである。音、文字（単語の綴り）または意味といった特性が確かに似ているが、しかし探しているものは、それではないこともわかっている。正しい単語や事柄を思い出せないのに、どうして間違っていることがわかるのだろうか。心のどこかが知っているのだが、意識がそれを知っているのではない。

　一つの例を示そう。私はD. W. グリフィス（D. W. Griffith）監督の無声映画『イントレランス（Intolerance：不寛容）』[*2] という題名を思い出そうとした。

---

*2　1916年に公開された米国映画

その題名を思い出そうとするときはいつでも、「インテンペランス(intemperance：不節制)」が出てきてしまう。「インテンペランス」ではないことはわかっているし、とても近いことも知っている。思い出そうとする単語に関するいくつかの情報も意識している。一つの単語で、たしか複数音節で、また"I"で始まる単語であるということは間違いない。その単語が"-erance"で終わることを初めは意識していなかったが、「インテンペランス」を何度も思い浮かべているうちに、"-erance"で終わる単語であるということを、心のどこかが覚えていたのである。

この経験は、大きな袖が両側にある小さな舞台——この舞台が自覚している意識——の上に立つようなものである。私は、一方の袖に向かって、「それは名作映画の題名である」「それは"I"で始まる」「複数音節の単語である」「それは人間に対する人間の残酷さに関する大きな歴史的流れを取り上げている」など、検索の手がかりを叫ぶ。すると「インテンペランス」が、繰り返し私の意識という舞台に登場する。しかし、「とても惜しい、でも違う」と、もう一方の袖から叫び声がする。探し求めている答えは、舞台以外のどこかにある。しかし、私はそこに直接行けない。すぐに正解であるとわかる「イントレランス」という正しい答えを、ようやく思い出したときに初めて、正解はそれだったことに気づくのである。

2.2 心の活動の意識モードと自動モード

人の心に関する大きな問題の一つは、この「喉まで出かかっているが口に出ない」が示すように、人間が直接、意識して心に接することができるのは、全体のごく一部でしかないということである。心は両耳の間、両目の後ろのどこかにあるように思う。今、行われている思考や感情の大部分が感じられる、このとても狭いところで、いつでも、知覚情報が解釈され、行為が計画され、実行され、そしてモニタリングされているのである。個人の信念、態度、価値観、記憶、好悪、愛憎、人の心の活動に影響するその他の一時的な混乱や古くさい

思考などの、私たちの奥深いところにある自己を瞬時に感じるのもまた、この極めて狭いところである。しかし、私たちが気づくことはいつでも、非常に限られている。思考、感情、イメージや感覚は、土手に立っている視野の狭い観察者のそばを流れる小川のようなものである。私たちは小川の遠い上流や下流を見ることはできないが、今、目の前を流れる一瞬のことだけは理解できる。これが、今ここで経験している、意識の作業スペースなのである。

　今現在気づいていることのほかに、膨大ではあるが部分的にしか利用できていない長期記憶がある。そこには、5歳過ぎごろまでの情報はとても不完全であるが、これまでの人生のなかの出来事（エピソード記憶）が収められている。世の中を理解するために利用されている情報もある（意味記憶）。また、私たちの日常的な知覚や思考、言動を制御している「構造化された知識」（スキーマ）が収められている。

　私たちは、自らの長期記憶の内容を大まかに把握している。もちろん、すべてというわけではなく、内容の大見出しをつくれる程度である。しかし、収められている記憶がどのように思い出されるかについては、わかっていない。このような記憶の検索は、非常に正確かつスピーディーに行われるため、また先に述べた「喉まで出かかっているが口に出ない」経験から、その長期記憶のあらゆる場所に、私たちが直接かつ自分の意思でアクセスしていると信じてしまう。私たちは、言葉、感情、イメージ、思考や行為といった検索結果については意識するが、これらを検索し、思い出すプロセスについては、ほとんど、あるいはまったくわかっていないのが現実である。このことを理解しておくことが、とても重要である。というのは、私たちの心の活動の大半は、意識の作業スペースと長期記憶の間の絶え間ない相互連関に関係しているからである。時々、私たちは意図して何かを思い出すこともあるが、通常、それらはただ単に突然現れるのである。

　意識の作業スペースと長期記憶との間の絶え間ない相互連関については、本章のなかで述べていく。共存し、時に競合する、これら2つの心の活動のコントローラは、著しく対照的な特徴をもっている。表2.1にこれらの特徴をまと

表2.1 意識の作業スペースと長期記憶の比較

意識の作業スペース	長期記憶
アクセス可能。注意やワーキングメモリーと強く関係している。	意識は結果(動作、思考、イメージなど)を利用できるが、結果を出すまでのプロセスは、ほとんど意識の及ぶ範囲ではない。
選択的で資源が限られている。	蓄えられる情報量、それが保持される時間的長さとも、明らかに無限。
遅く、努力を要し、逐次的(次から次)。	早い、努力を要しない、並行的(同時にたくさん)。
断続的に分析。目的や計画を設定し、その進捗を選択するさまざまなポイントで監視することができる。しかし、しばしば失敗する。	自動的に作動する。
コンピュータのように力強い。ほぼすべての感覚からの入力を受け入れる。視覚が優位。	関連した知覚情報だけ反応し、好きなように働く構造化された専門的知識(スキーマ)が、行動を支配する。
「呼び出し条件」や検索手がかりをつくり、長期記憶にアクセスする。	2つの基本的な検索プロセス：類似性照合(similarity-matching：似ているものを探す)と頻出性ギャンブル(frequency-gambling：最も頻繁、至近、または感情をかきたてるものを優先して、起こりうる葛藤を解決する)。

める。

　これら2つの心の活動のコントローラは、ほとんどの場合、調和して動いている。しかし、意図しない言動をとおして見える現実の世界においても、意図しなくても何かがもたらされる意識の作業スペースにおいても、これら2つのコントローラーが言動を支配しようと競合することがある。両者の根本的に異なる特性と、慣れ親しんだ環境においては習慣化された反応が引き出されることを考えると、2つの心のコントローラが、時に競合することは、驚くに値しない。

2.3 パフォーマンスの3つのレベル

　意識して注意を向けながら行動するか、あるいは、習慣化したパターンにならって行動するかによって、私たちの行動は、ナレッジベース、ルールベース、スキルベースという3つに分かれる。それらの対照的な特徴を、図2.1にまとめる。

　生まれつき備わっているものは別として、すべての人間のパフォーマンスは、ナレッジベースレベルから始まる。このレベルでの私たちの行為は、意識して、ゆっくり、限定的に、そして入念に注意を払うことで直接的にコントロールされる。このレベルは、私たちの行為を支配する内言[*3]や他者の指示という、意識のイメージや言葉に大きく依存しており、柔軟性があり、コンピュータの

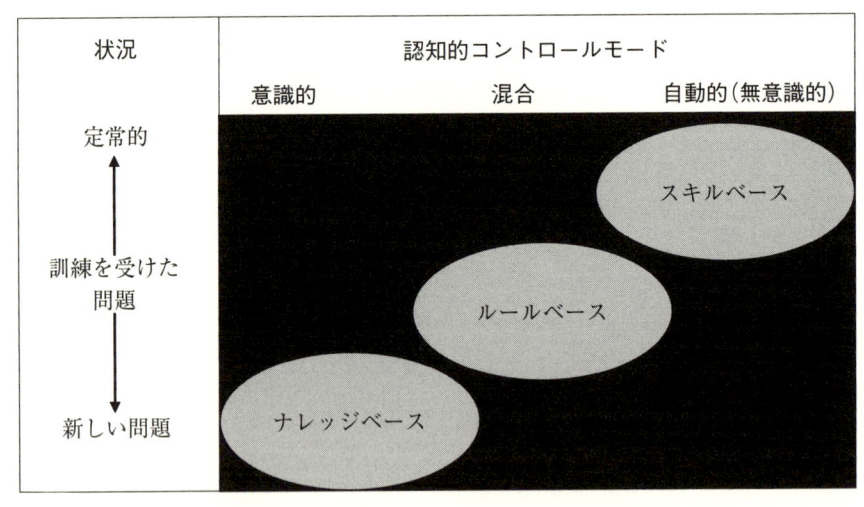

図2.1　パフォーマンスの3つのレベル

---

*3　音声をともなわない自分自身の思考の道具としての内的言語

ように力強い。その一方で、非常に努力を要し、たいへん疲れ、極端に範囲が限られており、そしてとてもエラーを起こしやすい。そのため、私たちはこのレベルでの行為のコントロールをあまり好まない。

　私たちは皆、注意がどのようなものであるかを知っている。しかし、心の活動における注意の正確な機能については明らかになっていない。すべての活動において、パフォーマンスを成功させるためには、最適な量の注意が必要であり、少なすぎても多すぎても大いに悪影響を及ぼすであろう。不注意の結果、どうなるかは明白である。もし、過剰な注意の例が必要であるなら、右手の人差指がどう動いているか考えながらキーボードを叩いてみるといい。タイピングスキルが優れているほど、支障が出やすくなるだろう。心理学の他の多くの分野と同様に私たちは、時々起きる注意の失敗を観察することで、その機能について多くを学ぶことができる。

　ナレッジベースの対極にスキルベースのパフォーマンスがある。実践、自己訓練、認知の再形成[*4]によって、私たちは次第にある技術の基礎を得ることができる。すなわち、意識の目標設定やガイダンスを、ほぼ自動化された個々の行為のコントロールに結びつける能力である。一つひとつの動きや言葉で頭を悩ませなくても、私たちはあらかじめ決まった順序でスムーズに動いたり、話したりできる。これが習慣を形成するものであり、スキルベースのパフォーマンスに欠かせないものである。ウィリアム・ジェームス（William James）は「行動するときに必要な、意識的に払う注意が習慣によって少なくなる」と述べている[2]。

　このようなパフォーマンスの段階的な自動化は普遍的であり、心のパフォーマンスのあらゆる場面で生じる。私たちの社会的交流でさえ、時と経験を経て、ますます自動化していく。このようなコントロールを無意識の習慣の流れ、すなわち運動プログラムに委ねる能力がなかったら、私たちは限られた注意資源

　2）　James, W.（1889）*Principles of Psychology*. New York: Holt（p. 114）.
　*4　行動に至るまでの判断プロセスの簡素化

のすべてを今、この瞬間のために消費してしまい、過去を振り返ったり、未来のことを考えることもできなくなってしまうだろう。そのような絶え間なく「今現在へ集中」し続けることは、難しいものである。靴紐を結ぶのに丸一日を費やすことはできなくもない。しかし、手放しで喜べるものでもない。自動化は、私たちの行為が計画どおりにいかないとき、「つい、うっかり」という代償を課すのである。

　ナレッジベースとスキルベースの中間に、ルールベースのパフォーマンスがある。これは、ある種の問題に対処するため、ほぼ習慣化されたスキルベースの一連の活動から離れる必要がある場合、または、何らかの状況変化に適応するために行動を修正する必要がある場合のパフォーマンスレベルである。一般的な問題に対して私たちは、訓練や経験、あるいは手順書を通じて得た何らかのあらかじめ準備された答えをもっている。私たちはこれらの問題と答えの組を「ルール」と表現している。もし、「問題Xであれば解決策はYである」とか、もし「兆候AとBが存在するならば、それは問題Cの一種である」といった具合である。これらの「ルール」は、経験や訓練の結果として習得するものであり、専門的知識である。

　しかし、**第3章で述べるように**、このレベルのパフォーマンスはさまざまなエラーに関係している。私たちは、矛盾する兆候に気づかないまま、いつもどおりルールを誤って適用してしまうことがある。そもそも適切でないルールを適用してしまうこともある、また、適切なルールをわざわざ適用しないこともある（誤解にもとづく違反）。

　新しい、あるいは予期しない状況であらかじめ用意された答えを使いきった場合、私たちはコンピュータのように力強いが、遅くて、骨が折れる意識的コントロールモードに切り替えて、「ゼロ」から答えを考え出さざるをえない。これは非常に間違いを起こしやすいパフォーマンスレベルであり、さまざまなバイアスの影響を受けやすい。これらのナレッジベースのミステイクについては、**第3章で述べていく**。

2.4 長期記憶との関係

　心の機能に関して心のユーザーはさまざまな誤解をしているが、その中心にあるのが、長期記憶の隠された特性であり、なかでも貯蔵されたものを思い出すプロセスについてである。記憶の検索には、多くの異なるメカニズムが存在しているようである。そして、そのようなメカニズムのうち、類似性照合（similarity-matching）と頻出性ギャンブル（frequency-gambling）の2つのメカニズムは、自動的、無意識的に絶えず動き続けている。私たちはこれらのプロセスを直接的に見ることができない。エラーのパターンを観察するか、あるいは、類似性、頻度のどちらに重点を置いてさまざまな記憶の検索を行っているのかを見ることでしか、これら2つのプロセスの性質を推測することができない。

　最初の検索手がかりが詳細であったり、非常に具体的な場合、これらの呼び出し条件に似ているものを、貯蔵されている記憶のスキーマのなかから探すことが、基本的な検索プロセスである。しかし、検索手がかりが、構造化されて貯蔵された知識と一致する場合、心は、その特定の情況（文脈）で最もよく利用される知識項目こそが、探しているものであろうと賭けるのである。この点をよりわかりやすくするために、2つの例を示そう。「吠えて、4本足で、尻尾を振って、電柱に片足を上げ、人間の親友と見なされているものは何か」と尋ねられたら、私たちのほとんどは、唯一これらの特徴すべてに一致する知識項目、すなわち「犬」を即座に思い浮かべるだろう。この場合、検索は、ほぼ完全に類似性照合にもとづいており、特定の知識項目にたどり着く。このプロセスがとても速いために、私たちは意識的かつ意図的な方法で、その項目にたどり着いたと感じる。

　しかし、「4本足の動物」の例を順不同で出すように言われたら、どのような人でも大体、最初に心に浮かぶのは、犬、猫、馬、牛であろう。今度も「犬」という項目が思い浮かべられるが、その検索プロセスは類似性照合では

ない。この場合、検索の順序は、その動物との親密さによって決定づけられ、それは遭遇頻度の関数である。このような多岐にわたる記憶の検索においては、頻出性ギャンブルが検索プロセスの基本となる。

　記憶の検索は、「知っているという感覚」に強く影響される。私たちは、自分が知らないとわかっていることを懸命に思い出そうとはしない。しかし、前述のように、たとえ何度も間違ったことを思い出したとしても、自身が知っていると確信することについては、しつこく思い出そうとする。そのため、心のユーザーにとって、記憶内容を「知っているという感覚」はかなり重要になる。もちろん、それらがいつも正しいわけではない。しかし、それらは多くの場合正しく、私たちが記憶の検索に心の努力を費やすべきか否かを決めるうえで、十分に便利な指針となる。私たちは自身が、「知っている」といつもは気づいていなくて、実際は気づいているものもある。たとえそれがとても大雑把であったとしてもである。

　このことに関する好例は、遭遇の頻度である。ある研究結果から、人々はどのくらいの頻度で、ある特定の人や話題に関連する事柄が頭に浮かんだかを、無意識に記録していることが示されている。この記録プロセスでは、実際に数値的な回数があるわけではない。「まったく(0)」から「ほとんどいつも(6)」までの0～6の尺度上に、人やものにどの程度頻繁に出会ったかを評価してもらえば、よくわかる。同じ方法で、私たちは共起[*5]についてもかなり良い評価を得ることができる。すなわち、私たちはどのくらいの頻度でYとともにXが生じるかを、ごく一般的な用語を使って、ほどほどの正確さで評価できるのである。心のユーザーに必ずしも正しく理解されているわけではないが、この「知っているという感覚」を理解し、利用することはとても有用である。

　人間の心は、複雑な情報処理課題を単純化することに、ことのほか優れている。できる限りコントロールの自動モードに頼り、直感的に理解できる「経験

　＊5　複数の言語現象が同一の発話・文・文脈などの言語的環境において生起すること。「しとしと」は「雨が降る」とは共起するが、「雪が降る」とは共起しない。

則」、すなわちヒューリスティックを利用することによって、この処理を行うのである。これらは、無意識の戦略であり、たいていの場合うまくいくが、使われすぎる嫌いがあり、予想どおりのエラーが起こることがある。私たちは既にヒューリスティックのうちの2つ、似ているもの同士を照合する類似性照合と、限りある意識のアクセスのために、最も頻繁に遭遇する候補を優先して競合を解消する頻出性ギャンブルについて述べてきた。

　ストレスのかかる状況や危険な状況では、私たちは現在の状況に相応しいと思われる答えや計画よりも、何度も試したことのある答えや過去の計画に頼りがちである。ここでの教訓は、「いつもどおりだと思って、決まりきった、慣れ親しんだ行動をとることに慎重であるべきだ」ということである。実際は適切であるかもしれないが、慎重に考慮する必要がある。なぜなら、これはまさに自動化のヒューリスティックが生じるように仕組まれた状況だからである。コントロールの自動モードは、現在よりも過去に影響される。第3章で見ていくものと同じように、最も共通したエラーのタイプである「かなり正しそうであるが、正しくない」行為という危険が常に存在している。

2.5　意図と検索サイクル

　意識は、長期記憶に直接アクセスできず、記憶検索の結果、すなわち思考、行動、イメージ、言葉などを利用しているにすぎないことを述べてきた。記憶検索に直接的にかかわる唯一の方法は、外界あるいは意識の「心の仕事（mindworks）」から生まれる呼び出し条件や検索手がかりを巧みに操ることのみである。検索それ自体は、類似性照合と頻出性ギャンブルという2つの自動プロセスによって無意識のうちに行われる。その際、意識の作業スペースにできることは、最初の呼び出し条件を伝えること、検索結果が適切なものかどうかを評価すること、そして、もし適切でない場合には、呼び出し条件を修正し、検索をやり直させることだけである。もしそうであるならば、何が心に、人間の心の活動の特徴の一つである意図を与えるのだろうか。つまり、目標志

向型行動をどのように働きかけ、コントロールしているのであろうか。

　心の利用に関する他の多くの疑問と同様に、ウィリアム・ジェームスは、この疑問に対して一つの答えを示している。

> 「意志の非常に重要な業績とは、〈中略〉、難しい対象に注意を払い、心の前にそれをしっかりと保つことである。そうすることが、意志の決定である。そして、対象に注意が向けられたとき、すぐに動きが始まるのは単なる生理学的現象にすぎない。」[3]

　これは、先に述べた検索サイクルの性質に直接的に対応づけられる。「心の前にしっかり保つこと」によって、持続的な一連の呼び出し条件が生まれるのである。これらの手がかりの一貫性が、構造化された知識やスキーマのなかの限られた範囲を集中的に活性化させている。この意志が、自動的にその記憶検索の結果を意識や手足、言語中枢、思考プロセスなどに放つのである。

　しかし、これらの同じ要素の検索手がかりを生み続けるには、極めて限定的な意識の作業スペースへ入り込もうとする、他の要求者の継続的なプレッシャーに耐えなければならない。この注意の努力は、特に目的が魅力的でないとき(例えば、寒い朝にベッドから出ること)や注意を向けている対象がつまらないとき(例えば、退屈な講義を聴いているとき)には、短い時間しか続かない。このような状況について、ジェームスは次のように述べている。

> 「私たちの心はぼんやりしがちである。そして、その話題を復活させる一瞬の努力によって、私たちは自分の注意を時々呼び戻さなければならない。すると、再び邪魔な思考(イメージ)が心を捉えて連れ去るまでの次の数秒間か数分間、心は、自発的な興味をもって活動し続ける。」[4]

---

3) James, W. (1890), p. 561.
4) James, W. (1908) *Talks to Teachers on Psychology and to Students on Some of Life's Ideals*. London: Longmans, Green & Co. (p. 101).

2.6 同時処理

　人間の心は、長期記憶のなかにスキーマ（知識パッケージ）として外界の出来事を記憶し、それらが現在の情況を踏まえた呼び出し条件と一致したときはいつでも、その記憶したものを活性化させる並外れた能力をもっている[5]。私たちは、驚くほどパターンマッチングを好み、心はこれに最善を尽くしているのである。そして私たちは、コンピュータのように力強く、しかし、働きに制約のある意識の作業スペースに頼ることなく、パターンマッチングを行う。

　このことは、意識の働きが検索サイクルにおいて、何の役割も果たしていないということではない。単に長期記憶が高次の命令を必要とせず、その記憶の検索結果（思考、イメージ、言語など）を吐き出すことができるということである。推測や他の意識のプロセスが、長期記憶の検索結果に影響を及ぼし、この心の仕事が一連の新しい呼び出し条件を生成するのである。この同時処理は、ある問題を解決しようとする際のステップを考えると、最もうまく説明できる。しかし、この説明をする前に、意識の作業スペースと長期記憶内のスキーマとでは、外界からの情報の受け入れ方に重要な違いがあることを思い出さなければならない。

　意識は、外的または内的に生成されるあらゆる種類のデータに対して、門戸を開き続けている。しかし、長期記憶内の構造化された知識の一つひとつは、極めて特殊なトリガー条件と関連づけられており、そのため、この極めて限定的な範囲から外れるものに対しては、ほとんど気づかない。猫のスキーマは、猫に関することだけに反応し、母親のスキーマは母親に関することにしか反応しない。各スキーマは、自動的に外界を詳細に調べて、そのスキーマ自身の非常に偏狭な関心事と一致する入力情報を探すのである。

　私たちが出会うあらゆる問題は、たくさんの検索手がかりを発信している。

5）　Reason, J. (1990) *Human Error.* New York: Cambridge University Press を参照

これらは、長期記憶内の関連するスキーマと意識の作業スペースの双方によって検出される。すぐに、類似性照合と頻出性ギャンブルという自動プロセスをとおして、答えの候補が意識の作業スペースにもたらされる。これは一見、問題に対する答えが分析や推測の結果として考えられているという、世間一般に認められた見識とは相容れないかもしれない。しかし、実際にはまったく逆である。考えられる答えの候補は、自動的にまたは直感的にふっと心に浮かぶのであり、そして、それから私たちはその答えの候補が正しいか否かを確認するために、より骨の折れる心の仕事を行うのである。

ここで、私たちがその答えを却下した場合のことを考えてみよう。意識の推論活動は、見直された検索手がかりを生成し、類似性照合と頻出性ギャンブルというヒューリスティックを用いた自動処理が行われ、他の考えられる答えをひょいと心に浮かばせる。ここでも、私たちは意識のプロセスを利用し、その答えを評価する。もし、私たちがその答えを適切なものとして受け入れるなら、その答えに従った行動をとる。もし、その答えが却下されれば、また一連の自動処理が開始され、納得のいく答えが見つかるまで検索サイクルが繰り返される。

先に述べたように、ストレスや強い感情のために、「かなり正しそうであるが、正しくない」答え、すなわち、頻繁に使われて、ある特定の状況で一般的に正しいが、この場合においては、不適切あるいは間違っている行動が引き出されることがある。このおそらく最もよくあるエラーの形態について、たった今述べてきた検索サイクルが説明してくれる。意識の作業スペースは、その情報処理の容量の点でとても限定的であり、関係のない事柄によって容易に打ち負かされて、検索サイクルが途中で止まってしまうのである。

軍隊の訓練教官は、ゆっくりかつ努力を要する意識による思考が、戦場で役に立たないことを昔から理解している。例えば、銃の弾詰まりを除去するために必要な行為のように、必須の問題解決「ルール」が兵士の頭の中には叩き込まれている。そのため、必要が生じたときにその行動がほとんど反射的に出てくるのである。

2.7 記憶と注意の関係

　本書には、ここで述べる「塊&ボードモデル(Blob-and-the-Board model)」のほかに、組織事故に関する「スイスチーズモデル(Swiss Cheese model)」(第5章参照)、エラーに関する見識についての「3つのバケツモデル(Three-Bucket model)」(第13章参照)、システムを安全かつ信頼できる範囲内に維持するために必要な事柄を示す「結び目のあるゴムバンドモデル(Knotted Rubber Band model)」(第14章参照)といった、描くのが簡単で覚えやすい多くのモデルを盛り込んである。これらのモデルは、完全というわけでも、適切な説明になっているわけでもないが、複雑な相互作用を簡潔に覚えやすく、かつ見てわかるように表現しているという点で役立つ。経験上、私の発表や著書から引用されるのは、これらのモデルである。メタファー(比喩)は、強力な説明者である。

　図2.2を見てほしい。1つの不定形の塊が、チェス盤のように見えるボード上のいくつかのマス目の上に載っている。この塊は、限りのある注意資源を意味していて、絶えずボード上を横滑りして動き回っている。内在する構造化された知識あるいはスキーマの全潜在能力を自覚するためには、この塊がボード上のマス目の上にとどまる必要がある。マス目は、長期記憶内にある知識のまとまりの一つひとつを意味している。その一つひとつは、ある特定のことに関する貯蔵された記憶、すなわち、習慣、定型化された行為、思考、言葉、社会生活スキル、知覚、意味スキーマ、そしてエピソードスキーマ(私たち自身の経験)などである。塊がマス目の上に長くあるほど、また集中しているほど、内在するスキーマが、招かれようがなかろうが、心に浮かんだり、行動に移される可能性が高くなる。

　もし私たちが「上の空」だったり、落ち込んでいたりすると、塊は先の鋭くとがった形になり、その限定された資源の大部分がある特定のスキーマの上に位置することになる。このとき、私たちはある考えに繰り返し支配される。す

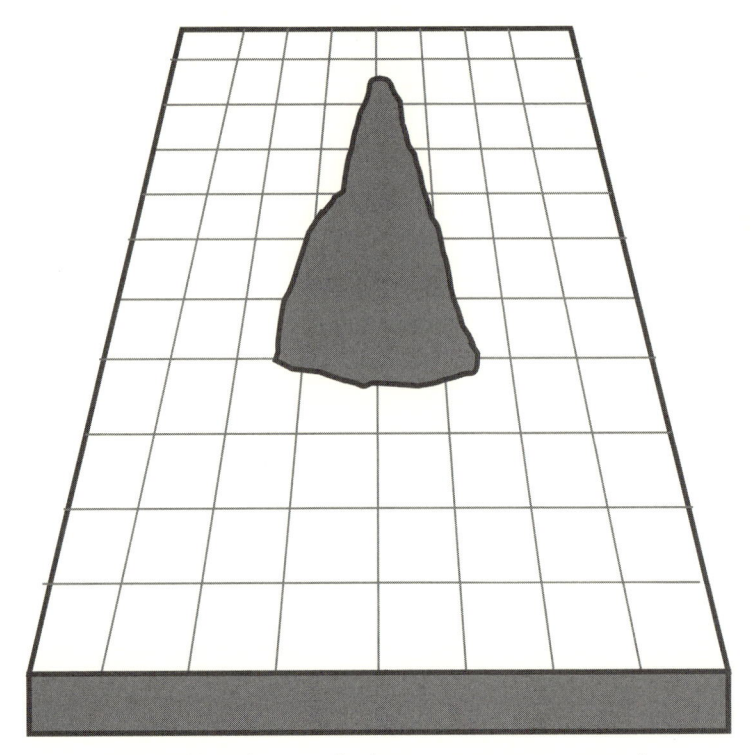

図 2.2　塊＆ボードモデル (Blob-and-the-Board model)

なわち、同じ考えが繰り返し思い浮かび続けるのである。あるいは、気がそぞろなとき、このスキーマは不要な意図しない行為を起こさせる。これは、ある特定の問題を熟考し続けて、注意が逸らされ続けているときに、うっかり屋の教授の身に起こることである。

　一方、雑に敷かれた絨毯のように、いくつかのスキーマの上に塊が薄く広がる場合がある。この場合、私たちは何か一つのことに集中することができない。私たちは、内在する構造化された知識の全潜在能力を自覚できない。私たちの心は、塊がボードの上を横滑りして動き回るように、一つの事柄から別の事柄へとせわしなく動き回り、私たちの行為をある特定の目標に向けられず、一貫した行動をとることが難しくなる。

心の活動とは、これら2つの極みの間の絶え間ない変化でできている。私たちは「塊」の場所をある程度コントロールすることはできるが、自分が思うほどコントロールできるわけではない。

2.8 ま と め

　無意識に関するフロイトの見解はひとまず置いておこう。私たちの心の働きに関して知っていると思っていても実は知らないことがたくさんある。しかし、そのほとんどが、長期記憶からの情報検索の仕方に関してである。結局それは、私たちの「心の時間」の大部分の過ごし方である。長期記憶に貯蔵された一つの項目と一意的に一致する呼び出し条件、例えば、「私の住所」「私の生年月日」「私の母の旧姓」などを提供すると、その答えがとても早くかつ正確に意識に届くため、私たち自身が検索プロセスをコントロールしていると思い込んでしまう。実際そうなのであるが、それはある程度までででしかない。

　これが一般的なルールでないことは、「喉まで出かかっているが口に出ない」という経験や、何も直接命令しなくても事柄が絶えず意識にひょいと浮かぶという事実からわかる。意識的に記憶検索を開始してから、その結果を受け取るまでの間には、類似性照合と頻出性ギャンブルという自動かつ無意識の検索プロセスが存在している。

　これらのプロセスは無意識的であり、脳のCTスキャンとその画像処理技術でも直ちに明らかになるものではない。私たちがその存在をどのように知るのかと、不思議に思うのも無理はない。これらのプロセスは、構造化された知識そのものと同様に理論的構成概念であり、「喉まで出かかっているが口に出ない」などの記憶の異常や「かなり正しそうであるが、正しくない」というエラーの反復特性を説明するために必要である。

　これらのプロセスは、「木」「宝石」「4本足の動物」「米国の大統領」といったカテゴリーに入る例を答えさせて得られた結果から、推測することが可能である。また別の方法としては、「誰が言った？」と人に尋ねる「トリビアル・

パスート(Trivial Pursuits)」*6 流の質問を投げてみることである。以下に2つの例を挙げる。

① 「ヨーロッパ中の灯りが消えようとしている。そして、私たちが生きているうちにそれが再び灯ることはないであろう」と言った人は誰かと尋ねると、大半の人(英国人の90パーセント以上)は、ウィンストン・チャーチル(Winston Churchill)と答える。実際には、外務大臣であったエドワード・グレイ(Edward Grey)卿が1914年に言ったものである。チャーチルという答えは間違いであるが、その答えは予想どおりであり、理にかなっている。この文章では、英語を話す有力政治家、第二次世界大戦のような激変が起こる寸前、ということが呼び出し条件になっている。たいていの人にとって、チャーチルはその当時の政治家として最もよく知られた人物であり、たしかに彼は最も雄弁な政治家だった。一方、エドワード・グレイ卿のことは、ほとんど誰も覚えてはいない。もし、確信をもってエラーを予測するなら、そのエラーを引き起こす隠されたプロセスを理解することから始めるとよい。

② 私がこの問題について研究をしていた1980年代、私の講義の受講生に対し、「責任は俺がとる(the buck stops here)」(この言葉の書かれた置物を米国の大統領であったトルーマン(Truman)が机の上に置いていた)と言ったのは誰かと尋ねた。"buck"*7 という単語が、「米国人が言ったもの」という呼び出し条件になる。最も有名な米国人は誰か。大統領である。当時、レーガン(Reagan)が第40代米国大統領であった。米国人は平均的に32～36名の大統領の名前を覚えているが、英国の心理学科の生徒はせいぜいがんばって8～10名である。しかし、米国人でも英国人でも、覚えている大統領の名前の傾向は同じである。思い出せた

---

*6 ボードゲームの一種で、プレイヤーの一般的知識や文化についてのクイズに答える能力によって勝敗が決まる。
*7 雄鹿などのいくつかの意味があるが、米国ドルを表す俗語としても使われる。

名前を就任順に並べて見ると、おおよそ真ん中に谷がある U 字型になっている。最近の大統領は最も突出しており、その他、2 人のルーズベルト[*8]で小さなピーク、エイブラハム・リンカーン（Abraham Lincoln）のところで大きなピークはあるものの、20 世紀初めに遡るにつれて、次第に思い出されにくくなる。そして、もちろん、全員が初代米国大統領であるジョージ・ワシントン（George Washington）を覚えているし、彼の後任数代の名前もおそらく覚えている。当時現職であり、最も頻繁に皆が見聞きしていたはずのレーガンと答える者は相対的にほとんどいなかったという事実から、私たちが必ずしも頻出性ギャンブルに縛られているわけではないことがわかる。答えを急かすと、学生らは「そのセリフは、聞いた覚えがあるが、レーガンではないし……」と答えた。最もよくある答えはニクソン（Nixon）であり、歴代大統領としてはあまり覚えられていない名前である。なぜニクソンかと尋ねると、学生らは「ええと、ニクソンは詐欺師であり、お金（彼らは "buck" を「ドル（$）」と間違えて捉えていた）が最終的に彼の懐に入った」といった答えをした。この非常に冗長な解説のポイントは、これが先に述べた検索サイクルの裏づけになるということである。おそらくレーガンの名前を最初に思いついただろうが、あまり正確ではない心の仕事によって却下され、ニクソンが答えになったのである。

遭遇頻度というものを考えると、適切な質問を投げかけられれば、知らないと思っていても実際には思い出すことができるという、「知っている」ことのもう一面がわかってくる。私たちは頭の中で何かを思い出したり、あるいは実際に出会った回数を、とても大雑把な方法で記録しているということを示す強い証拠である。この記録プロセスは自動的かつ直感的である。

[*8] 第 26 代大統領セオドア・ルーズベルト（Theodore Roosevelt）、第 32 代大統領フランクリン・ルーズベルト（Franklin Delano Roosevelt）

もし、私があなたに、「あなたはどれくらい、インディラ・ガンジー(Indira Ghandi)について言及されたものや発言に接しますか(同様に誰か他の公人を当てはめてもいいだろう)」と尋ねたら、おそらく「まったくわからない」と答えるであろうし、0(まったくない)から6(ほとんどいつも)の尺度で評価するように言われたら、少し戸惑うだろう。しかし、すばやく評価するように強く言われると、1または2、つまり、「聞いたことのある名前であるが、滅多には聞かない」というように、はっきりと答えるであろう。

　これらの0～6の頻度尺度での評価と実際に見聞きした頻度とを比較すると、かなり一致していることがわかる。例えば、私の研究室の学生が、1960年代のテレビドラマ『フォーサイト家物語(Forsyte Saga)』のビデオを、このドラマを見たことも本で読んだこともない若者たちに見せた。最後に、彼らに主要登場人物のリストを渡し、各人物が映像中にどのくらいよく現れたかについて0～6の尺度で評価させた。彼らの評価の平均値と実際に映像上に現れた回数との相関は約0.9であり、ほとんど完璧に一致していた。

　長期記憶はよく図書館に譬えられているが、これは下手な譬えである。実際には、書庫や倉庫の床の上に散らばっている山積みのファイルのようなものである。それぞれの山が私たちの私的世界に関するある特定の項目に関連していると仮定してみよう。私たちは問題となっている項目に出会うたびに、その山に別のファイルを付け加える。もし、すばやい直感的評価ができる適切な質問をされたら、私たちはある特定の山の高さを測ることができる。私たちはそこにない項目についてさえも、すばやい判断を下すことができる。例えば、「エベンツァー・ブロッダースキン(または何か別の想像もできない名前)」という一度も会ったことのない人について答えるのに時間はかからない。一方、コンピュータは逐次検索を必要とする。しかし私たちは、記憶のなかにその名前に関する情報がないことを一瞬にして判断できる。

　もし記憶を図書館に譬えるなら、巨大な閉架式の図書館のようなものである。何かを探すとき、私たちは依頼伝票に記入して、職員に渡さなくてはならない。すると、彼らが依頼した本を取ってきてくれる。この場合の職員が、類似性照

合と頻出性ギャンブルという隠れた検索プロセスの役割を果たしている。

　この譬えは、検索プロセスの何かを捉えているが、見当違いでもある。図書館では、私たちは、著者、出版年、タイトル、出版社などの欲しい本に関する情報をできる限り提供しようとする。私たちは、このような方法で記憶の検索もできるが、私たちがその検索を始めたこと、または、いつ始めるのかさえもほとんどわかっていない。さらに、「喉まで出かかっているが口に出ない」ことが明示しているように、検索手がかりも曖昧で、不完全で、正しくないことすらある。

　最後に、推測の問題がある。一般的な知識問題を尋ねられ、答えがわからないのに答えるように強要されると、人は答えを推測する。頻出性ギャンブルには規則性があるのに対し、推測は規則性のないプロセスを意味している。しかし、もし適切な質問をされると、人は特定の知識カテゴリーに関連することに接する頻度を示すことができるが、答えを考えるときのその頻度の影響力については、一般的に人々は気づいていない。つまり、これは、知っていると思っていることを知らないことと、知らないと思っていることを実際は知っていることとの中間に位置している。

　心とは扱いにくいものである。しかし、**第3章**で示すように、その隠された姿は私たちのエラーの本質によって、明らかにされるであろう。

第 II 部
不安全行動

第 3 章　ヒューマンエラーの性質と種類

第 4 章　違反とさまざまなルール関連行動

第 5 章　不安全行動の見方

第3章
ヒューマンエラーの性質と種類

3.1 エラーの定義と分類

　例外なく誰もが同意するエラーの定義はないが、エラーがある種の逸脱をともなっているということについては、誰もが同意する。ここでいう逸脱とは、直立状態からの逸脱(つまずき、よろめき)であったり、意図からの逸脱(スリップ、ラプス)であったり、ある目的に向かうための適切な筋道からの逸脱(ミステイク)であったり、場合によっては、人の道に背く(罪)というのも逸脱に含まれるかもしれない。

　エラーに関するいくつもの定義があるように、エラーの分類にもさまざまな方法がある。エラーの分類法には、それぞれの目的がある。どのような分類法を選択するかは、エラーの4つの基本要素である意図、行為、結果、情況のどれに最も関心があるか、あるいはどれが実用的であるかによって決まる。

【1】 意図に着目したエラー分類

　エラーを起こさせるメンタルプロセスを研究する認知心理学者として、私は当初、意図に着目したエラーの分類を好んでいた。意図に着目した分類法では、さまざまなタイプのエラーを、次のように分類している。

- 事前に行為の意図があったか。もしなければ、これはエラーというよりもむしろ無意識的行為もしくは反射運動である。
- もし事前の意図があったとして、その行為は計画どおりに実行されたか。もし計画どおりに実行されていなければ、それはうっかりした行為のスリップや記憶のラプスといわれる、行為の実施段階あるいは記憶段階での失敗である。
- 行為が意図どおりに行われたとして、その行為の結果は期待どおりであったか。もしそうでなければ、それはミステイクという計画段階での失敗である可能性が高い。何かが不適切であったため、計画どおりに行えても目標に達しなかったのである。ここでいう何かとは、行為の種類か、状況の評価、もしくはその両方であろう。スリップとラプスが行為の実施段階で起こるのに対して、ミステイクは計画段階という、より複雑な過程のなかで起こる。第2章で述べたように、ミステイクはルールベースもしくはナレッジベースで起こりうる。この2つの区別については、後で詳細に述べていく。
- もし成功、つまり、意図どおりの結果が達成されたとして、その行為は標準手順から故意に逸脱したものであったか。もしそうであれば、それは違反である。これらの不遵守行為については、第4章で論じることにする。

【2】エラーの発見

　エラーの発見とリカバリーの容易さは、そのエラーのタイプで大きく異なる。これはパフォーマンスを判断する尺度もしくは基準によって決まる。私たちには位置感覚および運動感覚が生まれつき備わっていて、垂直方向からのずれを発見し、修正することができる。そのため、つまずき、よろめきは、無意識のうちに発見され、修正される。

　「計画どおりでない行動」であるスリップは、比較的簡単に発見することができる。私たちは一般的に自分たちの現在の意図が何であるかがわかっている、

もしくは状況を見れば逸脱していることが明らかだからである。例えば、靴下を履いたまま風呂に入ったり、コーヒーメーカーに「ありがとう」と言ってしまうことが、計画の一部分ではないことに、私たちはすぐに気づく。記憶のラプスのなかにも、すぐに見つけられるものもある。よく知っている人の名前が思い出せないことに気づくと、たちまち狼狽する。しかし、何かを忘れたことに気づくまでの時間は、忘れた内容によって大きく変わる。歯医者に予約を入れたことを思い出すまでに1カ月かかるかもしれないし、一方で、買い物をするのに財布を忘れてきたことは、レジに立ったときに気がつく。

　他方、ミステイクを発見することは、多くの場合は難しく、場合によっては不可能である。それは意図した目標への理想的な道筋を必ず知っているわけではないからである。望んだ結果を達成できないこと、それ自体はミステイクではない。計画には2つの要素がある。すなわちプロセス（知ること、判定すること、決定することなど）と結果（望みどおりか否か、良いか悪いか）である。ほとんどの人々が正しいと判断したプロセスであっても、計画者がどうすることもできない状況のために、望まない結果になる可能性がある。逆に言えば、予測できない幸運が起きたために、不適切な計画でも良い結果が出ることもある。偶然は、その偶然を受ける対象を区別しないのである。

【3】行為に着目したエラー分類

　エラーの認知的な諸事情よりも、エラーという行為の性質を考えることが、役に立つ場合がある。行為に着目した分類法は、すべての活動やタスクに共通して利用できる。包括的な分類の例を次に示す。

- **オミッション**：必要な、あるいは計画されたステップが、意図したタイミングで実行されない。
- **割り込み**：望んでいない、意図しない行為の出現であり、たいていの場合は他の行動の一部分である。
- **反復**：既に実行された不必要な行為が繰り返される。

- **対象間違い**：正しい行為が実行されるが、対象が間違っている。
- **順序間違い**：正しい行為が実行されるが、順序が間違っている。
- **タイミング間違い**：正しい行為が実行されるが、タイミングが間違っている。
- **混合**：別々の目標のための2つの一連の行為が、意図せずに混ざり合う。

タスク固有の分類では、当該分野に関する専門用語を使って、カテゴリーがつくられることがある。例えば、手術の何に失敗したかによって、血管間違い、神経線維間違い、管間違い、臓器間違い、部位間違い、誤切除、結節不良、止血不良などに分類できる。

行為に着目した分類の利点の一つは、一般的に分類者間の一貫性が高いということである。言い換えれば、あるエラーがどのカテゴリーに入るかについての評価者間の一致度が非常に高い。

一方、この枠組みの主な欠点は、根底にある過程[*1]に関する手がかりが少ししか、もしくはまったく与えられないことである。必要な行為を正しいタイミング、正しい順序、そして正しい場所で実行するためには、次のような認識段階のすべて、あるいはいくつかを正しく完了していることが必要である。

- **計画策定**：行為を実行する意図を策定し、適切な場所と時間に実施するように予定を決めなければならない。これらの行為は、必然的に、ある目標の達成に寄与するものとして見なされなければならない。
- **意図貯蔵**：直ちに実行される行為も、たいていの場合、行為の意図は展望記憶[*2]に保管され、後に適切な時間と場所で想起されることになる。
- **遂行**：行為は計画どおりに開始し、実行しなければならない。
- **監視**：一連の行為が意図どおりに進められているかを確かめるために、

---

*1 エラー発生までの認知的なプロセス
*2 将来行う行為についての記憶

定期的に確認する必要がある。

　オミッションは、これらのどの段階でも起こりうる。計画策定時に、行為の必要性は軽視されることがある。行為の意図が記憶から失われることがある。展望記憶での意図の消失は当然のことである。遂行中に意図した一連の行動から、ある行為が抜けてしまうことがある。そして、進捗状況の確認時に、その抜けてしまった行為が見逃されてしまうことがある。このようにオミッションは、認知段階のすべてで起こりうることから、最も頻発するエラーのタイプと考えられている。

【4】情況に着目したエラー分類

　エラーが起きる情況は、エラーが起きるきっかけやエラーの形態を決める心理的な諸事情と同じように重要である。もし、心理的な諸事情がなければ、いっそう重要になる人間の認知能力を簡単に変えることはできないが、エラーが起きる可能性を低くし、またエラーが起きたときにその発見や修正の可能性を高めるような情況をつくることは可能である。第2章で述べたように、情況が多かれ少なかれ、エラーを誘発する。次に、情況に着目したエラーのタイプを示す。

- 尚早と固執：このエラーは、一連の行為のなかでこれから起きること、過去に起きたことによって明らかに決まる。役者やニュースキャスターは、特にこの種のエラーを起こしやすい傾向がある。例えば、役者は後の場面で言うはずの台詞を口に出してしまうことがある。これは、後の台詞と今の台詞が、内容、音、あるいは情況の点から似ているために起きる尚早エラーである。固執エラーは、過去の不適切な何かをそのまま繰り返すことである。
- プライミング[*3]：このエラーは固執に似ているが、一般的に発音や行為の繰返しに関するものである。似た音を繰り返すプライミングによって、

人にエラーを起こさせる子供の遊びがある。例えば、次のようなものである。

  ドングリは何の木になるか？　（オーク　：oak）
  蛙の鳴き声は？　　　　　　　（クローク：croak）
  愉快な話を何という？　　　　（ジョーク：joke）
  マントの別名は？　　　　　　（クローク：cloak）
  焚き火から立ち上るものは？　（スモーク：smoke）
  卵の白い部分は？

ここで、大部分の人は「ヨーク：yolk（卵の黄身の部分）」と答えてしまう。ほとんど避けようのない間違いである。3つの情況要因が組み合わさって、エラーの可能性を高めている。一つ目は、音のプライミングである。二つ目は、質問に対する正しい答え（white：白身）が、質問自体に含まれていることで（white：白い）、通常、ありえない質問である。3つめは、もう一つの正しい答え「albumin（アルブミン）」は私たちの語彙のなかではほとんど使われない単語であるが、「yolk：黄身」は「卵」と非常に強く結びついている（この例は、本書の中の別の「情況」ではあるが、第5章でも繰り返す）。

- **中断と外乱**：これは、位置喪失エラー[*4]という結果をもたらすことがある。予定外の中断の後で元のタスクに戻るとき、実際やったことよりも先のことまで済ませたと思い込み、必要なことを抜かしてしまうことがある。あるいは、実際よりも進んでいないと判断してしまい、余計な繰返しをしてしまうこともある。一連の行為のなかの重要なポイントで、限りある注意資源が「奪われた」ときにエラーが起きる。これについては後で詳細に述べていく。
- **ストレス**：疲労、恐れ、暑さや騒音などの現場におけるストレスは、エ

---

*3　プライミング効果。一度受けた刺激が、後に受ける刺激に影響すること
*4　一連の行為のなかのどこまで済ませたかが、わからなくなるエラー

ラーを引き起こすための必要条件でも十分条件でもない。しかし、これらストレスの存在が人の間違いの可能性を高めることは疑う余地がない。これについても後で詳しく述べていく。

【5】結果に着目したエラー分類

　エラーの大部分は、取るに足りないものである。実際のエラーの多くは、当事者も同僚も気づかずに終わってしまう。しかし、リスクの高いスポーツや潜在的な危険性を有する産業などの危険な環境では、エラーは良くない結果をもたらすことがある。この場合、結果の重大性によってエラーを分類することが、必要になってくる。

　ヒューマンエラーがもたらす結果は心理的な諸事情よりも、状況によってはとんど決定されるということを、強調しておく必要がある。トースターと間違えて電気ケトルのスイッチを入れてしまうことは、笑って済ませられるし、多少決まりが悪い程度で済む。しかし、1986年のチェルノブイリ（Chernobyl）原子力発電所での事故のように、原子力発電所での誤った操作は、悲惨な結果をもたらすことがあるし、チェルノブイリでは実際に悲惨な結末となった。運転員によるこの行為のスリップ自体は、原子炉を爆発させるものではなかったが、大惨事につながる事象の連鎖の一部となったのである。

　経営者、ジャーナリスト、法律家には、エラーの原因とその影響の間に対称性があるという間違った見方をする強い傾向がある。1人、2人程度の死者を出す結果となってしまう意図しない行為を、それが実際には誰にでも起こるようなうっかりした行為のスリップであったとしても、途方もない大失敗の結果と見なしがちである。もちろん、潜在的にリスクの高い分野で働いているプロには、その同僚や顧客に対して「注意義務」がある。これは、彼らに潜在的な危険性に気づくことを求め、エラーを引き起こすことがわかっている状況では、特に注意を怠らないことを要求している。要するに、危険が大きければ大きいほど、「エラーに関する見識」の必要性がますます高まるのである。

　しかし一般的には、とんでもない人間、怠惰な人間がエラーをしたとしても、

エラーを倫理上の問題として扱うのは大きな誤りである。エラーは必ずしもその人の能力とは一致しない（医療関係者の間では、いまだにそのような見方が強い）。

誤りを犯しがちであることは、人間の証しである。エラーを根絶することはできないが、エラーを予測し、相応に管理することはできる。私たちは人間の条件を変えることは、根本的にできない。しかし、エラーを低減し、より簡単にエラーをリカバリーできるように、人々が働く状況を変えることは可能である。

エラーの結果は、次のように、その重大性によって分類される。

- **フリーレッスン**（Free Lesson）[5]：これは、取るに足りない不安全行動であるが、異なる状況であれば、良くない結果になっていたかもしれない。このようなニアミスは個人レベルにおいても、組織レベルにおいても学習の機会を与えてくれる。
- **イクシーダンス**（Exceedance）：これは、場合によってはエラーといえるが、必ずしもエラーではない。イクシーダンスとは、人間のパフォーマンスが安全限界ぎりぎりまでずれている状況である。このような逸脱は、事故発生の要素となる。例えば民間航空では、フライトデータがコンピュータで解析されて、レベルバスト[6]、進入速度超過（不足）、ヘビーランディング[7]などの逸脱が検出される。同様に鉄道では、停止現示信号冒進[8]に関連する情報を長い間収集、分析している。英国の研究によると、ある期間内で起きた停止現示信号冒進の大部分が、ある少

---

[5] 対価を支払わないで得られた教訓、すなわちたいした被害を起こさなかった事象から学ぶこと、ヒヤリハット事象を反映すること
[6] 指定された飛行高度から上、あるいは下に300フィート（約90メートル）以上ずれること
[7] 強い衝撃をともなった着陸
[8] 線路上の閉塞区間（列車一編成だけが占有できる区間）を占有する権利のない列車が、線路脇の停止信号を無視して、閉塞区間に進入すること

数の信号で起きていた。このことは、運転士に停止現示信号冒進の強い傾向があるのではなく、信号の表示の見にくさ、設置場所の悪さに原因があることを示している。

- **インシデント**(Incident)：この用語は広く使われているが、その意味について厳密な意見の一致はない。インシデントとは、危機一髪の事象であり、報告、内部調査のいずれか、あるいは双方を行うに値する重大な事象のことである。インシデントは一時的な被害もしくは比較的小さな金銭的損失をともなうかもしれない。例えば医療では、インシデントには患者に小さなダメージを負わせてしまったもの、重大なダメージを運よく回避できたものが含まれる。たとえ、いくつかの防護がバイパスされたり、破られたとしても、バリアや安全措置のいくつかがうまく機能して、重大事故に至らなかった場合も含まれる。これらの事象の分析から、防護要素の弱さに関する重要な情報が明らかになる。また、これらの分析から、比較的安全な状態と大惨事の「境界」がどこにあるのかがわかる。予防接種が病気の予防に役立つように、インシデントは事故の防止に役立つといえよう。ほんの少しだけ被害を被ることが、システム防護の強化につながる。

- **事故**(Accident)：これらは負傷、資産の損害、環境被害、死者といった重大な良くない結果をもたらす事象である。事故は、個人事故と組織事故という2つの、明らかに異なるグループに分けられる。前者は、発生頻度は高いが重要度が低い事象であり、数日間の休暇が必要な、滑る、つまずく、転ぶ、ぶつかる、ぶつけるという程度の出来事である。これらの休業負傷災害数、正確にいえば、ある期間内での労働者数で正規化された頻度は、組織の安全指標、および他の組織や産業との比較手段として広く用いられる。一方、組織事故は、発生頻度は低いが、重大な事象であり、爆発、衝突、墜落、崩壊、有毒物質放出などをともなう事故である。

表 3.1 イクシーダンス、インシデントおよび事故の特性の比較

タイプ	量（頻度）	コスト	情況データ
イクシーダンス	非常に多い	非常に低い	少ない
インシデント	中程度～多い	低い～中程度	中程度～多い
事故	少ない～非常に少ない	受け入れがたいほど高い	たいていの場合は多い

　表 3.1 は 3 種の事象の特性を、量（頻度）、コスト（人、資産、環境の損失）、および「上流」の寄与要因を特定するために使用できる情況に関する情報の量で比較したものである。利用可能な情況に関する情報は、一般的に有害事象の頻度に反比例する。件数は多いが、説明情報の少ないイクシーダンスとは対照的に、組織事故は広範囲にわたって調査・報告される。共通していえることは、これらの事象が、再発する問題が関係する場所、活動、タスク、そして人間のどこにあるかを明らかにするということである。

3.2 エラーにまつわる作り話

　ヒューマンエラーには、多くの作り話があるが、ここではそのなかの 3 つ、「エラーは本質的に悪いものである」「行いの良くない人間が悪いエラーをする」「エラーには規則性がなく、非常に気まぐれである」について焦点を当てていく。
　エラーは、本質的に悪いものではない。見たことも、聞いたこともない状況で試行錯誤しながら学習するときには、エラーは欠かせないものである。このようにエラーは、一見、悪いもののように見えるが、必要なことでもある。一方、心の優れた機能にも落とし穴がある。技能や習慣化した一連の行為のために必要な自動性[*9]によって、私たちは予定にない行為（スリップ）をしがちで

[*9] 意識せずに、機械的に行えること

ある。首尾一貫した計画的な行為に必要な注意資源が限られているために、私たちは不注意と情報過多に悩まされる。表面的な事実よりも「ミニ理論」(構造化された知識やスキーマ)が記憶されている長期記憶のために、私たちは視野狭窄や確証バイアス[*10]に陥りがちである。先に述べたように、人の心の精力的な優先事項の一つは、意味づけをしようとすることである。適切に機能するためには、万物の意味を理解することが、人間には必要なのである。これは人間の魂に深く根ざしている。

ほとんどの子供と多くの大人が共通して信じているものに、「公正世界仮説」がある。この仮説はメンタルプロセスとその結果との間の調和を仮定している。単純に表現すると、悪いことは悪い人間に起き、良いことは価値ある人間に起きるということである。しかし、現実はそのとおりではない。偶然とその他の予測不可能な要因が、よく練られた計画を台なしにすることがある。反対に、やり損ねやお粗末な計画から大成功を収めることもある。

エラーマネジメントの前提の一つは、優秀な人が最悪のエラーをするということである。これには多くの理由がある。優秀な人は新しい技術を試すことによって、現在の習慣ぎりぎりのところを邁進する傾向がある。彼らはしばしば監督の立場にいて、また同時に複数の業務をこなしており、それゆえ簡単に注意を逸らされたり、上の空だったりする。例えば、メンテナンスの世界では、管理者は時々、自分の技能の低下を避けるために、無分別なことに「自らの手で」作業することがある。

もう一つの、広まっている作り話は、エラーは「前ぶれなしに」起き、その形態も非常にさまざまであるというものである。どちらも事実とは異なる。エラーには規則性があり、再発性のある予測可能な形態をとる。次に示すように、それぞれのエラーはそれぞれの状況で起きる。

[*10] 自分が抱いた先入観や信念を肯定的に証明する情報ばかりを追求し、それに反する情報を軽視あるいは無視すること

- 自分自身で何を行っているかを知っているときに、エラーが起きることがある。すなわち、慣れた状況で定型的な作業を実行している最中に、行為自体が計画どおりに実行されない。これらのエラーは「うっかりした」行為のスリップや記憶のラプスという一貫した形態をとる。また、つまずき、よろめき、もたつきという形態でも現れる。
- 自分自身が何を行っているかを知っていると思っているときに、エラーが起きることもある。訓練を受けたことのある問題と思って対応しているが、標準として良いルールを誤適用したり、適切でないルールを適用したり、あるいは適切なルールを適用し損ねたりする。これらはルールベースのミステイクおよび違反である。
- そして、今までにない状況に遭遇し、自分自身が何を行っているかを確信できないときにエラーは確実に起こる。これらはナレッジベースのミステイクであり、さまざまな形態をとる。これらのエラーのタイプについては後で詳しく述べていく。

医療の世界を例にとると、これらのエラーのタイプは、次のような姿になって現れる。

- 内科医が、0.5ミリグラムのところを5ミリグラムと処方箋に記載する（スリップ）。
- 看護師が、内服薬を遅れて手渡す（ラプス）。
- 医師が、腎臓に問題を抱えた患者に投与する抗生剤アミノグルコシドの投与量を調整するための調合式を間違えて適用する（ルールベースのミステイク）。
- 若い医師が、腎臓病患者への投与量を加減する必要性を理解していないために、上記の調整を行わない（ナレッジベースのミステイク）。

エラーが不規則な事象ではないことは、同じ状況で別の人間が同じ種類のエ

ラーを起こし続けるという、エラーを再発させる罠が存在していることからもいえる。このことはこれまでも述べてきたし、本書の残りのいろいろなところで述べていく。

本章の残りでは、エラーに関するこれらの3つの主要な分類に関して、詳しく述べるとともに、そのそれぞれの下位分類についても見ることにする。「うっかりした」行為のスリップと記憶のラプスから始めよう。

3.3 スリップとラプス

これらの実施段階での問題を、認知に関する失敗、記憶に関する失敗および注意に関する失敗という3つのタイプに分類すると便利である。

【1】認知に関する失敗

これは、次の3つのカテゴリーに分類される。

① **対象、メッセージ、信号などの誤認**：これらのエラーでは、期待が大きく影響している。例えば、電車の運転士はある場所での信号が緑であることに慣らされていると、その場所での信号が赤であっても緑として認識してしまう場合がある。このようなエラーは、時に破滅的結果を招く(1952年、英国ハロー(Harrow)での鉄道事故[11])。その他の寄与要因は、正しい信号と正しくない信号との間での類似性(外観、位置、機能など)、低いS/N比(不明瞭、暗い照明、曖昧な知覚情報)、強い習慣(よく熟練され、精通しているタスクでは、知覚は不正確になる)がある。私たちはたとえ違うものであっても、期待していたものとそっくりなものを受け入れてしまうのである。

---

[11] 1952年、ロンドン郊外のハロー・アンド・ウェルドストン(Harrow and Wealdstone)駅構内で、停車中の上り通勤電車へ、後続の上り寝台特急列車が衝突、脱線。さらに下り急行列車が衝突。112名死亡

② **未検出**：信号や問題の検出失敗（偽陰性[*12]の失敗）である。訓練を受けていないことや未経験とは別に、これらのエラーは次の状況で起こりやすい。

- 欠陥にたどり着く前に検査が中断された。
- 検査は完了したが、見つけようとする人が上の空だったり、疲れていたり、急いでいた。
- そこに問題があるとは思っていなかった。
- 1つの欠陥が見出されたために、その近くの欠陥が見逃された。
- タスクに関する情報が十分に得られなかった。

③ **誤検出（偽陽性[*13]の失敗）**：実際には存在していない問題あるいは欠陥を間違って検出することである。多くのシステムは、偽陽性に対してはかなり耐性をもたせて設計されている。検出されずに後悔するよりも、間違って検出して、安全であることのほうが好ましいからである。しかし、この原則が国防システムに適用された場合は、その結果は破滅的である。警報やアラームシステムに対するオペレーターの信頼が、誤報によって蝕まれるという重大なことが起きる。

【2】記憶に関する失敗

スリップとラプスは、次の情報処理段階の一つ、もしくは複数において起きることがある。記憶の書き込みの段階では、覚えなければならない事柄に十分な注意が払われず、短期記憶から失われてしまう。記憶保持の段階では、覚えていなければいけない事柄が長期記憶のなかで消滅する、あるいは記憶の抑制を受ける。情報検索の段階では、知っている事柄を必要なときに思い出すこと

[*12] 検出すべきことが起きても、検出できないこと
[*13] 検出すべきことを検出できるが、余計なことまで検出すること

ができない(喉まで出かかっているが口に出ない状態)。

(a) 記憶書き込みの失敗

誰かに紹介されたときに、私たちが最も忘れやすいものは何であろうか。それは相手の名前である。なぜなら、名前というものは、その人に関する新しい大量の情報の一部分であり、名前に特別な注意を払わない限り、覚え損ねてしまうからである。そのうえ、私たちはしばしば彼らの外観や職業を忘れる。これはつまり、思い出すためには、適切な量の注意を払って記憶することが重要な前提条件であることを示している。

記憶書き込みの失敗の二つ目は、以前の行為を忘れることである。この場合も、注意不足が原因で、情報が単に、書き込まれなかったのである。かなり熟知している定型的なタスクを実行するとき、私たちの心はほとんどいつも、今行っていることではない、何か他のことに向けられている。この比較的、不注意な状態が、タスクを円滑に実行するために必要である。習慣化した行動を一つひとつ意識して行うことは、混乱をきたすだけである。例えば、何かを取りに行くために、階段を一段飛ばしで降りるときに、自分の足がどうなっているか考えることは賢明ではない。なぜなら、ものをどこに置いたか忘れてしまったり、何を取りに来たのか忘れてしまうからである。

この種の忘れのもう一つは、慣れた一連の行為のなかで自分の位置を見失う*14 ことである。例えば、気がついたときに、一連の行為をどこまで進めたか、すぐにはわからないことがある(前述参照)。さらに、直前の数分間どこを歩いていたのか、どこを車で走っていたのか、言い換えれば、まさに何をしている最中であったかを思い出せない、という「時間空白」の経験というものもある。例えば、シャワーを浴びていて、髪にシャンプーをつけたかどうかを思い出せないことがある。タスクから心が離れている間に、シャンプーをつけていた証拠、すなわち泡が洗い流されてしまったのである。

---

*14 どこまでやったのか、わからなくなること

(b) 記憶保持の失敗

おそらく記憶保持の失敗で最も共通していることは、意図を忘れることである。何かをしようとする意図が、即座に行動に移されることは滅多にない。通常、実行するための適切な時期と場所に至るまで、意図を記憶のなかに保持しなければならない。この意図の記憶は展望記憶といわれ、特に、忘れられたり、すっぽかされたりする傾向がある。そのため、行為が意図したとおりに実行されないのである。

もちろん、何の痕跡も残らずに、意図が忘れられてしまう可能性がある。しかし、それよりも、意図の忘却は次に示すいくつかのレベルで起きる。

- **計画の忘却**：ほとんど完全に計画を忘れてしまうために、漠然と「何かをすべきだ」という感覚だけが残る。すなわち、何かをすべきであったことはわかるが、何を、どこで、いつすべきかを思い出すことができない。
- **「ここで何をしようとしていたのだろうか」という感覚**：これは誰にでも起こりやすい共通した経験である。初めは意図を覚えていて、意図どおりに行動を始めるが、その途中で何かほかのことに没頭したり、気をとられたりして、ここに何をしに来たのかを忘れてしまうというものである。引出しや冷蔵庫の中を覗いているのに、あるいはお店のカウンターの前に立っているのに、何をしに来たのか、思い出せないことがあるだろう。しばらくすると、思い出せるのではあるが、そのときには、意図を忘れているのである。
- **計画のなかの詳細項目の忘却**：行動に着手して、終わったと思ったものの、後で何かをし忘れたことに気づくというものである。投函するつもりで、玄関ホールのテーブルの上に置いた手紙を取りに家に戻ったという経験があるだろう。他人に頼まれたことをいとも簡単に忘れてしまうことが、私にはよくある。

(c) 記憶検索の失敗

よく知っている人を紹介しようとしているときに、その人の名前が思い出せないことがある。このような記憶検索の失敗は、非常に厄介な形で現れることがある。「こちらは、えーと……」という経験である。また、私は講義のときによく「3つのポイントがある」ということがあるが、3つ目あるいは2つ目さえも思い出せなかったりする。「喉まで出かかっているが口に出ない」という、私の経験については既に述べた。私たちの研究によると、この「喉まで出かかっているが口に出ない」状態はかなり長い間続くが、最終的には次の3つの方法のいずれかで解決される。

- 思い出せない単語もしくは名前を、懸命に思い出そうとして思い出す。すなわち、いろいろな試みの最後の手段である。
- 思い出そうとしていたことを不意に思い出せる。よくあるのが、洗い物や掃除などの定型的な作業を行っているときである。
- テレビ番組や新聞、もしくはその他の外部情報にその単語あるいは名前が出てきて、それが自分の探していたものであることに気づく。

「喉まで出かかっているが口に出ない」状態の3つの解消方法はどれも等しくありうる。

若いときのほうが、驚くほど頻繁に起こすスリップやラプスとは違って、記憶検索の失敗が年齢とともに増えるのは、ほとんど疑う余地がないことである。そのため、私たちは年をとるにつれて、リスト、カレンダー、付箋紙、結びつけたハンカチ[*15]などの物忘れ対策に大いに頼っている。自分が知っている名前を言えなくなるという名詞失語症は驚くべきことではない。名前には、もはやほとんど意味がなくなっているからである。昔は、「ミスター・ベーカー

[*15] 忘れることを防ぐために、ハンカチを目立つところに結びつけること。似たものとして、指に結びつけた糸などがある。

(Mr. Baker)」といえばパン職人であったが、今では必ずしもそうではない。「リーズン(Reason)」のような名前をもつのも、一長一短がある。悪い点は、特にもしあなたがたまたま心理学の教授であったならば、よく聞く駄洒落[*16]に曝されることである。しかし、良い点は、名前を覚えられやすいということである。結局、良い点のほうが勝っている。

【3】注意に関する失敗

先に述べたように、注意は限られた資源である。注意を一つのものに向けると、他のものには注意が向かない。今行っているタスクとは関係のないものに注意が「奪われた」ときに、ある習熟した行動が何気なく出てきてしまうことがよくある。強い習慣の介入である。

(a) 強い習慣の介入

すべてのうっかりした行為のスリップのうち、おおよそ40パーセントは強い習慣の介入によるものである。強い習慣の介入は、現在意図しているものとは明らかに別の活動の一部であり、完全でよく整っている。この別の活動は、最近頻繁に行ったことのあるもので、意図した行為と場所的にも、動作的にも、そして目的の点からも似ている。

うっかりした行為のスリップは非常に馴染みのある、比較的変わらない環境（台所、風呂、寝室、オフィスなど）、そして、最近頻繁に実施して、しかも、その行為がほとんど機械的に行われる、十分に熟練したタスクの遂行中に最も起こりやすい。

別の要因は、一連の行為のなかの決定的に重要なポイントに、資源に限りのある注意を適切に配分できないことである。ほとんどの場合、外部からの邪魔、あるいは自分自身が何かに没頭していることによって、注意が奪われている。しかし、過度の注意が、ほとんど機械的にできる一連の行為に向けられる場合

[*16] The reason is...(その理由は……)と、reasonという単語が使われる。

がある。中断の後の「どこまでやっただろうか？」という疑問をもつ場合である。この疑問に対して、「まだ、そこまで終わっていない」という答え（結果として同じことを繰り返す）、あるいは、「もうそこまで終わった」という答え（やるべきことを飛ばしてしまう）という、2つの間違った答えが出てくることがある。

先に述べた一般的な状況に加え、強い習慣の介入が起こりやすい状況には、少なくとも次の4つがある。

① 目的変更のために、定着した定型的な作業から離れる場合
② 現場の状況が変わったために、何度も行ったことがあり、よく慣れた一連の行為を修正しなければならない場合
③ やろうとすることへの意識が弱まっている状態で、ある決まりきった一連の行動に関係する馴染みのある環境に入った場合。例えば、洗面所にふらふらっと入り、意図していなかったにもかかわらず、歯を磨いてしまうことがある。
④ 現在の環境の特徴が、非常に慣れた状況での特徴に類似、あるいは同一のものがある場合。例えば、図書館を出ようとして、回転ゲートに近づいたときに、お金が必要ないことを知っているのに、あたかも料金を払うかのごとく財布を取り出してしまうことがある。

強い習慣の介入は非常に広範囲に及び、時に災害を引き起こすことがある。1982年の夏、英国ウェールズの田舎道を走行していた二階建てバスが、鉄道の低い高架橋の下を通過しようとしたときに、橋に引っかかって、バスの2階部分が大破して6名が死亡した。検死審問で、運転手は「二階建てバスを運転していることが頭になかった」と証言した。彼は、日頃運転している一階建てのバスで通るルートを走行していたのである。ほかにも、1956年の英国ラドロー（Ludlow）、1957年の同じく英国ルイシャム（Lewisham）の鉄道事故、そして、1977年のテネリフェ（Tenerife）島での滑走路上でのジャンボ機同士の

悲惨な衝突事故にも強い習慣の介入が関係していた。

(b) 干渉エラー

　干渉エラーは、実行中の2つのタスク間(混合あるいはスプーナー誤法[*17])、あるいはタスクの構成要素間(反転あるいはスプーナー誤法)での「混信」に起因する。典型的な混合は、前のタスクの構成要素を次のタスクのなかに持ち込んでしまう場合である(例えば、電話での話が終わったときに、秘書がお客さんをとおしてきた。席を立って、お客さんのところに歩み寄り、握手の手を差し出しながら、「もしもし、こちらスミスです」と自己紹介した)。反転は、行為は正しいが、意図していた対象が置き換わる場合である。『スペクター』誌(Spectator)[1)]に掲載された記事を見てみよう。

　「私の友達のウィル・ハニコム(Will Honeycombe)は、会話中によくぼんやりしている類いの人間の一人である。〈中略〉昨晩の地元のクラブの集りの前に、サマーセット公園の中を私たちは一緒に歩いていた。ウィルは、そこで非常に奇妙な形の小石を拾い、「友達にでもプレゼントしようかな」と言っていた。いくらか歩いた後、私は西のほうに向かって立ち止まった。この仕草は「今は午後何時？」と尋ねるときに私がよくやることであり、ウィルもそのことを知っていた。彼はすぐに時計をポケットから取り出し「午後7時ちょうど」と私に答えた。また歩き続けて1～2回角を曲がったとき、非常に驚いたことに、彼が自分の時計をテムズ川に思いっきり投げ込んだのである。そして、彼は冷静な表情で先ほど拾った小石を、時計を入れていたポケットの中にしまった。私は、しゃべりすぎるのには反感を覚える性質(たち)であるし、悪い知らせ、特にもうそれをどうすることもできないような知らせを伝えるのは好きではない。彼は自分の行いが

---

　1) Bond, D. F. (1965) *The Spectator Vol. I.* Oxford: Clarendon Press (pp. 329–330).
　*17　2語以上の頭文字を置き換える誤り。例えば book case を cook base と言い間違えること

間違っていたことに、やがて気づくだろうと放っておき、そのまま歩き続けた……」

　行為のスリップと、心の機能の他の領域に見られるエラー、特に発話に見られるエラーの間には、かなりの類似性がある。行動のスプーナー誤法と言葉の言い間違いの間の類似性は明らかである。ウィル・ハニコムの誤りは明らかに、スプーナー（W.A. Spooner）師*18がよくやったエラーと同じ種類のものである。スプーナーは、「dear old Queen（親愛なる王妃さま）」と言うべきところを、「queer old Dean（いかがわしい年老いた学部長）」と、よく言っていたのである。

　このほかの非常に類似したエラーは、発話でも行為でも起きる。例えば、一連の行為を完了せずに終えてしまうことは、第一幕と第二幕の台詞が似ているために、第二幕の台詞が出てきてしまうという、役者によくあるエラーにとても似ている。これらの尚早エラーは、日常の会話や文章作成でもとても頻繁に発生する。

　それでは、このスリップとラプスに関する本節の終わりに、これらのうっかりミスを起こさせる3つの一般的な要因をまとめよう。

- **慣れた環境での定型的で習慣化したタスクの実行**：逆説的にいうと、うっかりはスキルを身につけたことに対する代償である。つまり、ほとんど機械的に定型化された行為をすらすらと行えるために払う対価である。
- **没頭と外乱による注意のとらわれ**：これは、限られた注意資源のほとんどすべてが、一つのことに向けられたときに起きる。もし、内面的なものへ向けられているならば没頭であり、周囲で起きている何かに向けられているならば外乱である。

---

*18　オックスフォード・ニューカレッジ大学の学部長。スプーナー誤法あるいはスプーナーイズムとは、彼の名前に由来している。

- **行動の計画あるいは環境の変化**：もし変化がなければ、意図どおりに習慣化されたやり方で、行為は行われるであろう。変化は、それがどのような種類であれ、エラーを誘発する強力な要因となる。

3.4 ルールベースのミステイク

先に述べたように、人間は驚くほど、パターンマッチングを好む。計画されていない状況に直面したときに、私たちは類似したパターンを見つけたいと強く思い、必要であれば、専門知識の一部分である問題解決ルールを適用する。しかし、これらのパターンマッチングやルール適用が、間違っていることがある。ルールベースのミステイクには、次の3つの基本的な型がある。

① 真の兆候を発見し損ねたために、通常であれば良いルールを誤って適用する。例えば、一般開業医はインフルエンザが流行している時期に、高熱を出している子供が髄膜炎を患っていることを見落とす。

② 不適切なルールを適用する。例えば、クラッパム(Clapham)での鉄道事故[*19]の直前に信号所の配線交換にかかわった技術者は、古い配線を取り除くことなく、後ろに折り曲げたままにしておくという習慣を身につけていた。

③ 適切なルールを適用し損なう。標準手順は一般的に適切なルールを収めたものである。標準手順に従わないことは、エラーでもあり違反でもある。違反については、第4章で述べることにする。

[*19] 1988年、ロンドン郊外クラッパム・ジャンクション(Clapham Junction)駅近くで起きた鉄道事故。死者35名、負傷者500名

3.5 ナレッジベースのミステイク

　出来合いの問題解決ルールをすべて使い果たし、「ゼロ」から答えを見つけなければならない、まったく新しい状況では、ナレッジベースのミステイクが起きる。これは非常にエラーを誘発しやすい状態である。やっとのこと、私たちを正解に導いてくれるのは、通常、試行錯誤の学習だけである。エラーは滑走路の幅を示す滑走路灯のようなものであり、何度もエラーが繰り返される過程で、何が正しいのかを示してくれる。

　ルールベースレベルとナレッジベースレベルで、ミステイクはさまざまなバイアスの影響を受ける。ここに、バイアスの種類を示す。

- **類似性バイアス**：不規則性どころか、エラーは問題構造の目立った部分に対応したものになる傾向がある。確証バイアスは、問題解決中の類似性バイアスと限定合理性（後述）の両方の産物である。
- **頻出性バイアス**：認識活動が十分でない場合（後述）、情況的に正しく、そして頻繁なものを選ぶ傾向がある。
- **限定合理性**：実際に意識が働く範囲は、その最大量に比べてずっと限られている。そのため、オーバーフローやオーバーロードになりやすい。
- **不本意合理性**：「最小努力」の原理は、認知的ストレスを最小化するように働く。すなわち、コンピュータのように強力で、緻密な連続処理が必要な状況さえ、私たちは機械的な処理、同時並行処理を好む。意識的な思考の代わりにこれらの無意識な処理をどれだけ使っているか、私たちはいつも気づいているわけではない。
- **不合理性**：これはミステイクの説明として非常によく使われるものである。しかし、人間関係が計画過程に、真の不合理性をもたらすということは、疑う余地がない。ある行為のために事故が起きるという知識を故意に抑圧すること以上に、不合理なことがあるだろうか。

3.6 ま と め

　もし、スリップ、ラプス、ミステイクといった、ほとんどすべての種類のエラーの形態を決定する一つの原理があるとすれば、それはメンタルプロセスの不完全さである。正しいパフォーマンスのために必要なメンタルプロセスが不完全であるときに、エラーは起きる。このメンタルプロセスの不完全さは、不注意、忘却、不完全な知識、曖昧な知覚情報などさまざまな形態をとる。メンタルモデルの不完全さは多くの形態をとるが、幸運なことに、心の反応は予測可能である。心の反応のデフォルト（初期状態）は、頻繁に起こり、慣れたもの、情況的に正しいものへの反応である。これは非常に適応性が高い。何かに迷っているときは、私たちのメンタルプロセスは、これらの特定の状況でも有用であると証明されている反応に頼る。それは、この状況下で頻繁に、そして直近に使われた何かである。これは心の論理である。正しくないかもしれないが、何かを推測せざるをえないときは非常に実用的である。

第4章
違反とさまざまなルール関連行動

4.1 チェルノブイリとゼーブリュージュ

　1986年4月のチェルノブイリ原子力発電所の事故こそが、私が初めて違反に対して関心をもつようになった出来事である[1]。この事故の主因は人間の行動である。その行動とは、実験計画者側のミステイク、要求レベルより出力を下げた運転員の一つの重大なスリップ、そして、爆発直前に行われた安全運転手順からの意図した愚かな逸脱である。エラーか違反かの区別が必要なものは、この最後の不安全行動である。

　最後の30分間の運転員の行為は、プラント運転手順書からの重大な逸脱があるものの、ある発電方法[*1]の反復試験[*2]に必要な条件を整えるという目的と、完全に一致していた。皮肉にも、この発電方法は、安全対策として考え出されたものであった。外部電源喪失[*3]が発生した場合、非常用炉心冷却装置

---

[1] Reason, J. (1987) 'The Chernobyl errors'. Bulletin of the *British Psychological Society*, 40: 201-206.
* 1　蒸気タービンの余力を使って発電する方法
* 2　この発電方法の試験が、1982年、1984年、1985年に行われたが、いずれも失敗していた。
* 3　何らかの原因で、非常用母線への給電が喪失し、安全設備への給電手段が非常用ディーゼル発電機以外にはない事象

のポンプを起動するのに十分な電力を非常用ディーゼル発電機で起こせるようになるまでの2~3分間を、この方法がつなぐことになっていた。

　手順書違反は、さまざまな理由で行われる可能性があるが、通常、安全手順書、ルール、規制からの、意図的ではあるが悪意のない逸脱である。不遵守行為は、意図したものであったとしても、違反がテロリストまたは破壊活動家によるものでない限り、時折起こる良くない結果は意図したものではない。後にさまざまな違反を考察するが、とりあえずチェルノブイリの悲劇に話を戻そう。

　チェルノブイリ原子力発電所運転員は、システムのダブルバインド[*4]に曝されていた。運転員に与えられたタスクは、彼らの経験や能力を超えていただけでなく、違反を回避できないものだった。例えば、非常用炉心冷却装置を切り離すという違反が、実験計画書に記載されていた。それ以外は、例えば蒸気ドラムとタービン自動安全装置を外すことなど、モスクワから来た電気技師に反復試験を行う機会を与えるために必要な違反であった。他の多くの大惨事と同様に、不運な運転員は、システム全体の一連の複雑な失敗を押しつけられた者であった。違反の特性を理解しようとするのであれば、現場の人々の行為を見るだけでなく、システム全体の弱点を検討しなければならない。

　1987年3月に発生したゼーブリュージュ（Zeebrugge）事故においても、同じようなシステムのダブルバインドがあったとされている[2]。ローロー・フェリー[*5]であるヘラルド・オブ・フリー・エンタープライズ号（Herald of Free Enterprise）は、海運規則に違反して、船首の扉を開けたままゼーブリュージュから出航した。そのため、車両甲板の開口部から水が入り、もともと上部が重い不安定な設計であったこともあり、出航直後に船は転覆した。なぜ扉が閉

　2）Sheen, Mr Justice.（1987）*MV Herald of Free Enterprise*. Report of Court No. 8074 Fomal Investigation. London: Department of Transport.
　[*4]　相反する二重のメッセージによる拘束。例えば、「決してむちゃはするな、でもなんとかがんばってくれ」というもの
　[*5]　自動車のような自走できる貨物をそのまま積み込んだり、トレーラーやフォークリフトなどの運搬車両を使うなどして貨物を水平方向に積み降ろしする船。船に備えたランプウェイと呼ばれる通路を岸壁に倒して荷役を行う。

められていなかったのだろうか。それは、事故以前に乗組員の適切な配置を求める労働争議があったにもかかわらず、互いに離れた場所で行われていた3つの操作に対して、監督できる上級乗組員が2人しかいなかったためである。なぜ船長は、扉が開いていることに気づかなかったのだろうか。この船では異常がある場合のみ報告することになっていた。そのため、異常を知らせる報告がないことから、扉が閉められたと船長は見なしたのである。さらに、船長には扉の開閉状態を直接的に知る方法がなかった。事故以前に警告灯をブリッジに設置する要請があったものの、経営者は出費を理由に拒否していた。そして事故後、警告灯は、一つ数百ポンドで同社の他のフェリーに取り付けられた。

【1】「起こるはずのない」事故

　自分たちの行為が惨憺たる結果につながるとわかっていたら、チェルノブイリ原子力発電所の運転員やヘラルド号の乗組員は、きっと違反を犯さなかっただろう。それでは、なぜ彼らは、まるで自分たちが不死身であるかのように行動したのだろうか。

　それぞれの事故の関係者は、おそらくこれらの事故の前まで罰を受けることなく違反していたのだろう。これらの特定の違反が、多数の他の要因と組み合わさって初めて、大惨事につながったのである。そして、いずれのケースにおいても、それ一つでは不十分であるが、事故を起こすには必要な原因要素が将来、同時に発生するということを、誰一人として予測していなかった。ウィリアム・ワーグナー（Willem Wagenaar）[3]は、これを「起こるはずのない事故」と上手に名づけている。そのうえ、当座の生産目標を達成することによって得られる利益と比較したとき、滅多にないという理由により、大惨事の可能性に重きを置かなかったのだろう。現場第一線の作業者にいたっては、このような

---

3) Wagenaar, W. A. (1986) *The Cause of Impossible Accidents*. The Sixth Duijker Lecture, University of Amsterdam. また、Wagenaar, W. A. and Groeneweg, J. (1987) 'Accidents at sea: Multiple causes and impossible consequences'. *International Journal of Man-Machine Studies*, 27: 587-598. を参照

結果は想像も及ばず、まったく考慮に入っていなかったのかもしれない。

4.2 不安全行動としての違反

　これから見ていくように、違反にはさまざまな型があり、そのすべてが必ずしも不安全というわけではない。しかし、違反に関する研究の手始めに実施した交通事故や、原油・ガス田開発における休業負傷災害に関する私たちの調査では、違反の危険性に重点を置いていた。

　私たちは、エラーと違反を不安全行動という一般的な項目にまとめて、（エラーのように）不遵守行為を発生したパフォーマンスのレベル、すなわち、スキルベース、ルールベース、ナレッジベースに分類した。いずれの場合も、規則と手順に従わないという決定は、個人要因、情況要因、社会的要因、システム要因に影響されている。しかし、これらの要因の影響のバランスは、違反の種類によって異なっている。

【1】 スキルベースレベルの違反

　スキルベースレベルの違反は、熟練したあるいは習慣化した行為の一つである。例えば、タスク中の2つの作業ステップの間をつなぎ合わせてしまうという省略行動が、これに含まれることが多い。このような日常的な違反は、粗削りな手順や比較的重要でない状況によって促進される。つまり、違反しても滅多に罰せられないような場合や、遵守しても報われない場合である。

　例えば、芝生が敷きつめられた都会の公園を考えてみよう。その中を走る2本の遊歩道が交わっているところがあり、そこには、その2本の遊歩道の間を斜めに結んだ、芝生のめくれた小径ができている。バスや地下鉄に乗るために公園内を急ぐ人は、遊歩道を使わずに、この小径を使って近道をするだろう。

　一般に、スキルベースレベルの活動を手順化する必要性はほとんどない。大部分の行為は、身についた習慣であり、その習慣の詳細は、どのような場合でも言葉で表しきれず、思い出すことすらできないものである。例えば、熟練し

た職人に対して、ドライバーの使い方を教えるための手順を作成しても意味がない。

手順書にスキルベースレベルの行為について書こうとすると、例えば、○○に十分に注意して進めること、○○のときは注意することなど、一般的な忠告にしかならない。

楽観的な違反、すなわちスリルを求めた違反もまた、スキルベースレベルの違反の大きな特徴である。このカテゴリーは、違反の別のタイプというより、むしろ、人間の行為はいろいろな目的のためにあり、その目的のなかには、タスク本来の目的とは無関係なものがある、ということを示している。すなわち、自動車の運転手の本来の目的は、A地点からB地点に行くことである。しかし、その途中で運転手は、スピードを出すことの欲求、あるいは攻撃的本能を満足させようとすることもできる。同様に、船乗りは、安全運転手順から逸脱して、変化のない航海の退屈さをまぎらわせるかもしれない。例えば、接近してくる船の近くをなるべく航行することにより、自らの操船スキルを試めそうとするかもしれない（これは、いくつかの衝突事故の寄与要因である）。

タスク本来の目的を厳密に追求するのではなく、個人の目的を達成しようとする傾向が、個人のパフォーマンススタイルの一部になることがある。このことは、自動車の運転においてかなり明確に見られる。また、この傾向は、年齢別に見たときのある特定のグループ、つまり特に若い男性の特徴でもある。

【2】 ルールベースレベルの違反

安全手順、ルール、規制は、主に問題のある状況やリスクの高い状況での行動をコントロールするために定められており、ルールベースレベルの行動に関するものが最も多い。

あるシステムまたは技術の初期段階において、手順書は、仕事の仕方や予見される潜在的な危険性への対処方法を、簡潔に示している。その後、過去のインシデントや事故の教訓を取り入れた改訂が繰り返され、過去の有害事象にかかわった特定の行為が禁止される。その結果、技術が成熟するにつれて、許さ

れる行為の範囲が徐々に狭まる。しかし、業務上あるいはビジネス上の制約のなかでタスクを完了するために必要な行為の範囲は、狭まらない。要するに、許される行為の範囲が、必要な行為の範囲より狭くなってしまうのである。エラーがメンタルプロセスの不完全さに起因するのに対して(**第3章参照**)、違反は、規制やシステムが許される行為を過剰なまでに限定することによって起こる可能性がある。これが、必要な違反あるいは状況に依存した違反を生み出す。これらの状況では、チェルノブイリ原子力発電所での事故のように、違反することが唯一の解決策となるのである。

　状況に依存した違反の特徴を、貨車の連結作業の例で示そう。6カ月おきに改定される英国国鉄(British Rail)の「ルールブック」は、連結作業のための貨車移動中、すなわち、連結しようとする貨車を先行機関車で停止中の貨車に向かって移動させるとき、連結作業員が連結部分の貨車と貨車の間に入ることを禁じていた。貨車が止まってから、連結作業員は貨車の間に入って必要な連結を行うことになっていた。しかし、緩衝器が伸びきっている場合、貨車を連結するための連環が短すぎて連結できないことがある。連結作業を実施できるのは、貨車が最初にぶつかって、緩衝器が縮んだ一瞬だけである。このように、これらの特定の貨車を連結できる唯一かつ手っ取り早い方法は、移動中に貨車の間に連結作業員が入ることである。

　1994年以前、英国国鉄の最後の頃[*6]は、毎年許容しがたい数の連結作業員が、緩衝器の間に挟まって死亡していた。これらの事故から、重要なことが明らかになった。すなわち、違反自体は必ずしも良くない結果をもたらすわけではない。違反している状況で起きるエラーこそが致命傷となるのである。この点については、後で詳しく述べることにする。

　この貨車の連結作業の例は、状況に依存した違反について重要な点を示している。つまり、日常的な違反と楽観的な違反が、努力を最小にすることや、ス

＊6　1994年、英国国鉄の鉄道網が、複数の民間旅客列車運行会社に引き継がれ、現在は統一ブランド「英国鉄道(National Rail)」の下で、列車が運行されている。

リルを味わうといった個人的な目的の達成に明らかに関連しているのに対して、必要な違反は作業場所やシステムの欠陥に起因している。不遵守行為は、仕事をするために不可欠なこととして見られているが、いったん行われると、仕事を容易に進められる方法と見なされ、習慣化したスキルベースのパフォーマンスの一部になってしまうことが多い。

ルールベースの違反は、スキルベースの違反より意図的である可能性が高い。しかし、ミステイクが自分たちの望ましい目的を達成すると信じて行われる意図的な行為であるのと同じように、状況に依存した違反は、良くない結果にはならないと信じて行われる意図的な行為である。これらの違反を方向づけるのは、費用対効果のトレードオフであり（これについては後述する）、見込まれる損失よりも利益のほうが大きいときに違反が行われる。

この評価は誤っているかもしれない。このように、状況に依存した違反には、ミステイクと手順書の不遵守の双方が含まれる可能性がある。ルール関連行動の種類のところで、「ミスベンション（misvention：mistaken circumvention（正しくないルール逸脱）の合成語）」についてさらに述べることにする。

【3】ナレッジベースレベルの違反

ナレッジベースレベルの活動は、特定の訓練や手順を示す指針が望めそうもない、型にはまらない、または、新しい状況で行われる。訓練教官や手順書作成者が取り組めるのは、既知であるか予見できる状況だけである。

チェルノブイリ原子力発電所事故での違反は、まさに例外的な違反である。出力レベルが25パーセント以下に落ちたとき、プラントは危険な状態となり、正のボイド係数（手に負えない状況に陥る可能性があり、実際にそうなった反応度）になりやすかった。その後の活動のほとんどすべてが、例外的な違反、より正確にいえば前述のミスベンションであり、爆発を不可避にした。明らかに炉物理に関する基礎知識がない運転員は、限られた機会のなかで試験を完了させようと、次々と安全装置を外し続けていったのである。

ナレッジベースレベルで直面する問題は、未来の宇宙飛行士にとって火星の

表面が真新しいというレベルほどに、新しい問題ではない。ほとんど起きないが訓練は実施しているような状況が予想外に発生したり、個々には慣れている状況が思いもよらず組み合わさった場合が多い。

2人の作業員が原油パイプラインを点検している状況を考察しよう。これは、頻繁に死亡事故が起きる状況である。1人が点検ピットに入り、危険性が極めて高い硫化水素ガスにまかれて倒れてしまう。同僚は、このような状況の対処法、すなわち、無線で助けを求めて、決してピットの中に入らないという訓練を受けているにもかかわらず、本能的な衝動にかられて同僚を助けるためにピットに飛び降り、自分もまたガスにまかれて倒れてしまう。この事故に対する訓練を受けてはいるものの、実際にこのような状況を経験したことはなかったのである。

違反が驚異的なリカバリーに変わる境界がここにある。これについては、後の章で論じることにする。

4.3 最も違反しそうなのは誰か

エラー率は、少なくとも労働年齢の通常範囲内では性別または年齢で著しく変わらないのに対して、最もルールを曲げる可能性のある人は、比較的簡単に特定できるグループを形成している。主な特徴は次のとおりである。

- 若い男性
- 自分の仕事上のスキルを他人と比較して高く評価している人
- 比較的経験があり、特にエラー傾向のない人
- インシデントや事故の前歴がありそうな人
- 他人の考えや、結果についての否定的な信念に、ほとんどとらわれない人

4.4 なぜ、人は安全規則を破るのか

　違反と若い男性の間に密接な関係があると仮定すると、すべてをテストステロン[*7]の過剰分泌のせいにしたくなる。若い男性は、一般的に健康でたくましく、反射神経が良く、身体能力もピークにあり、いずれについても限界まで試してみたいものである。

　幸いにも、違反したいという精神的かつ身体的な欲求は、年をとるにつれてかなり急速に弱まっていく。遵守行為が多くなるのは、責任の増加や家族の絆が強くなるためであることはいうまでもなく、危険に直面して自分が死亡する可能性、病気になる可能性、脆弱性など、さまざまな脆さに関して認識が高まることにも関係している。

　年を重ねるにつれて遵守行為が多くなる理由で、同等、またはそれ以上に重要なことは、中年や年輩者には、若者とは異なって、尊重すべき意見をもつ比較対象が存在することである。より円熟している「重要な他人」は、一般に違反を容認しない。おそらく、同じ要因が、男女間で大きな役割を果たしている。すなわち、違反行為とは、他の女性が特に評価あるいは賞賛するものではない、ということである。

　この特質を利用して、大部分の社会では、兵士や警備員に若い男性を採用しているが、いずれにせよ、違反の原因をすべてをテストステロンのせいにしても、社会が受け入れる対処方法がないため、ほとんど意味がない。私たちは管理できることを考えなければならない。特に、潜在的に不安全な違反を促進する態度、信念、集団規範、状況要因は、どのようなものだろうか。若干の困難をともなうが、このなかには変えられるものもある。

　自動車運転時の違反に関する私たちの調査によると、不遵守行為は、いくつもの潜在的に危険な信念に直接関係していることが示されている。このような

　[*7]　男性ホルモンの一種

「錯覚」のうち、重要なものは次のとおりである。

- **コントロールの錯覚**：常習的な違反者は力があると感じ、ハイリスクな状況がもたらす結果を自らコントロールできると過大評価している。一方、自身の行動が単に地域の交通規範に従っているだけだと感じるスピード違反のような特定の状況では、彼らは逆の感覚、すなわち無力感を感じることもある。
- **不死身の錯覚**：違反者は、自らのルール違反が良くない結果につながる可能性を過小評価している。自分のスキルは、常に潜在的な危険性に勝ると信じている。同様に、若い男性は、自分自身が他人の良くない行動の犠牲者になる可能性があると思っていない。最近の研究において、自分たち自身が路上犯罪の被害者になる可能性を評価させたところ、通りで襲われて金品を奪われたり、襲撃されたりする可能性を、若い男性は、現実の7分の1に過小評価をしていた。実際は、彼らが最もリスクの高いグループである。自動車の運転や、潜在的に危険な状況で働くときにも、同じような傾向が存在しているようである。彼らは、映画 *Fireproof*[*8] を気取っている。
- **優越の錯覚**：この錯覚には、2つの面がある。第一に、違反に関する自己申告違反質問紙で高得点の人は、自分のスキル、特に自動車の運転スキルが他人より高いと評価している。第二に、違反者は自分の違反の傾向が、他人と比べてひどいとは思っていない。

違反傾向を次のように表現することもできる。

- 「私が何とかします」

[*8] 2008年作の消防士を主人公にした映画。日本でのタイトルは『ファイアーストーム』

- 「私は、それをやってのけることができます。」
- 「自分ではどうしようもありません。」
- 「みんなやっているじゃないですか。」
- 「これこそが、彼ら(会社)が本当に望んでいることです。」
- 「彼らは見て見ぬふりをします。」

4.5 違反の心の「経済学」

違反は意図的な行為である。不遵守行為による損失と利益を天秤にかけ、見込まれる損失より利益が上回ると判断する場合には、違反に手を染めることになる[4]。表4.1に、違反の「バランスシート」を示す。

多くの不遵守行為に関しても、違反することで仕事を容易に進めることができる、また、必ずしも良くない結果をもたらすわけでもないことが、経験上わかっている。利益は身近にあり、損失は遠くにあって、事故での損失など、ほとんどなさそうに思える。

表4.1 違反の「バランスシート」

認識される利益	認識される損失
より働きやすい	事故の原因
時間が節約できる	自分や他人の怪我
より刺激的	資産へのダメージ
仕事を完了する	修理に費用がかさむ
技を示す	制裁、懲罰
納期を守る	失業、昇進機会の喪失
男らしく見せる	同僚の非難

---

[4] Battmann, W. and Klumb, P. (1993)'Behavioural economics and compliance with safety regulations.' *Safety Science*, 16: 35-46.

ここで心がけるべきことは、罰を厳しくするなどして、違反行為がもたらす損失を増やすことではなく、ルールなどを守る遵守行為がもたらす利益を、しっかり理解させることである。つまり、手順を実行可能なもの、タスクを実施する際に最も手早く、効率の良いものにすることである。不適切であったり、やりにくい手順のために不満が高まると、違反による利益を感じやすくなるだろう。

4.6 不適切な手順書

大部分の違反が、一部の作業者のひねくれた心に起因すると考えることは、適切ではない。不遵守行為につながる態度と信念は、問題の半分にしかすぎない。残り半分、あるいはそれ以上が不適切な手順書に起因する。

例えば、原子力分野においては、すべてのヒューマンパフォーマンス問題の約70パーセントが、不適切な手順書に起因している。つまり、手順書に誤った情報が記載されていたり、手順書が現状に合わなかったり、機能しなかったり、知られていなかったり、古かったり、作業時に見つけられなかったり、読んでも理解できなかったり、あるいは単に当該タスクについて書かれていなかったりしたためである。手順書が不適切であったり、存在しなかったり、機能しなかったりということは、原子力分野に限ったことではない。

4.7 手順書の使用

英国イングランドの北西部の大規模石油化学プラントで行われた手順書の使用に関する調査[5]で、安全が重要な作業と品質が重要な作業では、高い割合（80パーセント）で手順書が使用されているのに対して、問題解決（30パーセント。たとえそれが安全上重要な作業であっても）、メンテナンス作業（10パー

---

5) Embrey, D. E. (1999) Personal communication.

セント）に手順書を使用したと回答した人は、半分以下であることがわかった。しかし、実際に作業を遂行する間、手順書を開いて目の前に置くと答えた人は、調査対象者となった4,000人のうち、わずか58パーセントにすぎなかった。通常、手順書を読みながら仕事をすることはないのである。

　手順書化が大幅に進んだ産業分野では、業務をどのように実施すべきかについて、作業者が自分たち自身の説明書を書くことはよくある。これらの自前の説明書は、うらやましいほどに大切に守られて、作業グループの新しいメンバーに引き継がれる。これらは、「black book（裏手帳）」としてよく知られている。上記の手順書の使用に関する調査では、56パーセントの作業員と51パーセントのマネージャーが、これらの非公式の手順書を使用していることが明らかになった。

　石油化学プラントの作業員が示した、正式な手順書に従わない理由は、次のとおりである。

- 手順書に一字一句従っていたら、作業ができない。
- 手順書があることを知らない。
- 手順書よりも自分たち自身のスキルや経験に頼ることを好む。
- 手順書に何が書かれているかを熟知していると過信している。

4.8 違反行動に関する2つのモデルの比較

【1】 行動原因モデル

　行動原因モデル（Behavioural Cause model）を使って、北海の海底油田掘削設備で働いている182人の作業員を対象に、違反しようという気にさせる要因を調査したところ、以下の4つの要因で違反行動の64パーセントを予測できることがわかった[6]。4つの要因を次に示す。

① **期待**：例えば違反のような、ある特定の行動を行う可能性に関する評価
② **機会**：個人がはるかに効率的な別の方法で働かなければならない可能性とそのように働くことの結果に関する判断
③ **有力さ**：自分の経験にもとづく優越感、能力、およびスキル
④ **計画**：仕事前に行う計画プロセスの品質と効率

これらの4つの要因に関する個人のスコアによって、違反しそうかどうかを予測でき、実際の違反行動の3分の2を説明している。行動をいくつかの要因で予測あるいは説明できることは、正確さの尺度になるだけでなく、考慮されていない他の要因がどれくらい影響するかを示すことになる。つまり、これらの4つの要因が違反行動の64パーセントを説明しているという事実は、他の要因はほとんど影響しないことを意味している。

この割合を大局的に見ると、大部分の行動予測はおよそ20～30パーセントの精度であり、大規模な世論調査でさえ、1000以上のサンプルの非常に単純な投票行動により、ようやく、このような精度に到達する。このことを考えると、この違反行動の予測の精度は高いといえる。

【2】監督・懲罰モデル

もう一つの監督・懲罰モデル(Supervision and Punishment model)は、人は信用がおけなく、怠け者であると仮定するものである。人は違反するものであることから、監督者が違反を発見して厳罰を科すことで、遵守を強制するモデルである。上記のモデルと同様に試したところ、このモデルは違反行動の20パーセントしか説明できないことがわかった。

2つのモデルを組み合わせても(両方の要因を加えて)、説明可能な違反行動

---

6) Verschuur, W., Hudson, P., and Parker, D. (1996) *Violations of Rules and Procedures: Results of Item Analysis and Tests of the Behavioural Cause Model.* Field Study NAM and Shell Expro Aberdeen. Report Leiden University of SIEP.

は 64 パーセントから 67 パーセントにしか増えない。これは取るに足りない増加である。

　すなわち、潜在的に危険な違反行動を効果的に管理するには、検証されていない先入観に頼るよりも、むしろ促進要因を理解することが重要である。発見、監督、懲罰に着目することは、わずかな改善しかもたらさない。一方、行動原因モデルの4つの要因に注力することで、違反行動を大幅に減らせる可能性がある。

4.9 さまざまなルール関連行動

　ここまで、違反が安全に対する重大な脅威と考えている潜在的な危険性を有するシステムの管理者の視点から違反を見てきた。この見方はある意味正しいといえる。しかし、遵守も違反もどちらも本質的に良くも悪くもなく、それぞれの情況によってすべてが決まるという考え方にもとづく、より広い見方がある。さまざまなルール関連行動をより幅広く理解するために、いくつかのシステム要因および個人要因を考慮する必要がある。

【1】ルールの質

　人や資産に危害を与えるあらゆるパターンを、知ることも考慮することもできないために、安全手順書が利用できない状況は常にありうる。これまで見てきたように、手順書の記述が間違っていたり、現状に合っていない可能性がある。このように、どのような状況においても、良いルール、悪いルール、ルールなしということがありうる。

【2】正しい行為と正しくない行為

　ここで、ある行動を正しいあるいは間違っていると考えるかは、当事者が潜在的な危険性を正確に把握しているかどうかで決まる。状況が危険である、あるいは、特定の手順が適切でないとわかると、正しく行動する傾向にある。す

なわち、リスクを最小にする必要性に適切に気づくことで、行為が決まるのである。危険性を無視する行動は、たとえそれが個人の私的な目的をかなえるとしても、正しくない行為といえるだろう。

【3】 心理的に報われる行為、報われない行為

心理的に報われる行為とは、当事者個人の私的な目的を満足させるものである。個人の目的は、組織の目的と一致している場合もあれば、一致していない場合もある。また、ルールを遵守している場合もあれば、していない場合もあるし、正しい場合も間違っている場合もある。違反することにより、刺激を受けるか、手を抜きたいという私的な欲求が満たされる人がいる。一方、ルールが状況に合っていない場合でも、違反することにやましさや不安を感じる人もいる。12種類のルール関連行動の概要を表4.2に示す。これらについて、以下でさらに詳細に述べていこう。

① **正しくかつ報われる遵守行為**：適度に成功を収めている組織ならどこでも、これがルール関連行動に関する唯一最大カテゴリーであろう。長年にわたって手順書を微調整し、改訂することで、より効率的、より安全に働く方法になってきた。もし作業者がこのように理解しているのであれば、一般に、ルールを遵守することは、遵守しないことより心理的に報われるだろう。

② **正しいが報われない遵守行為**：最高の組織においても、状況によっては、ルールが必要であるが厄介なものと見られることがある。たとえ命と身体を守るために必要であると思われているとしても、暑い日に、ヘルメット、反射ジャケット、安全靴を身につけるのは、非常につらいことである。道路工事で一車線になった道路の進行方向を交互に切り替えている仮設信号は、特に先がはっきり見通せるときには、非常にもどかしく感じられるだろう。しかし、私たちは通行規制が必要であることを納得し、路面が修復されることを歓迎するため、たいてい苛立ちを抑え

表 4.2 12種類のルール関連行動の概要

適切なルールや手順書によってタスクを行える場合（良いルール）
- 手順書を遵守し、また、そのことで心理的に報われたか？
    - はい　→正しくかつ報われる遵守行為　①
    - いいえ→正しいが報われない遵守行為　②
- 手順書を遵守しなかった場合、そのことで心理的に報われたか？
    - はい　→正しくないが報われるルール違反　③
    - いいえ→正しくないルール逸脱（ミスベンション（misvention））　④
- 不遵守行為は、システムに損害を与えたいという願望によって動機づけられていたか？
    - はい　→悪意のあるルール逸脱（マルベンション（malvention）あるいは妨害行為）　⑤

不適切なルールや手順書でタスクを行わなければならない場合（悪いルール）
- 手順書を遵守し、また、そのことで心理的に報われたか？
    - はい　→正しくないが報われる遵守行為　⑥
    - いいえ→正しくない遵守行為（ミスプライアンス（mispliance））　⑦
- 手順書に従わなかった場合、そのことで心理的に報われたか？
    - はい　→正しいルール違反　⑧
    - いいえ→正しいが報われないルール違反　⑨
- 遵守行為は、システムに損害を与えたいという願望によって動機づけられていたか？
    - はい　→悪意のある遵守行為（マルプライアンス（malpliance）あるいは遵法闘争）　⑩

ルールあるいは手順書がないタスクの場合（ルールなし）
- ナレッジベースの臨機応変の対応は、良い結果あるいは許容できる結果を生み出したか？
    - はい　→正しい臨機応変の対応　⑪
    - いいえ→正しくない臨機応変の対応　⑫

て信号に従うのである。

③　**正しくないが報われるルール違反**：この種の行動は、習慣化するため危険である。正しくないが、個人的に報われる不安全行動はどれも、何度も繰り返される可能性がどんどん高くなり、日常的なスキルベースの

行動の一部となる。

　先に述べたように、違反自体が必ずしも危険なのではない。エラーが許されない状況で、違反がきっかけで起きるエラーの可能性を高めるのである。時速160キロメートルで自動車を運転すること自体は、必ずしも危険ではない。むしろ、ミステイクによる損失が致命的になる。このような状況で、運転手が速度と車間距離の判断を誤ることのほうが危険である。

④　**正しくないルール逸脱**（ミスベンション：misvention）：ミスベンションは、正しくもなく報われもしない一方で、厳罰をもたらす違反である。このタイプの違反の場合、適切な安全規則から逸脱するという判断は、ほぼ確実に誤りである。先に述べたチェルノブイリ原子力発電所事故における運転員の行動が、このミスベンションの最も悲劇的な例である。

⑤　**悪意のあるルール逸脱**（マルベンション：malvention）：マルベンションは、加害者が違反によって損害を与える結果を意図的に起こそうとするルール破りである。この行動は、15、16歳の少年によって行われることが多いバンダリズム[*9]に始まり、放火、意図的な車両の衝突のような犯罪など、さまざまな悪意のある危険行為、そして2001年9月11日のニューヨークとワシントン、2005年7月7日のロンドン、その他、世界中の都市で起きている野蛮なテロ行為にまで及ぶ。ほとんどの場合、これらの悪質な行為は本書の範疇から外れる。しかし、潜在的な危険性を有するシステムにおいて、このような悪質な行為の発生を、完全に無視することはできない。例えば、鉄道車両への落書きなどは、英国の多くの地域において依然として大きな脅威となっている。

⑥　**正しくないが報われる遵守行為**：どんな不遵守行為に対しても強い不快感を覚える人は、ルールが不適切であるとわかっていても、そのルールに従うという特徴がある。良いルールであろうと、悪いルールであろ

[*9] 芸術品、公共物の破壊、汚染行為、公共物への落書き

うと、ルールを曲げることは、このタイプの人にはありえない。このような行為は、杓子定規な行為である。1946年のニュルンベルク(Nuremberg)裁判*10 の裁判官が、まさに、この種の行動を多くとっていた。

⑦ **正しくない遵守行為**(ミスプライアンス：mispliannce)：悲劇的な結果をもたらした、ミスプライアンスが1988年7月6日のパイパーアルファ(Piper Alpha)海底油田掘削設備でのガス管爆発後に起きた。緊急時手順書では、この設備で働く作業員は設備上部にある居住区画のガレー*11 に集合することになっていた。悲しいことに、この場所は、最初の爆発の1時間以上後に発生した火柱の通り道となってしまったのである。この手順書に従った多数の作業員が死亡することになった。

⑧ **正しいルール違反**：パイパーアルファ事故の生存者のなかには、集合命令に反して設備最下部に降り、ロープと梯子を使って救命ボートにたどり着くことができた潜水士がいた。

結果だけが、逸脱が正しいか正しくないかを決める戦争は、正しい違反の宝庫である。ネルソン(Nelson)提督がコペンハーゲンの海戦に勝ったのは、望遠鏡を見えないほうの目に当てて戦闘停止命令を黙殺したからである。米国の南北戦争における南軍司令官のリー(Lee)将軍は、チャンセラーズビル(Chancellorsville)の戦いで、優勢な敵軍の面前で自軍を分割しないという戦争の基本原則に違反して、ジャクソン(Jackson)将軍の部隊を26キロ先の北軍右手側面へ回り込ませ、不意をついたのである。

このような幸運な結果をもたらした違反は、しばしば偉大な将軍の勲章となる。しかし、リー将軍にとっては、対戦した北軍が自軍と比較して常に大きな勢力で、装備が充実していたため、このような逸脱が偉大

---

*10　第二次世界大戦におけるドイツの戦争犯罪を裁く国際軍事裁判
*11　共用スペース

さの勲章であるとともに、必然的な違反であった。北軍は、少なくとも戦争の初期においては、うまく統率がとれておらず、これらの型にはまらない作戦に辟易していた。しかし、偉大な将軍であってもついてない日があり、1863年後半のゲティスバーグ（Gettysburg）の戦いでのリー将軍は、まさについていなかった。北軍がほとんどいなかった時点でセミタリー・リッジ（Cemetery Ridge）を占領することができず、悲惨な「ピケット（Pickett）の突撃」をせざるをえなくなり、戦争に勝つ機会を逃した。ワシントンは、目と鼻の先であったのだが。

⑨ **正しいが報われないルール違反**：これは現場の手順書がそのタスクに合っていないと個人的にわかっており、先に述べた杓子定規な行為とは違って、この手順書に従わないことを選ぶという違反である。行為の方向性としては正しいが、ルールに従わないことへの不安感は必ずしも払拭されない。したがって、この意味で、正しい違反ではあるが、個人的には報われないのである。

⑩ **悪意のある遵守行為**（マルプライアンス：malpliance）：ルールと手順書の厳密な遵守、または遵法闘争は、論争を抱えた英国の鉄道産業においては、労働闘争の手段としてかなり頻繁に使われた。ストライキと同じように、遵法闘争はまったく合法であり、しかも、非常に効果的な闘争手段であった。マルプライアンスのねらいは損害を与えることではなく混乱させることであり、マルベンションとはまったく異なる。鉄道員が遵法闘争を行う、つまりルールどおりに働くことで、自分自身や乗客を危険に曝すことはなかった。その代わりに、普段は要求しないにもかかわらず、何をおいても定められている休憩回数と休憩時間をすべてとるといってゆずらなかった。その結果、列車が遅れて一日の終わりには国中に列車が散らばり、鉄道運行に大混乱をもたらした。

　他の産業では、遵法闘争は抗議のための戦術として使われ、ルールや規制がいかに機能せず、極端に官僚的で、窮屈なものかを経営層にわからせようとしている。ある程度の悪意は存在しているが、テロリスト、

バンダリズム遂行者、犯罪者を動機づけるような悪意とは種類が異なる。
⑪ **正しい臨機応変の対応**：これは、望ましい結果をもたらすルールまたは手順書がない場合の、ナレッジベースの対応である。このような臨機応変の対応は、すべてではないが、一部は驚異的なリカバリーにつながる。これは、**第 11 章**の主題である．
⑫ **正しくない臨機応変の対応**：手続き的なガイダンスがない状況で良い結果に到達し損ねることは、正しくないだけでなく、不運ともいえる。ナレッジベースの問題解決は試行錯誤の学習によって進められることから、ミステイクを回避することは難しい。決め手となる要因は、状況がミステイクを許すか否かである。

4.10 臨機応変の達人

　何が、人をすばらしい「問題解決者」にするのであろうか。これは非常に難しい問いである。私はこの問題に長年取り組んでおり、本書の残りの大部分をこの点に割いている。ある場面で予想以上にうまくいく人でも、別の場面ではそうはいかない。見た目には同じように見える 2 つのグループであっても、一方が成功し、もう一方は成功しない。最高の人々でさえ、ついていない日がある。私の印象では、最高の問題解決者はほとんどいつも、正しく理解していて、その他の人々は、そうではない。

　何が、人を臨機応変の対応の達人にするのか、という質問に対する単純な答えはないが、最も重要な要因の一つは心の準備であると、私は考えている。

　潜在的な危険性を有するシステムの作業員には、ある種の気質をもつ人がいる。訓練の結果なのか、最悪の場合を予想する本来備わった傾向に起因するのか、通常両方と考えられるが、この気質により、起こりうる事故シナリオを想像しながら行動しているのである。このシナリオのなかには、過去の事象についての自らの知識をもとにして、思いつくものもある。また、起こりうるが、まだ実際には起きたことのない組合せの故障を思いついたものもある。彼らは

これらのシナリオを想像するために、過去に起きた事象の詳細を頭に入れている。また、インシデントやフリーレッスンもレビューしている。彼らの関心は重大な結果につながらなかったインシデントやフリーレッスンが、どのように相互作用し合ってシステムの防護を破るかである。人間あるいは機械のたった一つのエラーまたは故障だけでは、複雑かつ厳重に防護されたシステムを破壊するには一般的に不十分であることを、彼らは十分に理解している。

シミュレーションは、"必要な想像力"を高めるためのかけがえのないツールであることは、明らかである。特に1970年のアポロ（Apollo）13号のように、大惨事寸前の事態から生還できたのは、さまざまなありそうもない事象が組み合わさった場合に「何が起こるだろうか」と思いを巡らし、これらの条件でシミュレーションを行った人がいたためである。

4.11 おわりに

複雑かつ潜在的な危険性を有するシステムのマネージャーは、非常に難しい問題に取り組んでいる。それは、不適切な手順書を見つけ、ミスプライアンスを避けるために必要な合理的な用心深さ（intelligent wariness）を抑圧することなく、不安全な違反の可能性を最小にするために、いかに人間の行動をコントロールするかという問題である。人間の行動に影響する、さまざまなシステムコントロールをいかに選ぶかに、きっとその答えがある。

このシステムコントロールについては、文献[7]に詳細に述べているが、概要を以下に示そう。

管理統制は、プロセスとアウトプットのコントロールの2つのグループに分けられる。しかし、より詳細な検討により、この2つは、連続体の両端に位置づけられることがわかった。一方の端にあるプロセスコントロールでは、集権

---

7) Reason, J., Parker, D. and Lawton, B. (1998) 'Organizational controls and safety: The varieties of rule-related behaviour.' *Journal of Occupational and Organizational Psychology*, 71: 289–304.

的管理組織からルールや手順書という形で出される直接的な指針に完全に依存している。また、もう一方のアウトプットコントロールでは、少なくとも現場第一線の作業者のレベルで必要とする指針が比較的整備されていない。組織の目的に合うように現場のアウトプットを調整するアウトプットコントロールは、主にシステムコントロールの2つのモード、すなわち社会コントロール、および、自己コントロールによって決まる。これらの領域には、重要な改善の可能性がある。

　潜在的に危険な状況は計り知れないほどあることから、安全行動の統制を各作業グループのレベルで実施する必要がある。ドイツの軍事教義であった任務システムの成功の鍵は、具体的な命令の有無にかかわらず、組織の目的をかなえることができた下級司令官の能力にあった。軍事から産業安全に言い換えると、現場第一線の監督者を選抜・訓練し、安全手順書を利用できない、あるいは適用できない場面で、現場で人の行為をコントロールできるようにすることである。

　このような行動指針の作成を現場に求めるシステムは、監督者の個人的な資質とスキルを相当必要とする。監督者の必要条件は、作業現場のタスクとそのタスクを頻繁に実施する状況に関する、幅広い"実経験"である。監督者には、現場への生産要求と、ありそうでありえない潜在的な危険性の双方を、「幅広く理解している」ことが求められる。同じく重要なことは、作業者からの尊敬と経営層からの支持から生まれる人間としての"威厳"である。この威厳を実現するためには、安全性が企業目標リストにおいて高く位置づけられることが必要となる。作業安全に対する経営層の参画は、効果的な行動コントロールに欠かせない前提条件となる。

　しかし、潜在的な危険性を有する活動のすべてが、監督者のいるグループで行われるというわけではない。現場第一線の作業員が比較的孤立して仕事するときには、指針の重圧は社会コントロールから自己コントロールに移る。ここで必要となるのは、専門技術とメンタルスキル（注意深さ）の双方の訓練である。メンタルスキルの訓練で重要なのは、潜在的な危険性の認識やリスク認識を強

化する方法である。これは、単に目的を達成するための手段ではなく、正しいパフォーマンスを促すための手段である。組織レベルでは、規範的なプロセスコントロールの限界を理解することが必要である一方で、現場第一線の作業者のレベルでは、さらにリスク評価を高めることと「エラーに関する見識」を強化することが、より安全、すなわち「より正しい」パフォーマンスの鍵を握るのである。

　安全かつ生産的な仕事は、行き当たりばったりで不遵守行為を減らそうとしても、成し遂げられるものではない。むしろ、それは特定の事業形態に最も適したコントロールのメニューをつくることで実現できるのである。すべてにわたって有効な出来合いのコントロールはない。コントロールを、活動のタイプ、および作業チームや個人のニーズの双方に合わせる必要がある。しかし、このコントロールの多様性が知られ、組織全体に受け入れられれば、多種多様なコントロールをもつ組織が、最高の安全を成し遂げるようである。安全文化、安全文化が直面している問題、そして社会的に安全文化をエンジニアリングする方策が、本書の最終章の主題である。

第5章
不安全行動の見方

　前の2つの章では、エラーと違反を「不安全行動」という一般的な項目にまとめて扱った。しかし、ある行為が不安全であるか否かは結果にすぎず、この名称はあまり適切ではない。エラーでも違反でもない行為ですら、不安全な結果をもたらすことがあり、その逆も起こりうるのである。こうした明確な限界があることは認めるが、これまでの前例とわかりやすさから、この用語を使い続けることにする。不安全行動は、潜在的状況要因と区別するために、即発的エラーと呼ぶことがある。

　第4章では、さまざまなエラーとルールに関連する行動の種類、そしてその発生を促進・形成する心理的要因、組織要因、情況要因に焦点を当てた。本章では、不安全行動自体やその行為を行う人間よりは、むしろそれらが「重要な他者」によって、どのように認知されるのかという点に関心を向けることにする。「重要な他者」とは、潜在的な危険性を有するシステムの管理者、取締役、株主、利害関係者、規制、メディアの解説者、立法機関、そして良くない結果によって生命に悪影響を被る可能性のある人々や実際に被害に遭った人々、例えば、患者、乗客、顧客、消費者、あらゆる種類のエンドユーザーである。

　複数の異なるモデルが存在するものの、それらは相互に排他的なものではない。いずれのモデルも、なぜ不安全行動が生起し、またそれがどのように問題の作業に影響を及ぼすのかを説明している。そして、いずれのモデルも、対策と予防方針を示している。民族心理学に根ざしたモデルもあれば、工学、疫学、

法律やシステム論を基礎とするものもある。疾病モデル（または欠陥モデル）、パーソンモデル、法律モデル、システムモデルの4つのモデルについて、以下で述べることにする。パーソンモデルに関する議論では、頻繁に生じる脆弱システム症候群を含めて説明する。また、安全の分野で大きな影響力を発揮してきたシステムモデルについては、システムの視点からレビューする。

最後に本章の結論として、安全管理において主流で、両極端の立場をとるパーソンモデルとシステムモデルの限界について述べる。私たちは、システムの改善を継続して促進させると同時に、システムを変更する機会のない人々に対し、将来のいつかではなく、明日にでも遭遇するかもしれないエラーの罠や再発する事故パターンを避けるためのメンタルスキル（注意深さ）を提供する必要がある。

5.1 疾病モデル

疾病モデル（Plague model）は、モデルというよりも、疫学的研究が見出した知見[1]、特に"予防可能であった"医療上のエラーの結果、米国で毎年10万人近くの人が死亡していることに対する直感的な説明である。米国医療品質諸機関間調整タスクフォース（Quality Interagency Coordination Task Force：QuIC）が大統領に提出した報告書[2]の最初の節は、「疾病蔓延の国家的問題」という見出しで始まっている。

「疾病」と呼ぶことによって、エラーは AIDS、SARS、黒死病（ペスト）と同じカテゴリーに分類されることになる。このモデルから来る自然な次の段階は、

---

1) Brennan, T. A., Leape, L. L., Laird, N. M. (1991) 'Incidence of adverse events and negligence in hospitalises patients. Results of the Harvard Medical Practice Study Ⅰ.' *New England Journal of Medicine*, 324: 370-6. Leape, L. L., Brennan, T. A., Laird, N. M., *et al.* (1991) 'The nature of adverse events in hospitalized patients. Results of the Harvard Medical Practice Study Ⅱ.' *New England Journal of Medicine*, 324: 337-84.

2) QuIC (2000) *Doing What Counts for Patient Safety*. Summary of the Report of the Quality Interagency Coordination Task Force. Washington DC: QuIC.

医療現場からエラーを取り除こうと懸命に努力することになる。しかし、他の疾病とは異なり、人間の誤りやすさを治療する特効薬は存在しない。

　言い換えれば、エラーは人間の認知機能に組み込まれた欠陥の産物である。そのためシステムの設計者たちは、誤りやすい人間を制御ループから可能な限り締め出すため、自動化とコンピュータ化のレベルをさらに高い水準へと発展させる努力をすることになる。

　こうしたモデルは誤解を招きやすい。問題は、エラーとそれが時に引き起こす好ましくない結果を混同していることによって生じる。エラーは有害な影響を及ぼす可能性があり、また実際に影響を及ぼすことから、多くの人はヒューマンエラーを悪いことだと思い込んでいる。しかし、これは事実ではない。第一に、エラーの大半は些細なものである。第二に、9.11同時多発テロの悲劇が示したように、エラーのない"成功した"パフォーマンスが有害な影響を及ぼすこともある。第三に、新しい問題に取り組むときに重要となる試行錯誤の学習や、掘り出し物を見つけ出すように、エラーは非常に有益な結果をもたらすことがある。もしもアレクサンダー・フレミング（Alexander Fleming）が夏期休暇に出かけた際に、彼の実験室の窓を半開きにしておかなければ、重要な発見はなかったであろう[*1]。

　第4章で述べたように、エラーは適応性の高いメンタルプロセスから生じる。どのようなエラー傾向も、何らかの重要な認知活動の一部である。決まりきった行為を自動化する能力によって、私たちは行為のスリップをうっかりやってしまう。しかし、絶えず"集中"し続けることは、耐えられないほどに困難である。考えながら自分の靴紐を結んで、毎日何時間も無駄遣いするようなものである。意識の作業スペースには限界があるため、人間はデータの溢出と情報過多を経験しやすい。しかし、こうした情報を選択する性質は、計画した行為に焦点を絞って遂行するうえで不可欠である。「ミニ理論」（構造化された知識

＊1　英国の細菌学者で、抗菌物質リゾチームと、アオカビから見出した世界初の抗生物質、ペニシリンを発見した。

やスキーマ)を含む長期記憶が、私たちを確証バイアスや視野狭窄に陥らせやすくする。しかし、そのおかげで私たちは世界の意味を理解できる。意識は、空白が大嫌いである。

エラーそれ自体は悪いものではない。エラーは、適応性の高い認知システムがもたらす当然の結果である。正しいパフォーマンスとエラーは、表裏一体である。エルンスト・マッハ(Ernst Mach)が「知識とエラーの源泉は同じだが、成功だけがこれらを区別する」と述べている[3]。しかし、行為が成功裏に終わらなければ、役に立たないわけではない。一つひとつの失敗が、学習の機会となる。

5.2 パーソンモデル

パーソンモデルは、学問的基盤としては産業事故に対する労働安全衛生のアプローチから派生しているが[4]、民族心理学に深く根ざしたものでもある。このモデルは、個人の不安全行動と傷害事故に主眼を置くものであるが、組織事故に対して、頻繁かつ不適切に適用されている。

このモデルでは、人間を、安全と不安全の間で、行動を選択できる自由なエージェントとして捉えられていて、不安全行動は主に、失念、不注意、注意散逸、没頭、軽率さ、低い動機づけ、不適切な知識・技術・経験、時には職務怠慢や無鉄砲さなど、気まぐれなメンタルプロセスによって、生起すると考えられている。

私が潜在的な危険性を有するシステムに関する研究を始めた1980年代半ば頃は、主として、建設現場、海底油田掘削設備、採鉱などの人間が潜在的な危険性に近接して働く分野で、パーソンモデルが適用されていた。こうした分野

---

3) Mach, E. (1905) *Knowledge and Error*. Dordrecht: Reidel Publishing Company. [English translation, 1976].
4) Lucas, D. A. (1992) 'Understanding the human factor in disasters.' *Interdisciplinary Science Reviews*, 17, 185–190.

では、個人がエージェントでもあり、最大の被害者でもある。

しかし、前述の米国医療品質諸機関間調整タスクフォース(QuIC)や、多大な影響力をもつ米国国立科学アカデミー医学研究所(Institute of Medicine of National Academies：IOM)などによるレベルの高い報告書[5]が契機となって1990年代後半に起こり広がった患者安全運動から、この不安全行動の捉え方が大きく広まった。医療従事者、特に医師は、鍛え抜かれた完全性を追求する文化のなかで養成される。長期にわたり骨の折れ、高額な費用のかかる教育を受けた医療従事者はその完全性を身につけたものと期待される。エラーは無能であることに等しく、誤りを起こしやすい医師は一般に汚名を着せられ、疎外される。

したがって、当然のことながら、パーソンモデルにもとづいて発案される主な対策は、不安全行動の主要原因と考えられる個人の態度や認知過程に影響を及ぼすことを目的としている。こうした対策には、"不安を煽る"ポスターを使ったキャンペーン、報酬と懲罰(主に懲罰)、不安全行動の監査、最近起きた有害事象との関連が示唆された不安全行動を禁止するための手順書の見直し、再訓練、中傷、非難、侮辱などがある。

表向き、パーソンモデルは、こうした取組みを称賛している。直感的には魅力的であり、いまだに不安全行動に関する優勢な捉え方でもある。組織の責任から個人の不安全行動を可能な限り分離するという試みは、明らかにシステム管理者や株主の利益にかなっている。また、個人を非難することは法的にも簡便な手段である。少なくとも英国では、組織の経営層に対する多くの起訴は、判事によって棄却されている。

それにもかかわらずパーソンモデルの欠点は、その利点をはるかに上回っており、特に組織事故の理解と防止においてはそうである。問題の核心は、パーソンモデルが非難する文化と表裏一体であることにある。「脆弱システム症候

---

5) Kohn, L. T., Corrigan, J. M., and Donaldson, M. S. (2000) *To Err is Human*. Institute of Medicine. Washington DC: National Academy Press.

群」[6]といわれる非難する文化の病状について、以下に述べていく。

【1】 脆弱システム症候群

　複雑かつ厳重に防護されたシステムのなかで、さまざまなバリア、安全措置、コントロールの間をすり抜けて事故につながるルートができるには、偶然による何らかの助けが必要となる。しかし、こうした偶然の要素にもかかわらず、さまざまなシステムで生じた多くの災害の分析から、あるシステムを別のシステムよりも有害事象に対して脆弱にさせる組織の病状というものが存在し、そしてそれは何度も繰り返し現れることが示唆されている。これを、「脆弱システム症候群」と名づけている。

　脆弱システム症候群の中核には、非難、否定、そして間違った目標の一途で偏狭な追求という、3つの病的な症状がある。最後の症状は、通常、経営層、あるいは規制者や政府各省庁などの外部機関によって課せられた具体的なパフォーマンス目標を達成しようとする形で現れる。これらの中核的な病的症状のそれぞれがお互いに影響し合い、また他の2つの影響を増幅する。その結果、全体として、安全管理プログラムの邪魔をし続ける自律的サイクルが出来上がり、3つの病的症状の有害な影響を根絶、少なくとも緩和するための取組みが行えなくなる。

　深層防護は、民間航空や原子力発電などの分野において、大災害を防止するための重要な役割を果たしている。しかし、すべての防護にはコストがかかる。多様性と冗長性を備えた防護は、システムを予測可能な潜在的な危険性から保護するが、システムの複雑さも増して、その内部で働く人々にとっても不透明になってしまう。この透明性の不足は、脆弱システム症候群の影響によってさらに悪化する。これらのことがすべて重なりあって、システムの安全を管理する人々の目を、しばしば間違ったところに向けさせてしまうのである。

---

6) Reason, J., Carthey, J., and De Leval, M. (2001)'Diagnosing "vulnerable system syndrome": An essential prerequisite to effective risk management.' *Quality in Health Care*, 10(Suppl 2): ii21–ii25.

【2】非　　難

　3つの中核的な病状のうち、非難、すなわち、人間を潜在的な危険性として位置づけるパーソンモデルへの過剰な固執が、最も執拗で有害である。非難は、強力な心理的な過程と組織的な過程によって促される。こうした過程は次のように要約できる。

- **非難の矛先を向けること**を、私たちが誰しも行いがちである。これによって、初期段階に増幅した懲罰感情を満足させるだけでなく、罪を犯した人から距離をおいて、私たち自身の正義感をも満足させることになる。「だから、言ったじゃないの」と批判できる場合は、なおさらである。
- ヒューマンエラーは何かの結果として考えるよりも、ヒューマンエラーが何かの原因であるとして、簡単に考えてしまう理由の一つが、**基本的帰属エラー**である。誰かが適切とはいえないことをしたと見聞きしたとき、私たちはその原因を個人の特徴や能力のせいにする。私たちは、当事者を、軽率、愚か者、まぬけ、無能、無責任、無謀、無分別という。しかし、もしあなたが当事者に対して、なぜそのようなことをしたのかと尋ねれば、状況がそのようなことをさせたと、当事者はほぼ確実にあなたに教えてくれるだろう。もちろん、真実はその間のどこかに存在している。
- なぜ私たちは、**状況よりも人を非難する傾向**があるのだろうか。その理由については、自由意志の幻想と大いに関係がある。つまり、自由意志の幻想によって、帰属エラーは人間の性質の根本的なものとなっている。特に西洋文化圏では、人は自分が自由なエージェントであり、自らの運命の統制者であるという考え方をとても大切にしている。この個人の自由な感覚を奪われてしまうと、私たちは精神的に病んでしまうことさえある。自分自身に選択能力があると感じることによって、私たちはその自律性を当然のように他人に対しても当てはめる。他人もまた自由なエージェントであり、正しいことと間違ったことのいずれか、あるいは正

しい行為と誤った行為のいずれかを選ぶことが可能だと見なすのである。
- 人は、事故報告書を渡され、最も回避可能であったと考えられる事故原因は何かと、判断を迫られると、ほぼ必ずといってよいほど、人間の行為を選ぶ。人間の行為は、状況や作業上の原因よりも、はるかに制約の程度が低いと見なされている。もちろん、人は不注意で愚かな行動をすることもある。私たちは誰もがいつかはそうした行為をとってしまう。しかし、愚かな行為や不注意な行為は、必ずしもその人物が愚かである、あるいは不注意であることを意味するわけではない。誰でもさまざまな行為をとることができる。見事な行為を示すこともあれば、ばかげた行為をとることもあり、多くの場合はその間の行為をとっている。人間の行動は、個人要因と状況要因の相互作用によって生じる。私たちの行為は、常に現場の環境に影響され、制約を受けていることから、絶対的な自由意志は幻想にすぎない。このことは、他のすべての行為と同様に、不安全行動についても当てはまる。
- **正当世界仮説**とは、悪いことは悪い人にのみ起こり、逆に良いことは良い人のみに起こるという、ほとんどの子供と多くの大人に共有されている信念である。有害事象に関与した個人は、しばしば不幸な結果に遭ったという理由によって、悪い人と見なされてしまう。
- **後知恵バイアス**、すなわち"知ったかぶり"効果が、決定的な要因となる[7]。起こってしまった事象について、その発生が予測可能であった、また回避可能であったと、実際以上に考えてしまう一般的な傾向がある。結果に関する私たちの知識は、その事象がどうして、なぜ起きたのかという考えに、無意識のうちに影響を及ぼしている。回顧的にものを考える人にとっては、一連のすべての原因が良くない事象に向かっているように見える。しかし、その場でわずかな見通ししかもたない人には、こ

---

7) Fischhoff, B. (1975)'Hindsight does not equal foresight: the effect of outcome knowledge on judgement under uncertainty.' *Journal of Experimental Psychology: Human Performance and Perception*, 1: 289-99.

の原因が収束していく様子は見えない。差し迫る悲劇に関する警告は、それに関与した人がどのような種類の良くない結果に遭遇するのかを知っている場合にこそ、真の警告となるのである。しかし、このような例は滅多にない。

- 組織には、現場第一線の作業者を不幸な出来事の主要な原因として、またその後の問題改善の主たる対象と見る傾向を強める業務上のプロセスが存在している。第一は、**最小努力の原理**である。現場第一線で人の直接的なエラーを発見し、それらを事象の"原因"と見なすことは容易である。そうすれば、他の事象へさらに目を向ける必要はなくなる。第二は、**監理的利便性の原理**である。システムへ直接的に接する人の不安全行動に限定して問題を探査することにより、それに合わせて過失の範囲を絞り込み、さらに組織の責任を最小化することができる。特に、手順書の違反などの行為があった場合には、不遵守行為を犯罪と同じように見なす、こうした対応には誰もが抵抗しがたい。しかし、どのような不安全行動を防止する取組みも状況によっては不適切になる、という**第3章**と**第4章**で見てきたような事実は無視されてしまっている。こうした明確な点が示されているにもかかわらず、パーソンモデルとその当然の結果である非難する文化にもとづいて、多くの罰が設けられている。

- 不安全行動の原因を現場第一線の個人のせいにしてしまい、情況に目を向けないために、システムの管理者は、不十分な訓練、監督不行届き、不適切な道具と設備、人員不足、時間圧などの局所的な誘発要因を見逃す。しかし、最も重要なことは、このように不安全行動をとった人と情況を"分離"すると、エラーを再発させる罠と繰り返される事故のパターンの発見が難しくなるという点である（**第6章参照**）。安全管理の最も重要な点の一つは、エラーを起こしやすい情況を発見することである。これには、事故インシデント報告システムが極めて重要な役割を担っている。

- 報告する文化は、効果的な安全管理を行うための必須条件である。この

文化には、信頼の風土が必要であり、これによって現場第一線の作業者は、危機一髪の経験、ニアミス、些末だが潜在的に危険な不安全行動についての報告がしやすくなる。綿密な調査が必要な事故が生じることは比較的少なく、これらのフリーレッスンの分析や情報の周知を通じて初めて、組織の管理職は自らの業務がどれほど瀬戸際に近づいているのかを学習できる。しかし、報告する文化と非難する文化は、同時には存在できない。非難や制裁を受けそうだと感じると、自分の行為を報告する人はいなくなるだろう。そうしたことが一度でも起きると、苦労して培った信頼は壊れてしまう。

- 一時的な不注意、誤判断、失念、誤解など、パーソンモデルで標的とされている要因は、不安全行動が発生するまでの連鎖の最後の部分であり、かつほとんど管理できない部分でもある。不安全行動それ自体は予測できないことが多いのに対して、不安全行動を生起させる潜在的状況要因は、事象が起こる前でも明白である。私たちは人間の状態を変えることはできない。しかし、不安全行動を減少させるために、あるいはそれが生起した際に不安全行動を容易に発見して修正するために、人が作業する条件を変えることはできる。
- 第3章で示したように、制裁や勧告などの道徳的対策は、非常にわずかな効果しかなく、またこうした手段は、好ましい効果どころか、有害な効果をもたらすことがある。

効果が乏しく、それどころか、逆効果を招く恐れがあるにもかかわらず、これらの個人に向けた対策が利用され続けている。危険の真の性質、あるいはその発生の仕方に関する信頼性の高い情報を欠いたまま、システムの管理者たちは安全を感じている。腐ったりんごがまばらに存在してはいても、りんご箱それ自体、すなわち組織やその防護は良好な状態にある。"悪人"を見つけて、"始末する"ことは、再び同じことがここでは起こらないと思い込むための近道である。そして、皆と異なる発言をする人は厄介者である。こうして、非難

は、脆弱システム症候群を構成する三位一体の要素の次の段階である否定につながる。

【3】否　　定

「私たちには、卓越した安全文化がある」という主張と同じように、潜在的な危険性を有するシステムの管理者の「そんなことはここで起こるはずがない」という発言ほど、私が寒気をおぼえるものはほかにない。この種の否定および自慢は、後ほど詳細に述べる「注意深さ」と正反対のものである。しかし、こうした主張をする人々が念頭に置く「そんなこと」とは、どのような種類のものを指すのであろうか。こうした発言を最も多く引き出したのが、チェルノブイリ原子力発電所事故であった。ほかにも多くの例が存在するが、否定がどのように表現されるのかを見ていくには、チェルノブイリ原子力発電所事故後の世の中の反応で十分である。否定はどれも「そんなことはここで起こるはずがない。なぜなら……」で始まる。

- 「……西側諸国の原子炉には、適切な格納容器が備わっている」。しかし、西側諸国のいかなる格納容器であろうと、チェルノブイリ原子力発電所事故の爆発力に耐えられるかどうかは疑わしい。
- 「……西側諸国の原子力発電所は、より有能な管理下にある」。しかし、米国原子力規制委員会（US Nuclear Regulatory Commission：NRC）の委員長であるJ. K. アセルチン（J. K. Asseltine）氏の次の見解[8]を検討するとよい。

　　「テネシー峡谷開発公社（Tennessee Valley Authority）の原子力発電所で生じた多くの事象をきっかけに、1985年に同社の原子力

---

8) Besi, A., Mancini, G., and Poucet, A. (1987) *Preliminary Analysis of the Chernobyl Accident*. Technical Report No. 1.87.03 PER 1249. Ispra Establishment, Italy. Commission of European Communities Joint Research Centre.

管理体制が崩壊し、運転中のプラント全5基が無期限の運転停止になった。」

- 「……ソビエトの作業者とは違って、私たちは人間の生命を脅かすリスクを無視するような生産目標の達成を目指すことはない」。しかし、1986年のスペースシャトル・チャレンジャー号の事故と1987年のゼーブリュージュ事故は、これとは逆のことを示唆している。
- 「……私たちは、原子力発電所内のヒューマンエラーに関する体系的な研究を行っている」。しかし、英国のサイズウェル(Sizewell)B原子力発電所の調査委員会で、英国中央電力庁(Central Electricity Generating Board：CEGB)[9]の専門調査官は、サイズウェルBでは、人間の信頼性に関するデータについて、体系的な方法を用いた収集も照合も行っていないことを認めた。
- 「……RBMK(黒鉛減速沸騰軽水圧力管型原子炉)[*2]緊急保護システムは、西側諸国の原子炉のような独立したシステムではない。そうしたシステムは、運転員のエラーに対して特に脆弱である」。これは真実ではあるが、記録によれば、西側諸国の原子炉の安全装置は、メンテナンス(保守)中のエラーに非常に脆弱であることが示されている。米国の原子力発電事業者からの資金提供を受けている米国アトランタの原子力発電運転協会(Institute of Nuclear Power Operations：INPO)が行った調査によると、米国の原子力発電所で生じるヒューマンパフォーマンス問題のうち、保守作業員のエラーが最も大きな割合を占める[10]。いかに洗練されていようとも、「共通モード」のメンテナンス中のエラーにびくとも

---

9) Central Electricity Generating Board.
10) INPO(1985)*A Maintenance Analysis of Safety Significant Events*. Atlanta, GA: Institute of Nuclear Power Operations.
*2 チェルノブイリ原子力発電所で使用されていた原子炉の型式。中性子の減速材として黒鉛ブロックを使用している。

しない安全なシステムはない。イタリア・イスプラ(Ispra)にある欧州委員会共同研究センター(European Commission Joint Research Centre)が行った調査では、ヒューマンエラーによって安全システムあるいは制御システムが動作不能に陥った67の事象が発見された[11]。

- 「……西側諸国の作業員は、ソビエトの作業員に比べて、エラーを起こしにくい」。しかし、1983年に米国およびヨーロッパの原子力発電所で生じた事象182件の原因の44パーセントがヒューマンエラーによるものだった[12]。

原子力発電に関して熱弁をふるった英国中央電力庁(CEGB)総裁のマーシャル(Marshall)卿の声明を示しておこう。引用文は、英国サマーセット(Somerset)のヒンクリーポイント(Hinkley Point)で新しい加圧水型原子炉を建設する(財政上の理由から建設には至らなかった)ために行われたCEGBの調査報告書の序文から抜粋したものである。私は建設に反対する地方自治体連合側の証人として審理の場にいた。付け加えておくが、私が原子力発電に反対だからではなく、CEGBが潜在的状況要因および組織事故のリスクを十分に把握しているとは信じていなかったからである。チェルノブイリ原子力発電所事故の余波に関するマーシャル卿の大胆な主張が、ここに述べられている。この主張に私はいまだに背筋をゾッとさせられる。

「今後、原子力発電が一般に認められた定常の発電方法となったとき、私たちの作業員は自己満足に浸ったり、尊大になったり、作業規則を自発的あるいは意図的に無視するであろうか。私たちの安全レビューシステム、独立した評価や検査は、こうした傾向の発見と修正に失敗するほど、手薄で機械的なものになるであろうか。安全確保のために何よりも重要なこと

---

11) Besi, Mancini, and Poucet (1987).
12) INPO (1984) *An Analysis of Root Causes in 1983 Significant Event Reports*. Atlanta, GA: Institute of Nuclear Power Operations.

は、原子力産業の文化に深く根づいており、こうしたことが英国で起こることはないと私は断言する。」[13]

　英国における原子力産業の発電部門は、プラントの老朽化と解体という新しく難しい問題を抱えている。それにもかかわらず、大きな災害を回避してきた。しかし、使用済み核燃料の再処理部門については、そうとはいえない。アイリッシュ(Irish)海に核廃棄物が廃棄され続け[*3]、この海域は世界で最も放射線を浴びた海域になっている。この汚染の影響は、北極海やベーリング海へと広がっている。

　ここで小休止して、私自身のことを述べよう。前の数段落を読み返すと、管理職が誤りを起こしがちな現場第一線の作業者を非難するのと同じように、私が原子力産業を悪者扱いし、非難していると、読者は思うかもしれない。当時、「チェルノブイリ原子力発電所事故、あるいはそれに類似した事象が、ここでは起こるはずがない」という軽率な発言には、本当に身も凍る思いがした。しかし、その後、数多くのことが起きたのである。私は過去20年以上、潜在的な危険性を有する技術分野に関連する研究を行ってきた。そして、原子力発電所の危機管理責任者、特に米国、スウェーデン、フィンランドの管理者は、設備産業界で最も優れていると信じて疑わない。また、世界中の人々が、照明や暖かいお風呂を必要とし、冷蔵庫、冷凍庫、空調システムが動くことを望んでいることも、私は理解している。エネルギーには代価が必要である。その代価は金銭的な場合もあれば、リスクの場合もある。将来のエネルギーを考えた場合、原子力発電はその一部となるであろうし、なるべきでもある。しかし、私が問題にしているのは、私を困惑させる、こうした否定があることではなく、

---

13)　UK Atomic Energy Authority(1987) *The Chernobyl Accident and its Consequences.* London: HMSO.

＊3　英国核燃料会社(British Nuclear Fuel Limited：BNFL)のシェラフィールド(Sellafield)再処理工場で、1983年に誤って放射性物質を含む廃溶媒などをアイリッシュ海に放出した。

否定の表明の仕方にある。その後に変化した部分もあったが、すべてが変わったわけではない。

　良くも悪くも、他のエネルギー発生源とは違って原子力発電は、重大な不利益を被っている。すなわち、人々は広島や長崎を彷彿させる放射能を恐れている。しかしそのお陰で、冷戦下の約50年にわたって平和が保たれてきた。カナダは、この直感的な恐れという重荷をほかのどこよりも背負い込んできた。カナダの12の原子力発電所が人口密集地域のトロント近郊にあるだけでなく、その原子炉であるCANDU炉(CANada Deuterium Uranium(重水素ウラン)――"can do(実行できる)"との類似は偶然ではない)は、炉内の温度が上昇するほど、出力が上昇する、すなわち正のボイド係数というチェルノブイリ原子力発電所のRBMK炉と同様の特徴を備えている。この特徴は、炉内温度が上昇するにつれて出力が低下する西側諸国の大半の原子炉とは異なっている。

　2年前、私はカナダ・オタワで原子力規制機関であるカナダ原子力管理委員会(Atomic Energy Control Board：AECB)、そしてトロントでCANDU炉オーナーズグループの会合に講演者として招待された。予定した講演内容には、本書執筆に先立って広く収集した事柄を含めていた。カナダへ出発する前に、私はインターネット上で、CANDU炉の製造業者であるカナダ原子力公社(Atomic Energy of Canada Limited：AECL)に関する記事を見つけた。その記事は1996年に書かれており、「CANDU炉では、なぜチェルノブイリ型の事故が起こりえないのか」という見出しがつけられていた。記事の主な内容は、CANDU炉が備える現在の安全システムと1986年のチェルノブイリ原子力発電所のRBMK炉の安全システムとの比較であった。この比較を**表5.1**にまとめる。

　記事を一見すると、CANDU炉が格段に勝っているように見える。CANDU炉はRBMK炉よりも、はるかに手厚く防護されていることは明らかである。万一、チェルノブイリ原子力発電所で起きた事象が現在のカナダで再び起こったとしても、CANDU炉は壊滅的な爆発の危機を迎えることなどまったくなく、安全な状態に移行するであろう。だとすれば、なぜこうした優れた工学技

表 5.1 CANDU 炉と RBMK 炉の安全上の特徴の比較

特　徴	CANDU 炉	RBMK 炉
格納容器	完全格納容器	部分格納容器
シャットダウンシステム	①　2つの完全なシステム：制御棒と冷却水注入 ②　2秒で作動 ③　効果はプラント状態とは独立	①　1つの機構：制御棒 ②　10秒で作動 ③　効果はプラント状態に依存
減速材	低温重水	高温固形黒鉛

術が、私に十分な安心を与えてはくれないのだろうか。なぜ私は、こうした機械装置の点からの理由が的外れである、と考えるのか。私の抱く懸念を以下に示す。

● 前述の記事は、カナダ原子力公社（AECL）のマーケティング営業部門によって発行された[14]。記事はもともと、カナダ国内の消費者と CANDU 炉国外バイヤーの不安を和らげるために考え出された宣伝であった。カナダの原子力関係の技術者と運転員は非常に有能であり、彼らがこうした工学的特性で安全が十分に保たれると考えているとは、私は少しも思わなかった。もしそうだとしたら、彼らは私を招待するだろうか。しかし、誰でも悪いニュースよりは良いニュースのほうを好む。そして、幾度かのトラブルはあるものの、原子力発電所が 170 炉年[*4] 余りも無災

---

14) ノーベル賞受賞者のリチャード・フェイマン（Richard Feyman）は、スペースシャトル・チャレンジャー号事故に関する大統領直轄の委員会へ参加した。後に彼は次のように述べている。「技術が成功を収めるためには、事実が広報活動よりも優先されるべきである。『ネイチャー』誌がばかにされないためにも。」
　Feynman, R. P. (1988) *What Do You Care What Other People Think?: Further Adventures of a Curious Character*. New York: Norton (p. 237).

＊4　複数原子炉の総運用年数を表す単位。例えば、1 基 10 年（10 炉年）の運用年数をもつ原子炉が 5 基あれば、10 年／基×5 基＝50 炉年となる。

害で稼働してきたことと相俟って、複雑な社会技術システムの悲惨な失敗に至るさまざまな可能性に常に備えておくために必要な"本能的な警戒心"が鈍ってしまったのかもしれない。チェルノブイリ原子力発電所の運転員たちは、自らに迫る潜在的な危険性に十分に留意しなかった。彼らは恐れることを忘れたのではなく、恐れることを学ばなかったのである。これは、情報の漏洩や消費者に恐怖心を与えることを恐れて事象報告をプラント間で共有していなかった、ソビエトの文化によるものである。

- 原子力発電所がうまく稼働している年数自体は、十分な安全性を表す指標ではない。スリーマイル島(Three Mile Island)原子力発電所事故が起きた1979年、米国の発電用原子炉では、延べ480炉年もの間、比較的安全な運転が行われていた。また、チェルノブイリ原子力発電所事故が起きた1986年までに、ソビエトは原子力発電所の稼働経験が延べ270炉年もあった。こうした数字にもとづいて、重大な事故が生じる可能性を判断することはできず、またCANDU炉の安全性が他のタイプの原子炉よりも高いか低いか、判断することもできない。カナダ原子力管理委員会(AECB)は、稼働中のプラントで、必要なメンテナンスのやり残し、時代遅れの作業手順書、不完全な検査、設計の不具合を見出した[15]。

- カナダの原子力発電所では、毎年さまざまな安全上の重要な事象が起きている。こうした事象の分析からは、他の国・地域と同様に、発生した事象の50パーセント以上でヒューマンエラーが関与していることが示されている。AECBは、「ヒューマンエラーの性質と発生確率は、いずれも定量化することが難しい」ため、「システムの故障と不正確な人間の反応の組合せによって生じる重大事象の発生確率を予測することは困

---

[15] Submission to the Treasury Board of Canada by the Atomic Energy Control Board, Ottawa, 16 October 1989.

難である」と結論づけた[16]。こうした問題があるにもかかわらず、規制当局は、カナダの原子力発電所は許容可能な水準の安全性を備えていると判断を下したのである。しかし、彼らは「安全」とは「リスクがない」ことを意味するものではないという重要な事項を付言している。その意味は、結局、すべてを考慮するならば、原子力発電所による発電の利点は、リスクを上回るということである[17]。こうした評価は、その当時でさえAECBが、視野が狭く綿密さに乏しいと判断した技術的評価と検査にもとづいている。

- 原子力発電所は、管理者、運転員、技師、保守作業員、プログラマーなど、多様な人間要素と緊密に結合した複雑な社会技術システムである[18]。しかし、第二のチェルノブイリ原子力発電所事故の発生を否定するカナダ原子力公社(AECL)の見解は、工学的安全特性にほぼ全面的にもとづいている。カナダにおける原子力発電の安全性に関するAECBの判断も同様である。しかし、彼らはこの偏狭なアプローチの不十分さを認めている。AECLは、工学的安全特性が工学的故障と人間のミスの双方に対する防御となるという理由で、主張を正当化できるかもしれない。ここでいう人間とは、定常出力で稼働する高度に自動化された原子力発電所の制御室運転員を指すことが一般的である(詳細は後述する)。しかし、こうした正当化は、保守作業員や管理者も安全上の重要な事象の進展過程で重要な役割を果たす、という事実を見過ごしている[19]。

- 私は既に事故の進展過程には、メンテナンス(保守)と点検におけるエラーが決定的な役割を果たすことについて述べた。こうしたエラーはアポ

---

16) 前掲書
17) 前掲書
18) Perrow, C. (1984) *Normal Accidents: Living with High-risk Technologies*. New York: Basic Books.
19) Lee, J. D. and Vicente, K. J. (1998) 'Safety concerns at Ontario Hydro. The need for safety management through incident analysis and safety assessment.' *Proceedings of Workshop on Human Error, Safety and System Development*, (http://www.dcs.gla.ac.uk/~johnsom/papers/seattle_hessd/), (pp. 17-26).

ロ13号の大惨事寸前のトラブル（**第9章参照**）やスリーマイル島原子力発電所事故、その他の多くの事故のきっかけとなった[20]。

- 1997年、カナダのオンタリオ・ハイドロ社（Ontario Hydro）は、安全性が懸念されたことから、80億カナダドルの損失が見込まれつつも、20基の原子炉のうち7基の停止を決定した。この決定は、壊滅的な事故がきっかけであったわけでもなく、技術が未熟で不十分であったわけでもない。バテル・シアトル研究センター（Battelle Seattle Research Center）のジョン・リー（John Lee）は、「すべての問題の根本原因は、人と社会組織の問題へ十分な注意を払わなかったことであり、オンタリオ・ハイドロ社の経営層は、原子力安全は技術だけで維持されると考えていたようである」と結論づけた[21]。

- ヒューマンファクター研究の専門家であるキム・ヴィセンテ（Kim Vicente）は、オンタリオ・ハイドロ社の原子炉1基でフィールド調査を実施した。彼は、旧態依然とした安全機器や不適切な警報システムに関連するいくつかの管理上の問題点を発見した。最も深刻なのは、緊急炉心冷却系の流量計の状態であった。これらはプラントが建設されて以来ずっと適切に動作していなかった。何も流れていないときに、流量を示していたのである。ヴィセンテは、これらやその他の計器の問題を「発生を待っている事故」と表現した。ヴィセンテは次のように指摘している。

「オンタリオ・ハイドロ社の経営層の安全性に関する根拠のない満足感は、安全性に影響する要因全体を考慮していなかったことに由来する。システムの安全性に関する彼らの暗黙のモデルは、技術的・工学的システムに焦点を置いていたと考えられる。〈中略〉よ

---

20) Reason, J. and Hobbs, A. (2003) *Managing Maintenance Error: A Practical Guide*. Aldershot: Ashgate（邦訳『保守事故』日科技連出版社）を参照のこと
21) 前掲書、p. 22

り綿密な安全性分析によると、システム全体の安全性は、従業員、そして組織および管理の構造に大いに依存している。複雑なシステムの一部に焦点を当てると、システムの安全性について誤った評価をしてしまう。」[22]

カナダ原子力公社（AECL）の主張の根底には、2つの問題点がある。第一に、事故の再発パターンが存在するかもしれないが（第6章参照）、組織事故がそれ自体まったく同じように繰り返されることは決してない。寄与要因があまりに多く存在するからである。個々の要因は比較的害はなく、ありふれたものでさえある。単一では影響の少ない寄与要因が組み合わさった場合にのみ、致命的な影響力をもたらす。こうした相互作用は、ほとんど予測不可能であり、いかなる方法によっても予測できないだろう。

チェルノブイリ原子力発電所では、はっきりと目的をもち、動機づけも高く、表彰歴もある[23]運転員の集団が、彼ら自身が犯した誤り以外には技術的故障のないまま、しっかり設計された原子炉を爆発させた。彼らは、エラーと誤解にもとづく違反という滅多にない組合せによって爆発を引き起こしたのである。チェルノブイリ原子力発電所事故とまったく同じではなくても、こうした不安全行動の連鎖はいつでもどこでも起こりうる。その発生確率は、確率論的リスク評価の標準的な方法では推定できない。なぜなら、人間の行為や機器コンポーネントが、非線形に組み合わさるためであり、これが、複雑な社会技術システムにおける事故までの道筋の特徴だからである。

第二の問題は、CANDU炉とRBMK炉の比較が、システム論よりは機械論にもとづいていることである。原子力発電所は、2つのシステムで構成されている。一つは還元主義[*5]的な方法にもとづいて分析できる工学システム、そしてもう一つはまったく異なる種類の思考が要求される人間活動システムであ

---

22) 前掲書、p. 23
23) チェルノブイリの運転員は、以前に生産目標達成に関する表彰を受けていた。
*5 複雑なデータ・現象を単純に言い換えようとする理論

る。これら非機械的な要素の相互作用が、複雑で適応性の高いシステム全体を作り上げている。

還元主義的アプローチの本質的な特徴は、問題を構成要素へと分解するという点である。この分解は、分析可能、理解可能な単純要素になるまで続けられる。CANDU炉とRBMK炉の潜在的な安全性に関する比較では、防護機能が構成要素に分解され、一対一で比較された。これは論理的で線形的であり、理解することも容易である。しかし、重要な点が見落とされている。ジェイク・チャップマン（Jake Chapman）[24]は、この問題を実に見事に表現している。

「もし、ものの本質的特徴が要素のなかではなく、要素間の相互関係のなかに埋め込まれているとしたら、どうなるだろうか。もし複雑性が、ある要素と別の要素との関係や相互作用に由来するとしたらどうなるだろうか。構成要素によって分解して単純化する行為は、相互関連を見失わせ、そのためこの複雑性を取り扱うことができなくなる。」

では、原子力発電所の運転の大半は定型的な業務であり、トラブルがないという事実を、どのように説明できるだろうか。この問いに対する答えは、1994年に米国原子力規制委員会運転データオフィス（US Nuclear Regulatory Commission's Office of Operational Data）によって実施されたヒューマンファクター検査プログラムから得ることができる。このプログラムでは、米国の原子力発電所（CANDU炉ではなく加圧水型と沸騰水型の原子炉）で生じた潜在重要運転事象を取り巻く環境に焦点が当てられた[25]。私は21件の検査報告書をレビューした。そのうち10件はリカバリーに成功したが、残りは成功とは

---

24) Chapman, J. (2004) *System Failure: Why Governments Must Learn to Think Differently*. Second edition. London: Demos, (p. 35).（この小冊子は、システム思考の機微と非意図的な結果の法則を理解するための大きな助けとなる。）
25) NUREG/CR-6093 (1994) *An Analysis of Operational Experience during Low Power and Shutdown and a Plan for Assessing Human Reliability Issues*. Washington DC: US Nuclear Regulatory Commission.

いえないものであった。すべての事象が安全に終結してはいたが、11件の事例において、運転員は混乱し、原因について半信半疑になり、プラントを安全な状態にリカバリーする際にエラーを起こしていた。また対照的に、成功した事例での運転員の行為は、模範的であり、時には神がかっていた。

　成功といえるリカバリーと成功とはいえないリカバリーとを分ける重要なポイントは、異常な状況が生じたときのプラントの状態にある。成功といえるリカバリーの大半では、プラントが定格出力またはそれに近い出力で稼働していた。これは原子力プラントにとっては"典型的な"状況であり、こうした状況のために緊急運転操作手順書の大半がつくられている。ほぼすべての成功といえるリカバリーは、この手順書およびそれに関連する訓練のおかげであった。

　一方、成功とはいえないリカバリーの大半は、低出力または運転停止時であった。これらはプラントの異常状態ではなく、メンテナンス（保守）、修理、規制検査、燃料交換などのために必要な状況である（CANDU炉およびRBMK炉には当てはまらないが）。しかし、プラントの一生のなかでは、比較的短期間でしかない。こうした非定常的な状態で生じる緊急事態では、利用可能な手順書がほとんどない。結果として、運転員は事象に応じて、"即興で"対応しなければならず、もともとの緊急事態をさらに悪化させるエラーを引き起こし、リカバリーを遅らせてしまっていた。こうしたプラントの動きがないが危険な状況で起きる緊急事態に対処するための規則は定められていないため、運転員は規則のないところで対応していた。結局、彼らは十分に理解していない状況において、臨機応変に対応することを余儀なくされていたのである。チェルノブイリ原子力発電所事故での不安全行動が、計画された運転停止の際に生じたことと符合する。

　したがって、予測不可能な非線形性が生じやすいのは、プラントの運転停止中、メンテナンス（保守）中、低出力運転中という、比較的稀ではあるが、プラントの一生において標準的に予定されている非定常状態のときである。

　原子力発電所の管理者の還元主義的思考から離れ、否定の文化的側面を検討することにしよう。米国の社会科学者ロン・ウェストラム（Ron Westrum）[26]

は、安全文化を3種類に分類した。生成的文化、官僚的文化(または打算的文化)、病的文化である。これらを区別する主な特徴は、組織が安全に関する情報をどのように扱うか、より具体的にいえば、悪い知らせを伝える人をどのように扱うかである。

- **生成的組織、あるいは高信頼性組織**は、安全に関する情報が上方向へ流れることを奨励する。こうした組織は、情報伝達者が潜在的に危険な自らのエラーを報告する場合でさえ報酬を与える。潜在的な危険性に関する注意深さを皆で共有し、専門性を尊重する。また、解釈を単純化することに慎重である。悪いことが生じることを予期しており、予期せぬ出来事に備えるために熱心に取り組んでいる。こうした特徴については、第13章で詳しく述べる。
- 大多数の組織がこれに相当するが、**官僚的組織、あるいは打算的組織**は、中庸の立場をとっている。こうした組織は、情報伝達者を必ずしも攻撃することはないが、歓迎することもない。悪い知らせや新しいアイデアは、新たな問題を生み出す。従業員の振る舞いの多様性を制限するために、管理統制に強く依存した"規範重視組織"になりやすい。安全管理の方法は、汎用的なものよりは個別のものになりやすい。システムの広範囲に及ぶ改善よりは、部分的・工学的改善を好む。
- **病的組織**は、情報伝達者を攻撃する傾向がある。こうした組織は、情報を知りたくないのである。告発者は口を封じられ、中傷を受け、隅に追いやられる。組織は安全上の責任を逃れようとし、訴訟を回避するために必要最低限のことだけを行い、規制者の一歩先を行こうとする。失敗に制裁を科したり、隠蔽したり、新しいアイデアを阻止する。生産性と最終収益が、組織の主な原動力となっている。

---

26) Westrum, R. (1992) 'Cultures with requisite imagination', in J. A. Wise, V. D. Hopkin and P. Stager (eds), *Verification and Validation of Complex Systems: Human Factors Issues*. Berlin: Springer-Verlag, (pp. 401-416).

どのような理由であれ、システムが安全であると経営層が考えている、あるいは潜在的な危険性についての関心が乏しいなら、彼らは近代産業において際だった特徴である効率性とコスト削減の目標を自由に追求しようとする。生産量を伸ばして生産目標を達成することは、プロの経営者として訓練を受けてきたことであり、不合理なものではない。彼らは、主にこうした目標の達成によって自らのパフォーマンスが評価されると考えている。そして、彼らの莫大なボーナスがそれで決まるのである。このことは、一途で、そしてしばしば間違った目標への盲目的な追求に向かう道を開くことになる。

【4】 間違った目標の追求

　間違った目標の追求に関する極端な例は、おそらく19世紀半ばの英国海軍での事例であろう。帆船から汽船、大砲から銃座への移行にともない、帆の取り扱いや砲撃の受け持ちを担当していた、もはや不要となった多くの海兵たちをどう処遇するかという問題に海軍士官は頭を抱えていた。彼らの解決策は、船長と船員が競って金属部をぴかぴかにし、木部塗装面に光沢をもたせようとする"磨き仕事"集団を作り出すことであった[27]。19世紀残りの80年余りの間、英国海軍は本格的に敵対する国と遭遇することはほとんどなく、平穏であったため、これはまったく理不尽なことではなかった。効果的な砲撃よりは、船を光り輝かせるという目標のほうが適切だと判断されたのである。そのため海軍士官の主要な課題は"旗振りを務めること"になった。巨大な防水扉が蝶番から取り除かれ、汚れがこすり落とされ、鏡のように輝くまで磨き上げられた。しかし、その過程で防水機能は失われた。事実、英国海軍艦船キャンパーダウン（Camperdown）号の乗組員全員が犠牲になった[*6]。そして、不十分な砲撃訓練は、チリ沖での第一次世界大戦初期において、英国小艦隊がたちまち撃沈されてしまうという事態[*7]をもたらした。

---

27) Massie, R. K. (1992) *Dreadnought: Britain, Germany and the Coming of the Great War.* London: Jonathan Cape.

20世紀の海難事故の歴史においても、間違った目標の一途で盲目的な追求が大惨事に終わった悲劇が散見される。最もよく知られた例は、大西洋横断速度の記録更新のために出していた最高速度のまま、存在が予見されていた氷山に衝突し沈没した1912年のタイタニック(Titanic)号、そしてゼーブリュージュで転覆した1986年のヘラルド・オブ・フリー・エンタープライズ号である。事故が起こるまでの数カ月の間、海岸基地に所属する管理者は、海峡を横断する旅客の過酷な争奪戦に勝利し、株主を喜ばせていた。しかし、そのため彼らは、ただでさえ転覆しやすいローロー・フェリーのわずかな安全余裕を、徐々にではあるが致命的に破壊した。

　間違った目標の追求は、1987年のキングス・クロス(King's Cross)駅の地下鉄火災においても繰り返された。当時、サッチャー首相(Mrs. Thatcher)は、ロンドン地下鉄をあるチームによる管理に切り替えていた。このチームは、当時の特徴であった「経営効率を追求し、けちな」マネジメントスタイルを積極的に進めており、恐ろしい火災の発火元となったエスカレーターのメンテナンスを、外部に委託していた。あらゆるものを炎に包み込んだタバコの吸殻がエスカレーターの隙間をすり抜けたように、メンテナンスの不備がシステム内の防護の壁の穴をすり抜けたのである。この間違った目標の追求は、1995年のベアリング銀行(Barings Bank)の破綻や、当時の他の多くの災害においても繰り返し生じている。

　安全問題にしっかりと注意の目を向ける官僚的(打算的)組織でも、間違った目標を追求することがある。潜在的な危険性を有するシステムで活動する多くの企業は、社内のさまざまな部門の休業負傷災害頻度率により、システムの安全性を測定している。残念ながら、こうした個人の傷害発生率を反映した指標

＊6　著者(リーズン)の誤りと思われる。Thomas Allnutt Brassey著の *The Naval Annual, 1894* などによると、1893年、キャンパーダウンと衝突した同じく英国海軍艦船ビクトリア(Victria)が沈没し、乗組員357名が救助され、358名が死亡した。キャンパーダウンもビクトリアも、防水扉が閉められておらず、そこから浸水した。なお、キャンパーダウンは、沈没することなく、リビアのトリポリ(Tripoli)に寄港した。

＊7　1914年、コロネル沖海戦

は、大災害の潜在的な危険性に対するシステムの責任を表す指標としては、ほとんど、あるいはまったく役立たない。アンドリュー・ホプキンス(Andrew Hopkins)が指摘したように、災害に至る道筋は、休業負傷災害頻度率が低下したり、非常に低い水準にあることによって、覆い隠されている[28]。

　心理学者であり、ドイツ最高位の科学賞の受賞者でもあるディートリッヒ・デルナー(Dietrich Doerner)は、緊密に相互連結した動的システムを管理する際の人間の認知の長所と短所について、長年にわたり研究してきた[29]。彼の発見は、この間違った目標の盲目的な追求の解明に大きく役立つ。既にオンタリオ・ハイドロ社の事例で述べたように、複雑なシステムを扱う際、人は直線的な順序で思考をする。人は因果のネットワークよりは、因果の連鎖にもとづいて判断する。人は、自らの行為がその進展や、しばしば数値で表される直近の目標に及ぼす主効果には敏感であるが、システムの残りの部分に及ぼす副次的な影響には気づかないことが多い。緊密に相互連結したシステムのなかでは、介入の波及効果は池の水面の波紋のように外部へ放射状に広がる。しかし、人は現在関心を向けている狭い範囲でしか、その影響に気づくことができない。また、人は指数関数的、あるいは非線形に進行する過程を統制することが不得意でもある。人は変化率を何度も過小評価し、結果に常に驚くのである。

　重要な数値目標に細心の注意を払うことによって問題が悪化するのである。政府の政策立案者や複雑なシステムの管理者は、数値を指針としている。しかし、彼らはその限界について正しく理解しないまま、複雑で適応性の高いシステムに適用する場合がある。"予期せざる結果の法則"に関するいくつかの例を次に示す。

- ノルウェー政府は、過剰なアルコール消費による健康リスクを低減するために、ビール、ワイン、蒸留酒の価格を大幅に値上げした。その結果、

---

28) Hopkins, A. (1999) *Managing Major Hazards: The Lessons of the Moura Mine Disaster.* St Leonards: Allen & Unwin.
29) Doerner, D. (1996) *The Logic of Failure.* New York: Henry Holt & Company.

健康への有害性がさらに高い自家製の"密造酒"の製造と消費が大きく増加した。

- 2001 年に、救急サービスのパフォーマンス向上に対して与えられる 2100 万ポンドの賞が創設された。この賞は、結果としてロンドン救急サービス (London Ambulance Service) に 150 万ポンドの負担をかけることになった。賞の大半は、パフォーマンスの向上を最も必要としていたロンドン郊外のサービスに授与された。彼らは、賞金をより多くのスタッフを補充するために使ったのであるが、主にロンドン救急サービスから職員を引き抜いたのである。ロンドン救急サービスは自然減として予定していた人数よりも、75 名多くの職員を失うことになった。失った職員の補充に要した費用は、募集と訓練で 1 名当たり 2 万ポンドであった[30]。

- 乳がんの疑いがある女性を専門医に緊急紹介することが目的であった。乳がんが疑われた場合、2 週間以内に専門医の診察を受けることが義務づけられた。紹介には 2 つのルートがある。一つは一般開業医が行う集団検診からのルートであり、もう一つは専門医が経営するがんクリニックで受診するルートである。一般開業医は乳がんの標準的な症状を示している患者を発見することに長けており、一般開業医の診察を受けた女性患者は、2 週間以内にがん専門医の診察を受けるというプログラムのおかげで、治療率が改善した。しかし、明らかな症状のない、あるいはかすかな症状しかなく、一般開業医が発見することの難しい患者は、がんクリニックを受診することのみが唯一の紹介ルートとなる。しかし、集団検診からの紹介率が増えたために、専門医の診察を受けるまでの時間が長くなってしまった。その結果、症状を捉えにくい患者は、すみやかな診断と治療が最も必要とされる場合でさえ、専門医の診察を受けるために長時間待たなければならなくなった[31]。

---

30) Chapman (2004), p. 29.

以上のような"予期せざる結果の法則"が示す明白なメッセージがある。具体的な数値目標だけを盲目的に追求することは、システム全体のパフォーマンスの低下をもたらす、ということである。これはシステム工学の世界では広く理解されているが、複雑かつ厳重に防護された技術分野の管理者には必ずしも理解されていない。

5.3 法律モデル

道徳的な意味合いを強く含んでいるが、この法律モデル（Legal model）はパーソンモデルから必然的に導かれるモデルである。このモデルの根源には、責任が与えられ、また高度な訓練を受けた医師、パイロット、船舶の船長などのプロが、エラーを起こすはずがないという信念がある。彼らには注意義務がある。

しかし、彼らのエラーの発生は稀であっても、有害事象を引き起こすには十分であると考えられている。結果がすべてである。良くない結果をもたらしたエラーは、怠慢あるいは無謀でさえあり、刑罰を与えるべきだと判断される。例として、米国薬物安全使用協会（Institute for Safe Medical Practices）のニュースレターからの次の抜粋を見てみよう[32]。

「過去数カ月間に、3件の致命的な投薬エラーがニュースの見出しに取り上げられている。こうしたニュースによれば、いずれのケースにおいても犯罪捜査の実施が検討されている。もしも犯罪捜査が進めば、これらのエラーに関与した一般開業医の数名、あるいは全員が重罪で起訴されるだろう。」

---

31) 前掲書、p. 57
32) Newsletter, Institute for Safe Medical Practices, 8 March 2007 (Horsham PA).

高度に訓練されたプロの起こすエラーは、滅多に生じないどころか、頻繁に生じていて、その大半は些細なものであるか、あるいは発見、検出されて訂正されていることが、調査研究によって明らかにされている。1997 年の調査研究では、飛行中のパイロットのエラーに関する 44 時間の連続観察が行われた。この研究報告の著者らは、観察されたエラーの頻度から、世界中の民間航空で起こるエラーの頻度を推定し、操縦室内では毎年約 1 億件のエラーが生じていると推測した。しかし、事故記録によれば、毎年 25～30 件の機体損傷事故が生じているにすぎなかった。著者たちはやや皮肉を込めて、安全な飛行のためにはエラーが必要であると結論づけた[33]。

　別の研究[34]では、英国の 16 カ所の医療センター、21 の外科手術チームにおいて、新生児の大動脈と肺動脈の先天性異常を治療する 165 件以上に及ぶ大血管転換術の直接的な観察が行われた。観察の結果、各手術で平均 7 個の事象が発生しており（たいていはエラーによって生じていた）、そのうちの一つは生命を脅かすほどの重大事象、そのほかは手術の流れが中断した程度の比較的些細な軽微事象であった。また重大事象の半数以上は、手術チームによって適切に対処され、子供の死亡率には影響しなかった（第 9 章参照）。

　大血管転換術は、手術チームを認知的にも精神的にもパフォーマンスの限界ぎりぎりに立たせる。エラーは避けることができない。名医でもエラーをするが、彼らはそれを予測し、自らの手でエラーを発見し、リカバリーするための心の準備をしている。しかし、こうした対処能力は、些細な出来事によって損なわれてしまい、その数が多いほど成果も悪くなる。この「驚異的なリカバリー」については、本書の第Ⅳ部で述べることにする。

　こうした観察から、高度に熟練したプロの間でさえも、エラーを犯してしま

---

33) Amalberti, R., and Wioland, L. (1997) 'Human error in aviation.' In H. M. Soekkha (ed.) *Aviation Safety*. Utrecht: VSP, (pp. 91-100).
34) De Leval, M., Carthey, J., Wright, D., Farewell, V., and Reason, J. (2000) 'Human factors and cardiac surgery: a multicentre study.' *Journal of Thoracic Cardiovascular Surgery* 119: 661-672.

うのはふつうであるといえる。訓練と経験は、誤りやすさを緩和することはあるが、根絶することはない。エラーの性質を変化させ、リカバリーに成功する確率を向上させるにすぎないのである。良くない結果を引き起こすのに十分であるどころか、事故記録によると、ごく稀にプロの無意識の行為が、長年システムに潜んでいて、事故として表面化することを待っているものへの最後の仕上げになるのである。

　では、なぜ刑事裁判制度で、誤りを犯したプロを処罰しようとするのだろうか。航空技術者から弁護士に転身したデビッド・マークス（David Marx）[35]によると、米国の最高裁判所が"犯罪的"ヒューマンエラーの起源は産業革命の始まりの頃まで遡ることを50年以上前に確認した。それ以前は、"actus reus（やましい行為：ラテン語）"（犯罪行為）と"mens rea（やましい心：ラテン語）"（犯意）の両方が刑事訴訟には必要であった。しかし、人間の行為をとおして重篤な傷害を負わせることが可能な、強力で潜在的に有害な機械が登場したため、犯意は有罪の立証に必要とされなくなった。自動車の運転手が無意識のエラーによって死者を出した場合でも、その死を引き起こしたことに関して起訴される。私たちの誰もが起こしがちな"悪意のないエラー"は、公共の安全が危ぶまれている現在では、犯罪と見なされるのである。法は、いまだにヒューマンエラーに関するシステムモデルの視点を採用してはいないのである。

5.4 システムモデル

　次の文章は、パーソンモデルとシステムモデルを関連づけるのに役立つであろう。再び米国薬物安全使用協会のすばらしいWebサイトからの抜粋である。

　　「労働者が不安全な行動に陥ってしまう理由は、システムにあることが多い。安全な行動の選択は批判を呼び起こし、危険な行動は報酬につなが

---

[35] Newsletter of the Institute for Safe Medication Practices, 8 March, 2007 を参照

るかもしれない。例えば、投薬に時間のかかる看護師は、その余分にかかる時間が習慣として行う安全対策や患者教育のためであっても、批判されるであろう。しかし、1回の勤務シフト中に6人の新しい入院患者に対応することができる看護師は、危険な手順省略を行っていたとしても賞賛され、他の看護師は彼女を模範として従うであろう。そこに問題がある。危険な行動への報酬が一般化し、リスクに関する知覚が希薄になる。あるいは、その報酬が正しいことだと信じられてしまう。」[36]

私にとって、それがすべてではないが、システムモデルの視点は、局所的な出来事にとどまらず、作業場所、組織、そしてシステム全体の中にある寄与要因を発見しようとする、事故についての説明方法であると考えている。この視点の本質は、現場第一線の作業員が良くない事象を引き起こした張本人ではなく、むしろ彼らはそれ以前に長い時間をかけて蓄積されてきたであろう潜在的状況要因（定着した病原体）を押しつけられた者である、ということである。

「スイスチーズモデル（Swiss Cheese model）」[37]は、こうした数ある事故モデルの一つにすぎない。私の友人、エリック・ホルナゲル（Erik Hollnagel）が、彼の優れた著書[38]において、事故モデルに関する学術的なレビューを行っている。ここでその詳細について述べることは避けるが、これらのモデルに関して、ホルナゲルとはやや異なる観点を示しておきたい。

ホルナゲルは、事故モデルを次のように分類している。

- **連続事故モデル**（sequential accident model）：この分類には、ハインリ

---

36) Institute for Safe Medication Practices (2006). 'Our long journey towards a safety-minded just culture, part II: where we're going.' Newsletter 21 September. Available at: http://www.ismp.org/Newsletters/acutecare/articles/200609221.asp. It was also quoted in an excellent paper by Dr Larry Veltman (2007) 'Getting to Havarti: moving towards patient safety in obstetrics.' *Obstetrics and Gynecology*, 110, 5: 1146–1150.
37) Reason, J. (1997) *Managing the Risks of Organizational Accidents*. Aldershot: Ashgate. （邦訳『組織事故』日科技連出版社）
38) Hollnagel, E. (2004) *Barriers and Accident Prevention*. Aldershot: Ashgate.

ッヒ(Heinrich)のドミノ理論[39]、スヴェンソン(Svenson)の事故進展・バリアモデル(Accident Evolution and Barrier model)[40]、グリーン(Green)の事故構造フレームワーク(Anatomy of Accident Framework)[41]が含まれていた。連続的事故モデルには、ドミノモデルのような比較的単純な原因と結果の線形連続性、あるいはグリーンのフォールトツリー図で表現されるような複数事象の連続性が仮定されている。これらのモデルは、最初に何らかの根本原因が存在するという、誤った考え方にもとづいているとホルナゲルは指摘している[42]。

- **疫学的事故モデル**(epidemiological accident model):これはスイスチーズモデルが属するとされるカテゴリーである。共通点は、潜在的に明らかなものや、隠れたものなど、いくつかの要因が相互に影響して起きる病気の広まりを仮定している点である。ホルナゲルは一般疫学的モデルを提示するという勇敢な試みを行っているが、私は"疫学的"という用語にまったく納得できない。スイスチーズモデルは、もともと不安全行動と潜在的状況要因がどのように組み合わさり、バリアや安全措置を破るのかを示すモデルである。私は常在病原体、人体免疫システムなどの医学用語を使用している。モデルは多少の連続事故モデルの特徴をもっているが、私はシステム事故モデルと考えている。

---

39) Heinrich, H. W. (1931)*Industrial Accident Prevention.* (New York: McGraw-Hill). There is also a more recent 5th edition: Heinrich, H. W. *et al.* (1980)New York: McGraw-Hill.
40) Svenson, O. (2001)'Accident and incident analysis based on the accident evolution and barrier function(AEB)model.' *Cognition, Technology & Work*, 3(1): 42-52.
41) Green, A. E. (1988)'Human factors in industrial risk assessment — some earlier work.' In L. P. Goodstein, H. B. Andersen, and S. E. Olsen, *Tasks, Errors and Mental Models.* London: Taylor & Francis.
42) また、この点について私は彼に同意する。事象の"鎖"の各部分には前兆がある。唯一の根本原因はビッグバンである。そうはいっても、私たちは多くの組織が根本原因分析を用いて好ましい効果を得ているという事実を正視しなければならない。彼らは、誘発要因を求めて少なくとも上流へと遡っている。名称が悔やまれるものの、それが促進する活動は悔やまれるものではない。

- **システム事故モデル**(systemic accident model)：ホルナゲルの見解では、このカテゴリーのモデルは典型的な理論モデルである。複雑で緊密に連結されたシステムで生じる事故は、通常の出来事であり不可避であるというペロー(Perrow)[43]の見解に従い、ホルナゲルは事故を結果としての現象ではなく、突発現象と見なしている。突発現象と結果としての現象との主な違いは、後者がシステムの構成要素から予測できるのに対し、前者はそれが不可能であるということである。言い換えれば、結果としての現象は、理論上、連続的な因果モデルで説明できるが、突発現象は複雑で動的なネットワークから発現するものであり、単純な因果関係では説明できない。エラーや不安全行動のような概念は、侮蔑的な意味合いを含むため、分析のための語彙として用いることが禁止される。"本当"のシステムアプローチは、システムの変化を継続的にモニタリングするだけでなく、例外的な従属関係と共通的な状況の探索を推奨している。ホルナゲルは著書の後半部で、事故のシステムモデルとしての確率共鳴(確率共振)の考え方と、その事故防止の指針を提案している。この点について、私はここで十分に論じることはできない。その大きな理由は、私に非があるのだが、私がそれをまったく理解していないためである。

以上のモデルのグループは、因果連鎖に依存しているために組織事故の本質を見過ごしたモデルから、より正確に捉えたモデルへ、あるいは事象の複雑に組み合わさった性質を単純化する捉え方から、より正確に反映した捉え方への、発達と進展の経過として示されている。

そろそろ私自身の意見を明確に示そう。第一に、ホルナゲルの示したモデルはすべて、システム的視点に関する基準を満たしていると私は考えている。第

---

43) Perrow, C. (1984) *Normal Accidents: Living with High Risk Technologies.* New York: Basic Books.

二に、これらは、ずっと以前からそれぞれの用途がある。エラーに関して合意された定義や分類が存在しないことと同様に、事故に関する唯一の"正しい"捉え方は存在しない。私たちの分野では、"真実"をほとんど知ることができず、多様な形式をとる。いずれにせよ、実用性に比べれば重要ではない。

では、事故を防止しようとする事故調査官や潜在的な危険性を有するシステムの管理者に対し、モデルはどの程度の指針や情報を提供しうるのだろうか。こうした実際的な要求に応えるためには、モデルには次の基準を満たす必要があると、私は考えている。

- モデルがユーザーの知識、理解、期待に適合するものであるか。
- モデルが意味をなすものであり、"理解する"ことに役立つか。
- モデルを伝えやすいか。モデルを共有することが可能か。
- モデルが事故の発生に寄与する隠れた潜在的状況要因に関する洞察を提供するか。
- モデルによる洞察は、結果の事後評価やプロセスの事前評価のより良い解釈を可能にするか。
- モデルを適用することで、システムの防護を強化し、そのレジリエンスを向上するためのより効果的な対策につながるか。

5.5 スイスチーズモデルの発展

先に述べたように、スイスチーズモデルは数あるシステム事故モデルの一つであるが、私がその発展を論じる最適な人物であり、また本書の多くの読者が最もよく知っているモデルであろう。このモデルは、航空、有人宇宙飛行、鉄道輸送、化学プロセス産業、原油・ガス田開発、原子力発電、船舶輸送、米国海軍、最近では医療など、組織事故が起きやすい潜在的な危険性を有するさまざまなシステムで用いられている。約20年以上にわたり、このモデルはいくつかの異なる型をとってきた。概略を以下に示す。

【1】 1980年代半ばから終わり

このモデル[44]の出発点は、あらゆる生産システムに不可欠で良性な要素である。すなわち、意思決定者(プラントや企業の経営層)、ライン管理者(運転、メンテナンス、訓練など)、前提条件(信頼性の高い設備、熟練した動機づけの高い労働者)、生産活動(人間要素と機械要素の効果的な統合)、防護(予測可能な潜在的な危険性に対する安全措置)である。こうした生産にかかわる"面"が、最終的にはスライスしたチーズになったのだが、当時の私にはスイスチーズという考えはなかった。

複雑なシステムを崩壊させる人と組織のさまざまな寄与要因は、図5.1[45]に示したように、基本的な生産要素として位置づけられている。当時、この図は2種類の失敗、つまり潜在的失敗(システムの中の常在病原体)と即発的エラー(不安全行動)で構成されていた。組織事故は、設計者、建設者、組織の経営層によって下される誤った意思決定に端を発しているというのが、モデルの基本前提である。こうした意思決定が、ライン管理の不備、不安全行動の心理的兆候、不安全行動自体などの介在する生産要素を通じて、上流からの影響が局所的な引き金や防護の弱点と組み合わさって、バリアと安全措置を破る地点まで伝達する。

現在でもこの捉え方を好む人はいるであろうが、このモデルには2つの点で重大な限界があると考えられる。非難の矛先を"現場第一線"から役員会議室へすり替えるための方法ではない、というのが私の本来の主張であるが[46]、このモデルはやはりそのように見える。戦略的な意思決定は誤っていることもあるが、必ずしも間違っている必要はない。第二の問題は、モデルの因果の単純

---

44) Reason, J. (1990) *Human Error*. New York: Cambridge University Press.
45) この初期のモデルは、私の友人、ジョン・リソール(John Wreathall)から大きな影響を受けている。彼は原子力技術者としての訓練を受けたが、現在はヒューマンファクターと組織要因に関するコンサルタントとして活躍している。私は初期のモデルに対する彼の多大な貢献について、これまで十分な謝意を表してなかったと思う。ここで彼に報いることができればと願う。
46) Reason, J. (1990), p. 203 を参照

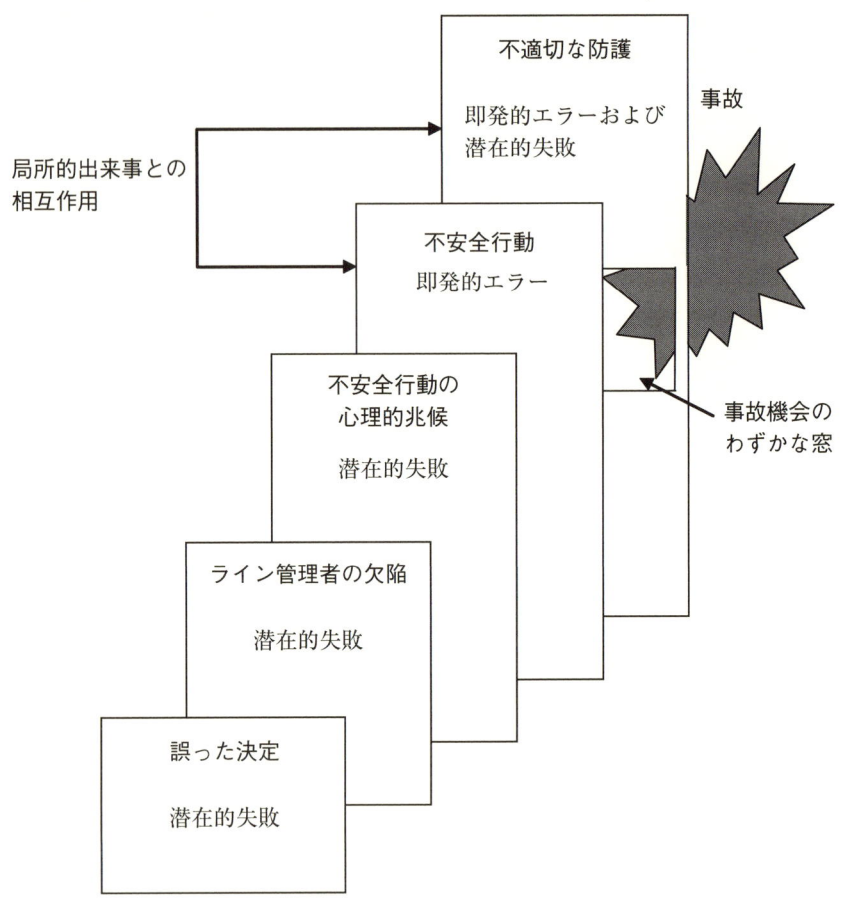

注) まだエメンタールチーズの外観が現れていない。複雑なシステムを崩壊させるさまざまな人間の寄与要因が、生産の基本的要素として位置づけられている。

図 5.1　スイスチーズモデルの初版

な線形性であり、ホルナゲルが指摘したように必然的に"根本原因"の探索につながるということである(この問題についての前述の議論に関する本章の**脚注 42** を参照のこと)。1980 年代後半に、私は別の図を加えて、**図 5.2** のように初版のモデルを発展させた。当時は意図していなかったが、この図には"チーズ"の雰囲気が明らかに備わっている[47]。

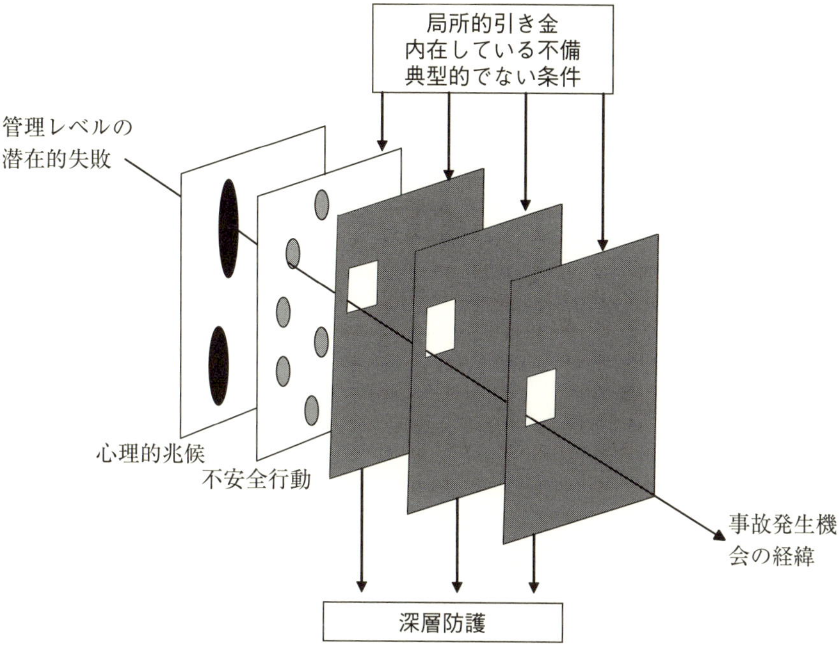
局所的引き金
内在している不備
典型的でない条件
管理レベルの
潜在的失敗
心理的兆候
不安全行動
事故発生機
会の経緯
深層防護

注）　矢印はいくつかの防護層を貫通する事故までの道筋を表す。エメンタールチーズの特徴を備え始めている。

図 5.2　初期のスイスチーズモデル

恥ずかしい話だが、私はつい最近になって、どの時期から“スイスチーズ”という名称が湧き出てきたのかに気づいた。最後の数片に含まれているだけだが、**図 5.2** だと思う。事故までの道筋が通過しうる穴として、前兆と不安全行動を絵で表現する手法を採用したのはこの時期であった。

47）　私は「スイスチーズモデル」という名称を考案していなかったのだが、この名称を考案してくれた人物あるいは人々に変わることなく感謝している。考案者の役割を果たしてくれたのではないかと考える人物が２人いる。キャンベラのオーストラリア政府航空安全管理局の局長（当時）ロブ・リー（Rob Lee）博士とモントリオール国際民間航空機関（ICAO）のヒューマン・ファクター専門家ダン・マウリーノ（Dan Maurino）機長である。

【2】1990年代前期

　図5.3に示す、その後のモデルでは、さまざまな組織要因がシステム内に病原体を振り撒くことを仮定した。組織要因には、企業の安全文化に加え、管理者の意思決定、そして設計、建設、メンテナンス、スケジューリング、予算などの組織の中核となるプロセスが含まれる。文化に関する重要な点は、それが良くも悪くもシステムのすべての部分に影響を及ぼしうるということである。これらの上流の要因が防護に有害な影響を及ぼすには、2つの経路がある。まず、作業場所におけるエラーおよび違反の生成条件が、個人レベルやチームレベルでの不安全行動を生み出すという、即発的エラーの経路である。非常に膨大な数の不安全行動が行われるが、そのうちのごくわずかなものだけが、システムの防護のすき間を見つける。

　また、病原体を防護へ直接的に伝播する潜在的失敗の経路がある。現場第一線における不安全行動は、頻繁に起こってはいても、防護の裂け目や弱点を生み出すのに不可欠なものではない。この点は、1987年のキングス・クロス駅地下鉄火災の例から明らかである。

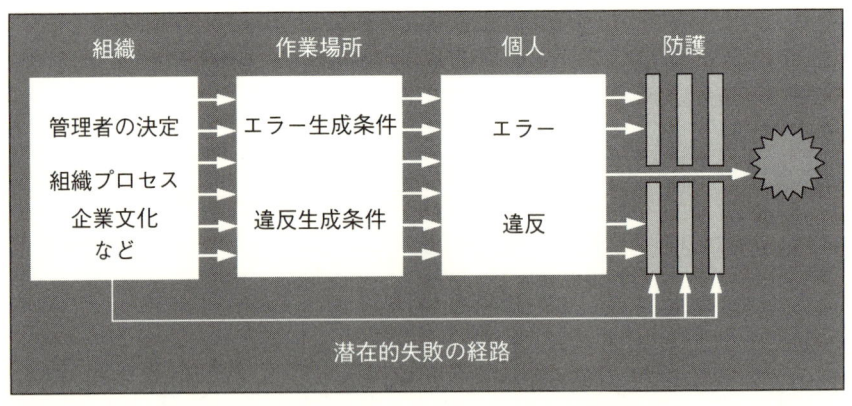

図5.3　スイスチーズモデルの1990年代前期改訂版

第5章　不安全行動の見方　*121*

【3】1990 年代中期

　1995 年の著書[48]に掲載されたこと、鉄道事故調査ツール（Railway Accident Investigation Tool）の基礎を形成したこと[49]を除いては、より精緻化したモデルはあまり公表されてはいない。しかし、この改訂版には、インシデントや事故の分析指針として、ある程度のメリットがあると私は今でも考えている。この頃のモデルを**図 5.4** に示す。

　主な改良点は、第一に、ヒューマンエラーと防護の失敗という 2 つの失敗の経路を明確に区別したことである。そして第二に、潜在的不具合を、防護、バ

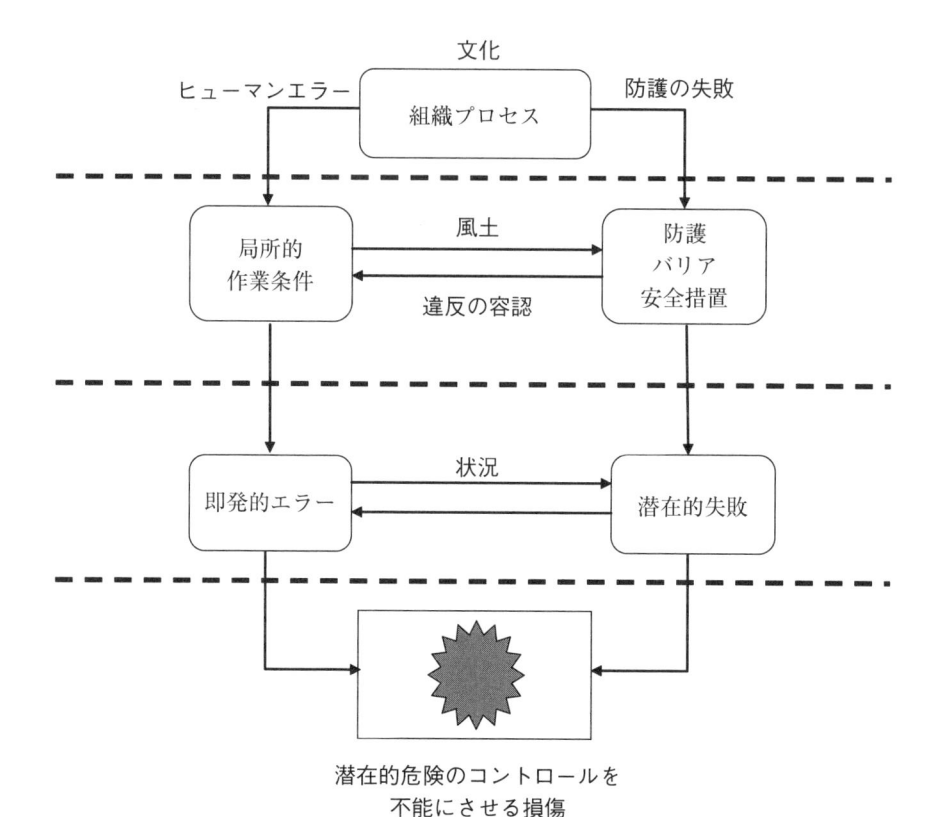

図 5.4　相互作用して事故に至る 2 つの経路を付加した 1990 年代中期改訂版

リア、安全措置の弱点や欠如を指す用語として限定したことである。またこの枠組みでは、組織のプロセスから防護機能を明確に分離することが必要であった。これ以前のモデルの表現とは異なり、因果の連続性が左から右へではなく、上方から下方へ流れている。事故のシーケンスは、文化、風土、状況、事象そのものの4つに区別されている。

　ヒューマンエラーと防護の失敗のいずれの経路も、組織のプロセス、少なくともシステムの内部にその起源がある。この組織のプロセスには、目標設定、方針決定、組織編成、予測、計画立案、スケジューリング、管理、資金調達、資源配分、情報伝達、設計、仕様作成が含まれる。こうしたプロセスはすべて文化の影響を受けており、いずれも人間のパフォーマンスの低下や防護の失敗に影響する。

　文化は組織の頂点、すなわち経営層からの影響を受けるのに対して、風土は特定の作業場所、またそこでの管理、資源、作業者にも関係している。すなわち、風土は、組織の上流にある文化と、現場の状況の両方の影響を受けている。後者の現場の状況は、その特定の場所に存在して、相互作用する2つの要因群、つまり局所的作業条件と防護に分類される。

　文化とは異なり、現場の風土は非常に急速に変化しうる。民間航空機の乗務員たちは、それぞれ異なる風土を作り出す。同様に、商業船舶への新しい船長の乗船（たとえ新しい当直員であっても）、あるいは海底油田掘削設備への新しい掘削作業監督者の着任は、風土の変化をもたらすだろう。現場の管理者は、心理学的な作業条件の決定と、利用可能な防護の効果的な利用の仕方に、大きな影響をもつのである。

---

48) Maurino, D., Reason, J., Johnston, N., and Lee, R. (1995) *Beyond Aviation Human Factors*. Aldershot: Ashgate Publishing Ltd.
49) Reason, J., Free, R., Havard, S., Benson, M., and van Oijen, P. (1994) *Railway Accident Investigation Tool (RAIT): A Step-by-Step Guide for New Users*. Manchester: Department of Psychology, University of Manchester.

【4】 現在のスイスチーズモデル

　現在のモデル（1997年）には、局所的に存在する潜在的な危険性から損失の可能性を分離する何層もの防護がある。図5.5から明らかなように、最新版はついにスイスチーズらしくなっている。各層にはエメンタールチーズのように穴がある。しかし、チーズとは異なり、その穴は絶えず動いており、次々に場所を移動して、開いたり閉じたりしている。穴が"一列に並んだ"ときにのみ、防護の層を通過する事故への道筋ができ、人、資産、環境に損害を与える。これらの穴は即発的エラー（即発的エラー、すなわち不安全行動による穴は、通常、一瞬にして閉じる）と潜在的状況要因によって生じる。後者の潜在的状況要因は、設計者、建設者、管理職、作業員が起こる可能性のある事故のシナリオのすべてを予測できないために生じるものである。これらは即発的エラーによる穴よりも長続きし、有害事象が発生する以前から存在している。

　このモデルでは、2つの重要な変更を行った。第一に、防護層が具体的に示されていない。防護層には、物理的防護、工学的安全特性、ルール、規制、手順などの管理統制、個人的防護装備、そしてパイロット、運転手、当直員といった現場第一線の作業員自身など、さまざまなバリアや安全措置が含まれる。現場第一線の作業員たちは、しばしば防護の最終線を構成することが多い。第

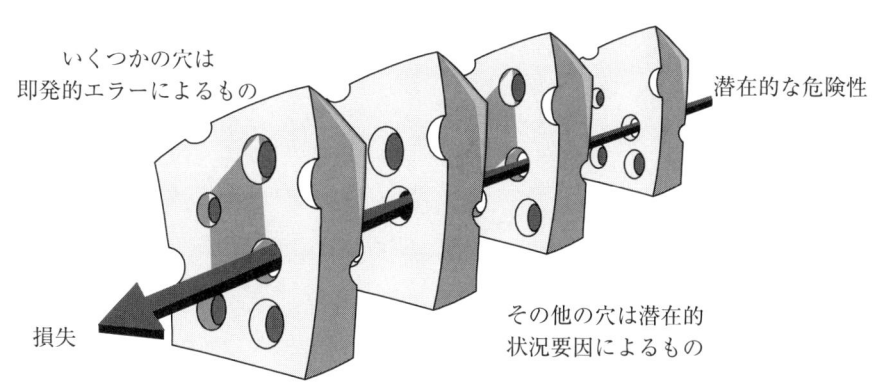

図5.5　スイスチーズモデルの最新版

二の変更点は、"潜在的状況要因"という用語の使用である。潜在的状況要因は原因ではないが、その代わり、原因がその影響を発揮するために必要となる。後の章で、この違いを詳しく述べ、最新モデルの詳細を説明していく。

5.6 パーソンモデルとシステムモデルのバランス

既にパーソンモデルの弱点については詳細に述べたが、その弱点はいずれも「潜在的な危険性として人間を捉える」考え方に関連するものであった。「ヒーローとして人間を捉える」考え方とは、まったく別のものである。これについては本書の**第Ⅲ部**で述べることにしよう。

システムモデルは、一見したところ、寄与要因を理解するという観点からも、また改善のための示唆を得るうえでも、事故の因果関係を検討するために非常に適切な方法であるかのように思える。しかし、システムモデルの極端な立場をとった場合には、数多くの限界がある。米国ボストンの大病院の外科専門医であり、『ニューヨーカー(New Yorker)』誌の科学と医学に関する記事を担当するスタッフライターでもあるアトゥール・ガワンデ(Atul Gawande)のすばらしいエッセイ[50]によって、私は初めてこのことを痛感した。

「医師が誤りを起こすとき」と題したエッセイ[51]のなかで、ガワンデは、米国の麻酔科医が麻酔機器の再設計と標準化、パルスオキシメーター[*8]や二酸化炭素計測器の使用、高性能麻酔シミュレーターを採用した訓練の改善など、さまざまなシステム対策を通じて、有害事象の減少に成功した多くの例を詳述している。10年間で死亡率はかつての12分の1まで低下した。以下に示す非

---

50) アトゥール・ガワンデによる『ニューヨーカー』誌の記事は秀逸な2冊の書籍から収集した。*Complications: A Surgeon's Notes on an Imperfect Science*(New York: Metropolitan Books, 2002) and *Better: A Surgeon's Notes on Performance*(New York: Profile Books, 2007).
51) Gawande(2002), pp. 47-74.
*8 プローブを指先や耳などにつけて、侵襲せずに脈拍数と経皮的動脈血酸素飽和度(SpO_2)をモニタリングする装置

常に多くの意味が込められた一節で彼は議論を結んでいる。

> 「産業界の解決策に限界があることは明白である。しかし、システムと構造を重視することは必要である。私たち個々の行為者にとって命取りになるのは、人間の完全性を信じることを諦めてしまうことである。統計学的には、いつか私が誰かの主胆管(main bile duct)*9 を切断してしまうだろう(筆者注：腹腔鏡下胆嚢摘出術で頻発するエラー)。しかし、胆嚢切除術を行うときはいつも、十分な気持ちと努力によって、その見込みを打ち破ることができると信じている。これは専門家の単なるうぬぼれではない。見事に"最適化された"システムの中でさえ、適切な医療には欠くことができない部分なのである。腹腔鏡下胆嚢摘出術のような手術は、エラーがいかに簡単に起きるのかを私に教えてくれた。しかしまた、何か他のこと、すなわち、努力が重要であり、努力と極めて細部まで注意を払うことがあなたを救う、ということも示してくれた。」[52]

　この一節は、システム対策に頼りすぎることの問題点を提示してくれている。一般に、医療分野やその他の潜在的な危険がともなう分野で働く現場第一線の人々には、システムを急激に変化させたり、何らかの大局的な変化を起こしたりする機会はないが、彼らはいっそうの努力を重ねて問題を解決するのである。特に、医療は医療従事者1人に対して患者が1人以上という関係で提供される。人任せにはできない、非常に個人的な仕事である。個人の資質が重要となる。このように考えなければ、「私に何ができるというのだ。それはシステムの問題だ」と独り言を言って、"学習性無力感"に襲われてしまう。
　また、現場第一線で働く人々のメンタルスキルを訓練することにより、"エラーに関する見識"を高めることができると私は考えている。すなわち彼らが、

---

52) 前掲書、p.73
＊9　あまり一般的ではない呼称であるが、総肝管と総胆管の全体のこと

エラーの生じる可能性の高い環境を発見し、それに応じて行動できるように、状況を"読み解く"ための援助を行うということである。これは、現場第一線で働く個人についての、ポジティブな点を強調した認識であり、「ヒーローとしての人間」の可能性を引き出すことができる。私たちは、このことを個人の注意深さと呼んでいる。すなわち、潜在的な危険性に気づいて、適切に対処するための即応性を備えること、危険を重んじて、その存在に"本能的な警戒心"をもっておくことである。こうした問題については、本書の**第Ⅳ部**で詳細に述べることにする。

第Ⅲ部
事　故

第**6**章　エラーの罠と再発する事故

第**7**章　重大事故の調査

第6章
エラーの罠と再発する事故

　本章のタイトルを構成する2つの言葉、エラーの罠(error trap)、再発する事故(recurrent accident)が意味するところを明確にすることから始めよう。インターネットで"error trap"を検索すると、コンピュータに関連するものが実に多くヒットする。私が前回検索したときには170万件だった。この言葉は、プログラムバグの処理方法を表現するために使われているが、私が求める意味ではない。私、そしてその他のヒューマンファクター関係者にとって、この言葉の意味するところは、同じ種類のエラーを別の人に起こさせる状況のことである。本章の大部分では、エラーしがちな人々、あるいはコーディング時のエラーを見つけるためのソフトウェアではなく、エラーしがちな状況について議論していく。

　同じように、インターネットで"recurrent accident"を検索すると、2つの異なる意味でこの言葉が使われていることに気づくだろう。事故を起こしがちな個人と、同じ事故を繰り返させる状況である。ここでの私の関心は後者である。しかし、個人の事故傾向についても簡単に触れてみたい。

6.1 個人の事故傾向

　変化することのない性格特性のお陰で、不幸になりがちな人々がいるという考え方は、少なくともヨブ記[*1]にまで遡るとともに、多くの人々に信じられ

ている。そのような人々を知っていると、ほとんどの人が思うかもしれない。しかし、個人の事故傾向については、科学的に散々議論された歴史があり、個人をいっそう事故に遭いやすくさせる比較的安定した性格特性があるという考え方は、結局のところ支持されていない。

　論争が比較的少ないのは、特定の状況においても事故の起こしやすさは一様でないという考え方である。リスクに等しく曝されている個々人の事故を数えて、**図6.1**に示すポアソン分布で決められる偶然期待値と比較すると、ほんの少しの個人だけが、"公平な負担"以上に多くの有害事象に遭遇していることがわかる。事故の不平等な分布は、第一次世界大戦中のチョコレート工場で働く女性労働者[1]から、現代でいえば国を代表する航空会社のボーイング747型機のパイロット[2]までの、多くのさまざまな状況で確認されている。"事故傾向"は、会員が入れ替わる倶楽部[*2]のようなものである。

　いくつかの研究で、繰り返される事故と不安定あるいは社会病質的外向性（自己中心、自信過剰、攻撃性、無責任、衝動性、反権力性）、または不安（不安定）内向性（優柔不断、神経質、抑うつ性、集中困難、脅えやすさ、不適格な感覚）との間で弱い関係が見出されたが、事故傾向と性格特性を結びつけようとする試みは、ほとんどの場合うまくいっていない。しかし、性格と事故傾向のつながりは間接的で、他の多数の要因[3]によって影響されていることは明らかである。

　一様でない事故あるいは事故傾向を解釈するために私がよく使う方法は、クラスターを見つけることである。時として、事故のクラスターは、作業場所に

---

1) Greenwood, M., and Woods, H. M. (1919)*A Report on the Incidence of Industrial Accidents With Special Reference to Multiple Accidents*. Industrial Fatigue Research Board Report No. 4. London: Her Majesty's Stationery Office.
2) Savage, J. (1997)'FlightData recording in British Airways.' *Flight Deck*, 23: 26-34.
3) Lawton, R., and Parker, D. (1998)'Individual differences in accident liability: A review and integrative approach.' *Human Factors*, 40(4): 655-671.
*1　旧約聖書中の一書。ヨブがサタンの試みにもかかわらず、神への信仰を堅持する姿を描く。義人がなぜ苦しむかという神義論的問題が扱われている。
*2　数年でメンバーが変わってしまい、在籍年数の分布が一様でないこと

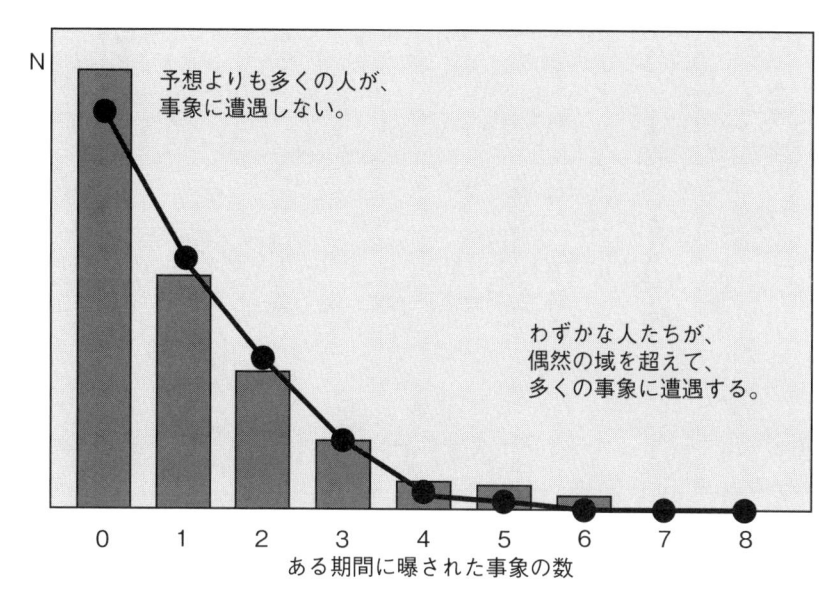

注) カーブは、イベント尤度の偶然期待値を表す(ポアソン分布)。横軸は、集団が被る事故の実数を表す。

図6.1 同一期間、同一の潜在的な危険性に曝された集団での一様でない事故傾向

ある特定条件が関連している。例えば、パイロットのなかには、ある空港の、ある滑走路を苦手とするパイロットがいるかもしれない。あるいは、レベルバスト（管制官に指示された高度を超えてしまうこと）したり、ヘビーランディングしがちなパイロットがいるかもしれない。これらの状況あるいはタスクに関連したクラスターは、再訓練を集中的に行う必要性を示している。

他のクラスターは、タスクや環境には関係せず、むしろ、時間に関係している。すなわち、個人がある種、不運な目に遭い、そしてモーリス・シュルジンガー（Morris Schulzinger）が「事故症候群（accident syndrome）」[4]と呼んでい

---

4) Schulzinger, M. (1956) *The Accident Syndrome: The Genesis of Accidental Injury.* Springfield IL: Charles C Thomas.

る、カウンセリングを必要とするものに影響されていることを示唆している。もちろん、状況に関係しない事故、時間でひと括りにならない事故を起こす人々もいるだろう。冗談だが、私が常々言っているように、こういう人々は、管理者に昇進させるか、直接的な危害を与えることのまったくできないようなポストに異動させるべきである。

1920年代、気質決定型事故多発傾向の考え方の先駆者であったファーマー(Farmer)は、生涯にわたる研究の結果、「事故多発傾向に関する性格はただの一つも存在しない。ヒューマンエラーの特定のタイプに性格特性を関連づけようとする試みによってのみ、研究は進展するだろう」と結論づけている[5]。

1980年代、オックスフォード大学とマンチェスター大学の別々の研究グループが、自己報告質問紙を使って、うっかりした行為のスリップと記憶のラプスの個人差を検討した[6]。概して、これらの質問紙には、広範ではあるが些細なスリップとラプスが記載されており、回答者は日常的な生活のなかで、特定のエラーがどの程度の頻度で生じるかを順序尺度で答えている。

質問紙調査の様式と、その様式を配布された人々のタイプは、2つの研究で異なるものの、さまざまな検討から得られた結果は、驚くほどに一致していた。この種の心理学研究ではまさに驚きである。主な知見をまとめると次のようになる。

- うっかりミスの傾向は、実にさまざまである。彼ら自身が、自分をどのように見せようとしているかという単純な問題ではないことは明らかである。彼らの自己評価と、彼らの配偶者の評価は一致している。さらに、このうっかりミスに関する特徴は、少なくとも16カ月、あるいはそれ

---

5) Farmer, E. (1984)'Personality factors in aviation.' *International Journal of Aviation Safety*, 2: 175-179. 脚注3のLawton & Parker(1998)で引用されていた。
6) この研究は、次の文献に詳細に述べられている。Reason, J. (1993)'Self-report questionnaires in cognitive psychology: Have they delivered the goods?' In A. Baddeley and L. Weiskrantz(eds)*Attention: Selection, Awareness, and Control*. Oxford: Clarendon Press(pp. 406-423).

以上の間、ずっと続いており、個人の特性であることが示されている。
- 些細な認知上の失敗傾向は、記憶、行動などの限定された分野のものではなく、広範な心の活動全体にわたっている。すなわち、記憶のラプスが平均よりも多いと自覚する人々は、注意や知覚の失敗から起きるエラーについても、比較的多い。また逆もそうである。したがって、普遍的な心の制御プロセス——それはおそらく、限りある注意資源であろう——の特徴的な使い方によって、うっかりミスの傾向が決まるのであろう。この注意資源が、認知システムのさまざまな機能を比較的独立して動かしている。
- オックスフォードの研究グループは、エラー傾向のある人は、ストレスに脆弱であるという暫定的な結果を示した。すなわち、些細なスリップやラプスをあまり起こさない人々に比べて、よく起こす人には、すぐに軽症の精神医学的兆候、すなわち精神構造上のごく小さな亀裂が存在するようである。これは、エラーそのものに対して何かをするべきということではなく、むしろ、些細な認知上の失敗の割合の高さは、注意資源の使い方の慢性的な非効率さを意味しているのかもしれない。そしてそれは、ストレスのかかる状況でたいへん顕著になる。

しかし、今までのところ、うっかりしたスリップやラプスに関するこれらの著しい個人差が、事故傾向に直接関係することを示唆する決定的な証拠はない。最も高い相関が見られたのは、年齢である。逆説的にいえば、うっかりミス傾向に関する自己報告は、年齢とともに著しく減少している。おそらく、円熟した人々は、"年齢を感じる瞬間"を自覚し、そしてうっかりミスを減らすために、日記、リスト、ハンカチを結びつけるなどの物忘れ対策を、大いに活用しているためである。あるいは、年をとるにつれて、うっかりミスで起きた出来事自体を忘れやすくなっているのかもしれない。しかし、私はそう思わない。私自身のうっかりミスから起きた気まずい出来事が、私の記憶のなかに実に鮮明に残っているからである。

6.2 日常のエラーの罠

わが家には、4つのフロアに洗面台と流しが合わせて8つある。そのうちの7つは、右に水の蛇口、左にお湯の蛇口というヨーロッパ流の造りになっている。しかし、最も頻繁に使う私のバスルームでは、逆の造りになっている。そのバスルームを使うときには、何の問題もない。エラーが起きるのは、他の洗面台や流しを使うときである。お湯の蛇口から冷たい飲み水を汲もうとしたことは、数え切れない。これは負の転移[*3]の例であり、すべてのエラー形成要因のなかで最も影響力が強い要因の一つである。

負の転移の例をもう一つ示そう。大部分のヨーロッパの自動車は、方向指示器とヘッドライトのスイッチは、ハンドルの左にあり、ワイパーのスイッチは右にある。日本車の場合は、これらは逆の位置にある。自動車を乗り換えたとき、方向指示器のつもりで、ワイパーを動かしてしまった、またその逆のことをしてしまった経験があるだろう。

定常化した一連の行為や頻繁に使用するものの位置の変更は、もう一つの強力なエラー形成要因である。私はダイエットのために、夕食時のワインはグラス1杯と決めた。しかし、私の手は、無意識のうちに伸びて、2杯目（もしくは3杯目）を注いでいる。

数年前、妻と私は、しっかり身についた習慣の強さをテストする実験を行うことにした。食卓用のナイフ、フォーク類の引き出しの位置を、すぐ左隣に換えたのである。3カ月後、毎回ではないものの、私たちはまだナイフやフォークを間違った引き出し、つまり元の引き出しから取り出そうとしていた。これらのうっかりしたスリップは、ほとんどの場合、習慣づいた行為を切り替えるために意識しなければならないにもかかわらず、"注意が奪われた"ときに起

[*3] 先の学習、つまり頻繁に使うバスルームでの学習が、後の学習、すなわちその他の洗面台、流しでの蛇口の操作を妨害するように働くこと

きていた。

　病院での薬の誤投与の再発原因は、同じ施設で使用される輸液ポンプやシリンジポンプのタイプが実に多いことにある。広く使われているもののなかには、mm／時間で設定するものもあれば、mm／日のものもある。注意が散漫する環境で忙しく働く医療従事者に、薬剤の間違った投与をさせようと、まさに文字どおり"セットアップ"され、そして時に悲劇的な結果をもたらすのである。

　簡単な卓上コピー機をイメージしてほしい。これは、ほとんど抵抗できないエラーの罠である。数十ページの書類をコピーするとしよう。最もありがちなエラーは何だろうか。それは、原稿の最後のページをカバーがされたコピー機のガラス面の上に残したまま、出来上がったコピーを持ってその場を立ち去ることである。タスクに関連する4つのエラー形成要因のために、このオミッションはほとんど避けられないものになっている。

① **終了間際**：定常的なタスクの終わりに近いステップでは、気持ちが次の仕事に移っているため、オミッションが起きやすい。
② **きっかけの欠如**：原稿をコピー機のガラス面に置くことがきっかけになって、前ページの原稿を取り除く。しかし、最後のページは、このきっかけがない。
③ **タスクが完了する前に達成される目標**：タスクの目的は、コピーをとることである。完成したコピーは、紙受けトレイの上にある。
④ **見えないものは忘れられる**：原稿の最後のページは、カバーの下に隠れている。

　別の種類のエラーの罠は、プライミング効果によってつくられる。以下の例は、大部分が同じ音である答えを強いる連続した質問が、罠になっている（**第3章参照**）。

　　●どんぐりは何の木になる？　　　　　　オーク（oak）

- 愉快な話を何という？　　　　　　ジョーク（joke）
- 焚き火から立ち上るものは？　　　スモーク（smoke）
- マントの別名は？　　　　　　　　クローク（cloak）
- 蛙の鳴き声は？　　　　　　　　　クローク（croak）
- 卵の白い部分は？　　　　　　　　……

投げかけた質問に急いで答えさせると、回答者の大部分は、最後の質問に対して「ヨーク（yolk：卵黄）」と答える。この回答は間違いである。いくつかの要因が重なって、このエラーを引き起こしている。正しい答え「アルブミン（albumin）」は、大部分の人々にとって、語彙のなかにはあまりない単語である。もう一つの正しい答えの「ホワイト（white）」は、既に質問のなかに使われており、質問のなかで使われている単語を答えることはあまりしない。最後に、「ヨーク（yolk）」を答える可能性は、その前までに答えた「……オーク」の数に依存する。多ければ多いほど、エラーを犯す確率が高くなる。

6.3　事故の再発パターン

事故報告書の検討に時間を費やす人々にとっては、「またか！」というリアクションはおなじみのことであろう。多くのさまざまな領域で起きる事故には、再発パターンが存在するようである。多くの別々の人が関係して、同じタイプの事故が起き続けるのである。すなわち、原因の重要な特徴から、システム全体としての性質とともに、タスク、作業環境という現場の要因が関係しているに違いない。さまざまな技術分野から引用した例を見てみよう。

【1】鉄　　道

L. T. C. ロルト（L. T. C Rolt）のすばらしい著書 *Red for Danger* の次の一節から、エラーの罠と事故の再発パターンへの私の興味が湧き上がった。

「過去60年間で、重大な事故を引き起こした誤りは、信号所の近くに列車を停車させていることを、特に夜、忘れてしまう信号係の誤りである。それは、信号係が出す停止信号に従って一時停止している列車かもしれない。あるいは、後続の高速列車が通過するまで待機させるために、信号係が間違った線路に誘導した列車かもしれない。」[7]

このタイプのエラーの悲惨な事例は、1915年、英国スコットランドのカーライル（Carlisle）—グラスゴー（Glasgow）線のグレトナ・グリーン（Gretna Green）の北、クインティンスヒル（Quintinshill）で起きた。これは、英国における最悪の鉄道事故で、226人が死亡、その大部分は西部戦線へ向かう兵士だった。

興味深いことに、信号係が忘れた列車は、事故のとき、信号所のそばに停車していた普通旅客列車で、彼が当直に就くためにグレトナ・グリーンから乗車していた列車である。前任の信号係は、線路が停止列車でふさがれているときに通常行っている信号機レバーへのリマインダーカラー[*4]の設置も忘れていた。信号所に着いたばかりの信号係は、上り（南行き）列車に青信号を出した。2分後、その列車は、停車中の列車にものすごい勢いで衝突し、兵士を乗せた木製の客車は炎に包まれた。さらにその数十秒後、北行きのスコットランド急行（Scottish Express）の列車が残骸に衝突した。

私は第3章で、停止現示信号冒進について述べたが、ここでもう一度この話題に戻ろう。停止現示信号冒進とは、列車が割り当てられた信号区間以外を許可なく走行することである。多くの場合、区間は線路脇の赤信号で指示されている。1990年、英国ダービー（Derby）の英国国鉄（British Rail）の研究者[8]は、

---

7) Rolt, L, T. C. (1978) *Red for Danger*, London: Pan Books (p. 194).
8) BR Research (1990) *An Analysis of Signals-passed-at-danger, 1986–1989*. Derby: BR Research Report.
＊4　カラフルな円筒状のもので、操作レバーやスイッチに覆い被せるように置く。これによって、操作禁止であることなどの注意喚起を図る。

1986〜1989年に、英国国鉄網で起きた停止現示信号冒進の詳細分析を実施した。その結果、次のことが明らかになった。

- 予想されるよりはるかに多く停止現示信号冒進が発生していた。
- 英国国鉄の 36,000 の信号機の 93 パーセントでは、停止現示信号冒進はなかった。
- 信号機の 1 パーセントに、停止現示信号冒進の 30 パーセントが集中していた。
- 信号機の 0.3 パーセントに、停止現示信号冒進の 15 パーセントが集中していた。

結論は明らかである。ほかよりも"停止現示信号冒進傾向"の強い信号機が存在している。いくつかの信号については、特にそうである。信号機の特徴が、ほかよりも停止現示信号冒進を誘発しやすくしているのである。これらには、場所、取付け、視認性、一つの信号機で表示する信号の数、信号の動作頻度がある。要するに、ある信号機がエラーを再発させる罠となっている。1913年以来、赤信号を許可なく通過したために起きた事故が、少なくとも世界中で16件ある。これらのなかには、1997年のサウスオール鉄道事故(The Southall rail crash)[*5]、その2年後に類似した現場で起きたラドブローク・グローブ鉄道事故(The Ladbroke Grove rail crash)[*6]がある。

【2】航　　空

地表衝突事故(Controlled Flight Into Terrain：CFIT)[*7]は、機長らが地表

[*5]　1997年、ロンドン西部のサウスオールで起きた事故。死者7名、負傷者139名

[*6]　1999年、ロンドンのラドグローブで起きた事故。死者31名、負傷者520名以上。パディントン列車事故として知られている。

[*7]　パイロットのコントロール下にあり、機体に何の異常もない飛行機が地表に衝突する航空機事故

への近接に関する状況認識を失ったときに起きる。世界中の民間航空の死亡事故の約74パーセントは、地表衝突事故である。航空安全財団(Flight Safety Foundation)[9]の研究で、次のような再発の特徴が明らかになった。

- 地表衝突事故の半数以上は、比較的急角度で段階的に降下するステップダウン計器侵入方式のとき、あるいは1度以下の異常にゆるい角度で進入するときに起きる。
- 地表衝突事故の約半数は、貨物便、チャーター便、あるいはフェリーフライト*8が起こしている。
- 地表衝突事故の約半数は、全世界の3パーセント以下の航空会社で起きている。この3パーセントには、対地接近警報装置が装備されていない。ちなみに、社用機、ビジネス機の運航会社のうち対地接近警報装置が装備されているのは30パーセント以下である。
- 政府と民間が作成するチャートの重大な違いとともに、不適切なチャートが、多くの地表衝突事故の重要な原因と考えられている。

【3】原子力発電

米国の原子力発電協会(INPO)[10]と日本の電力中央研究所[11]の調査によると、原子力発電所のヒューマンファクター問題の70パーセント以上が、メンテナンス(保守)に関連している。これらの大多数は、設置あるいは再組立時の必要

---

9) BASI(1995)*Israel Aircraft Industries Westwind 1124 VH-AJS Alice Springs Northern Territory, 27 April 1995*. Investigation Report No. 9501246. Canberra, ACT: Bureau of Air Safety Investigation を参照
10) INPO(1984)*An Analysis of Root Causes in 1983 Significant Event Reports*. INPO 84-027. Atlanta, GA: Institute of Nuclear Power Operations. INPO(1985)*An Analysis of Root Causes in 1983 and 1984 Significant Event Reports*. INPO 85-027. Atlanta, GA: Institute of Nuclear Power Operations.
11) Takano, K. (1996)Personal communication を参照
*8 機体整備や機材繰りなどのため、有償旅客、有償貨物なしで航空機をある地点からある地点へ移動させること。回送運航、回送便

なステップのオミッションであった。類似するエラーの再発パターンが、航空機の整備でも観察された[12]。航空機の整備士から提出される重要インシデント報告の分析で、アラン・ホッブス(Alan Hobbs)[13]は、オミッションが唯一最大のエラーカテゴリーであることを見出した。オミッションやその他のエラーにつながる最も共通する現場の要因は、例えば、壊れたスタンドや故障している電気機器などの不適切な工具や装置、プレッシャーの知覚あるいは焦り、悪天候、暗さ、そして滑りやすい作業台などの環境条件であった。航空機の地上での損傷インシデントの研究で、ウエンナー(Wenner)とドルリ(Drury)[14]は、粗末な機器、作業遂行に適切な人数の作業員を使っていないという、類似したエラー形成要因を見出した。

別のタイプの再発する事象に、加圧水型原子力発電所(PWR)のミッドループ運転時の残留熱除去機能*9 の喪失がある。メンテナンス(保守)と燃料交換のとき、PWR ではホットレグ*10 が半分ぐらい隠れる程度に、原子炉の水位を低下させる。この状況では、崩壊熱の除去は、残留熱除去装置(Residual Heat Removal：RHR)をとおして行われている。すなわち、炉心をとおった高温の一次冷却水は、ホットレグをとおって RHR ポンプ、RHR 熱交換器に流れ、コールドレグ*11 を通じて原子炉内へと戻る。このとき、望ましい水位に調整する際の小さなエラーで、ホットレグ以下に水位が下がり、その結果、残留熱除去装置への高温の一次冷却水の移送が途絶えてしまう。1980〜1996 年の間に、このような事象が米国で 20 件あった。この種の事象は米国原子力産

---

12) Reason, J. (1995) *Comprehensive Error Management in Aircraft Engineering: A Manager's Guide*. London Heathrow: British Airways Engineering.
13) Hobbs, A. (1997) *Human Factors in Airline Maintenance: A Study of Incident Reports*. Canberra, ACT: Bureau of Air Safety Investigation.
14) Wenner, C., and Drury, C. G. (1996)'Active and latent failures in aircraft ground damage incidents.' *Proceedings of the Human Factors and Ergonomics Society 40th Annual Meeting* (pp. 796-801). San Diego, CA: Human Factors and Ergonomics Society.
 ＊9　原子炉が停止した後に、炉心より発生する崩壊熱および残留熱を除去・冷却する機能
 ＊10　原子炉内部の高温の一次冷却材を原子炉外部に引き出す配管
 ＊11　原子炉内部へ低い温度の一次冷却材を送り込む配管

業界に幅広く周知され、対策も十分に知られていたにもかかわらず、同じタイプの事象が発生し続けたのである[15]。

私は、1993年、米国原子力規制委員会(US Nuclear Regulatory Commission:NRC)から、米国の商業用原子力発電所で発生した24件の重要事象のヒューマンファクター分析[16]のレビューを依頼された。これらの分析によると、特定の組織の弱さが、あるプラント状態でいっそう明白になりやすく、実際にプラント作業員の起こしやすそうな種類の不安全行動が次々に起きていた。興味深いことに、これらの不安全行動は、低出力・停止中、すなわち、原子炉が未臨界状態、あるいは最大出力の10～15パーセント出力の状態で表面化する。そのような状態は、原子炉が100パーセント出力、あるいはそれに近い出力で運転されている時間に比べればごく一部であるという意味で不規則な状態であるが、プラントとしては異常な状態ではない。それらは、メンテナンス(保守)あるいは燃料交換のように、原子力発電所の運用において必要かつ計画的な部分である。

- プラントあるいは技術が"ルールのないところで"運用されている。
- 物理的制約条件がよく理解されていない。
- 事象の真の性質を示す有益な兆候を、作業員は信じようとしない。

これらの3つの要因は、結果的にあまりうまくいかなかったリカバリーの多くでも、繰り返し見られた。作業員は、手順書が不適切、あるいは役に立たないために、"即興で"対応することを強いられた。その結果、彼らは十分に理解していない状況で、臨機応変に対応しなければならなかった。そして、似た

---

15) CSNI Technical Opinion Papers. No. 3. (2003) *Recurrent Events*. Paris: Nuclear Energy Organization for Economic Co-operation and Development.
16) NUREG/CR-6093(1994) *An Analysis of Operational Experience During Low Power and Shutdown and a Plan for Addressing Human Reliability Assessment Issues*. Rockville, MD: US Nuclear Regulatory Commission.

ような他の場合と同じように、彼らは、確証バイアス、すなわち固着エラーに苦しめられ、現在の認識と食い違う兆候を再認識することができなかった。したがって、ミステイク（計画や問題解決の失敗）は、低出力・停止中の事象で圧倒的に多いエラーであるといえる。さらに低出力・停止中の事象においては、オミッションエラー（必要な行為の実施忘れ）よりも、コミッションエラー（プラントをより不安全な状態にしてしまう行為の実行）のほうが、はるかに共通的に起きるエラーである。

　これらの知見から、組織の意思決定者からプラント状態を介して作業員のエラーへとつながる一連の定性的な関連性の輪郭を描くことができる。低出力・停止状態は予想される状況ではあるが、プラントの管理者は、この状況で起きる事象に対して比較的準備が悪い。その結果、作業員には状況を想定した訓練が不足して、関係する緊急手順書も整備されていない傾向があった。さらには、このときには発電所内には非常に多くの人間が働いているにもかかわらず、計画が十分検討されていないことが多い。作業員らは、リカバリー方法を臨機応変につくらなければならず、しかし、これらの試みが誤りであることがしばしばであり、圧倒的な量のコミッションエラーが発生する。さらに、低出力・停止状態とそれに関連した事象では、非常に多くの直接的な操作が作業員に求められる。そのため、工学的安全特性がリカバリープロセスを支配する100パーセント出力状態では比較的稀なコミッションエラーの機会がいっそう高まるのである[17]。

【4】海上輸送

　オーストラリア海難事故調査隊（Marine Incident Investigation Unit）[18]が、1991～1995年に起きたオーストラリア領海での海難事故をレビューし、全体

---

17) Reason, J. (1995)'A systems approach to organizational error.' *Ergonomics*, 38: 1708-1721.
18) MIIU(1996)*Marine Incident Investigation Unit 1991-1995*. Canberra, ACT: Department of Transport and Regional Development.

の60パーセントを占める座礁と海上衝突について、それぞれの再発原因のパターンを明らかにした。座礁の76パーセントは、グレートバリアリーフ（トーレス海峡（Torres Straits））の内洋側ルート、あるいはポートリミット[*12]付近かその内側で起きていた。そのうちの33パーセントでは、水先案内人がブリッジで誘導指示を出しており、水先案内人が起こした事故といえる。水先案内人が乗船していない場合、36パーセントが午前0時から午前4時の間に起きていた。一方、海上衝突の83パーセントは、大型貿易船と小型漁船かヨットの衝突であった。衝突の多くは、関係するすべての船舶で適切な見張りが行われていなかったこと、小型船舶操縦士の国際海上衝突予防規則（International Collision Regulations）に関する知識が不十分であったことが背景にあった。

【5】医　　療

潜在的な危険性を有するシステムのなかで医療ほど、マーフィーの法則が悲しいほど当てはまる分野はない。もし、何かがうまくいかないと、必ず良くない結果になる。マーフィーの法則からいえる次の3つで、医療分野で再発する致命的な事象のほとんどを説明できる。

① もし投薬ルートが2つあれば、違うルートから誤って投薬する場合がある。
② 腹腔鏡手術で2本の管が非常によく似ていれば、違う管を誤って切ってしまう場合がある。
③ 人間の身体は概ね対称であるために、間違った臓器や四肢を切ってしまう場合がある。

ほかにもマーフィーの法則からいえることがあるが、繰り返し発生し、極めて重大なダメージを与えるエラーを引き起こすことから、これら3つを選択し

[*12] 港の境界線。日本ではハーバーリミットが使われる。

た。それぞれ順に見ていくことにしよう。

(a) **ルート間違い**

　繰り返すが、投薬の間違い方は数々あるが、多くの国で何回も起きているエラーに、白血病とリンパ腫の治療に使われる神経毒性薬ビンクリスチンに関するエラーがある。この薬は、静脈投与しなければならない薬だが、50例以上において、脊髄内に投与された。このエラーで、90パーセント近くの患者が死亡した。また死亡を免れた患者においても、神経組織の損傷のために、通常は生涯、後遺症が残る。成人も子供もリスクに曝されている。

　最も頻発するエラーはビンクリスチンを、例えばメトトレキサート[*13]などの脊髄内への注射薬と間違えるエラーである。その結果、他の薬の代わりに、あるいは他の薬と一緒に、脊髄内に投与される。これらのインシデントには、いくつもの共通する要因がある。

- **同時**：ビンクリスチン静脈投与の処方を、同じ日、そしてしばしば同じ時刻に脊髄内に投与する他の薬と一緒に行う。病院は脊髄投与の危険を十分に把握しており、治療計画を作成する際は、静脈投与と脊髄投与の薬を別の日に行い、さらに別々のパッケージで保管することになっている。しかし、これらの防護は、私が名づけた"思いやりの致命的集中"によって時として破壊されることがある。外来患者のなかにはきちんと治療に来ない患者がおり、特に青年期の男子がそうである。外来看護師は、彼らを最適な時間に治療に来させることはほとんど無理であり、二度の来院を求めるやり方は現実的でないことを認識している。そこで、看護師と薬剤師は"共謀"して、静脈投与薬と脊髄投与薬の双方を同じ日に投与できるようにし、さらには同じパッケージに準備することもある[19]。

[*13] 注射薬の抗がん剤。錠剤もある。

- **同じ場所**：脊髄投与が必要な薬と静注薬ビンクリスチンが、同じ場所へ運ばれ、そこで、保管・管理されている。
- **不適切なチェック**：投与直前に保管場所(病棟の冷蔵庫)から薬を選ぶとき、薬のラベルを治療指示箋と必ずしも見比べていない。
- **不十分な知識**：知識や経験の少ない若いスタッフが、しばしば化学療法の管理を担当させられる。専門研修医(senior house officer)[*14]や高度専門研修医(specialist registrar)[*15]でさえも、静注薬ビンクリスチンの危険性を必ずしも理解しているわけではない。若いスタッフが、安全措置が壊れている、あるいは壊れかけているシステムのなかの最後の砦になっている。この静注薬ビンクリスチンの件がきっかけとなって、私は、人々にリスクの高い状況をより一段と認識させるメンタルスキルトレーニングの開発を始めた(**脚注19参照**)。

(b) 管間違い

肝臓の下にあり、胆汁を溜めている柔らかい袋状の胆嚢の内部にしばしば胆石ができることから、胆嚢切除が行われる。12年前までの胆嚢切除術では腹部を6インチ切開するため、患者は1週間、入院しなければならなかった。しかし今日では、腹腔鏡手術の到来によって、小型カメラと必要な器具をとおすだけのわずかな穴を開けるだけで済む。切除はテレビモニターを見ながら行われ、日帰り手術として行われることもある。この手術は、腹腔鏡下胆嚢摘出術もしくは「ラップ・コーレ(lap chole)」といわれている。

しかし繰り返される問題がある。経験を積んだ外科医でもラップ・コーレ200症例に1度の割合で、主胆管(main bile duct)[*16]を切ってしまうのである。

---

19) Toft, B. (2001) *External Inquiry into the Adverse Incident that Occurred at Queen's Medical Centre, Nottingham, 4th January 2001*. London: Department of Health. Reason, J. (2004) 'Beyond the organizational accident: the need for "error wisdom" on the frontline.' *Quality and Safety in Health Care*, 13: ii28-ii33 も参照

*14 英国の医療制度において、ある専門性を習得するために基礎訓練を受ける医師
*15 同じく、ある専門性を習得するために、さらに高度な訓練を受ける医師

外科医のアトゥール・ガワンデ(Atul Gawande)は、次のように述べている。

> 「けれども、一つの不気味な危険が存在している。胆嚢管は、脂肪を分解するために腸へ胆汁を送る肝臓の唯一の導管からの分岐である。もしこの主胆管を誤って切ってしまうと、胆汁があふれ出し肝臓を破壊し始める。これが起きた患者の10～20パーセントが死亡するだろう。死亡を免れた人においても、肝臓にしばしば障害が残り、肝臓移植の必要が出てくることもある。」[20]

ローレンス・ウェイ(Lawrence Way)博士らが行った252件の腹腔鏡下胆摘時胆管損傷事故の分析から、97パーセントの事例でのエラーの主な原因は、やむにやまれない錯覚であったことが明らかになった。錯覚について、次のように述べられている。

> 「(筆者注：ビデオテープを見ると)切開を始めたときに、胆嚢の上に置いてある牽引器具のために、総胆管が目立って見えた。胆嚢管は部分的、あるいは完全に視界から消えていた。この状況のために、あたかも総胆管が、胆嚢の根元に直接つながっているかのように見えた。言い換えれば、目で見える総胆管と胆嚢の位置関係が、胆嚢管と胆嚢の関係についての外科医のメンタルモデルによく似ていたのである。」[21]

胆管損傷事故は、ラップ・コーレ以前にも起きていたが、比較的稀ではあった。腹腔鏡下という環境に関する何かが、このやむにやまれぬ知覚ミスを外科

---

20) Gawande, A. (2002) *Complications [A Surgeon's Notes on an Imperfect Science]*. New York: Metropolitan Books, (p. 71).
21) Way, L. W. *et al.* (2003) 'Causes and prevention of laparoscopic bile duct injuries.' *Annals of Surgery*, 237: 460-469; p. 464.
*16 あまり一般的ではない呼称であるが、総肝管と総胆管の全体のこと

医に経験させている。視界の制約、立体的知覚の欠如などの多くの要因が影響しているかもしれない。しかし、ウェイらは、触覚にもとづいた知覚の欠如が最も可能性の高い要因であると考えている。もし、人が何かを不意に触れれば、それは受動的接触となる。人がものを手で細かく調べると、それが能動的接触となる。ラップ・コーレ以前では、もし結合組織で隠れていても、胆嚢の表面を手で感じ、そして目で見ることができるのである。

視覚による認知は、ヒューリスティック[*17]プロセスで形成される仮説と関連している。ヒューリスティックは、複雑な世界を単純化するために必要である。ほとんどの場合はうまく機能するが、エラーを引き起こすこともある。**図6.2**のカニッツァ（Kanizsa）の三角形がその例である。ほとんどの人には、図の中央に白い三角形の幻影が見えるだろう。3つの黒い物体の形は、白い三角形に邪魔されているためであると、脳が勝手に仮定している。この処理は自動的であり、実際に三角形はないとわかっていても、この処理は変わらない。

図6.2　カニッツァの三角形

[*17] 複雑な問題を解くために、暗黙のうちに用いている簡便な解法や法則

外科医が2次元のモニター上で胆嚢と周辺組織の映像を見るとき、彼らの脳は無意識のうちに、長期記憶のなかにある胆道系のメンタルモデルにマッチするパターンを探す。しかし、これらは"曖昧で"不明瞭な映像である。ものの境界は血液や結合細胞ではっきりしない。無意識のプロセスであるために、これらの識別では内観分析[*18]が行われない。有力な矛盾を示す兆候が見つかっても、これらは確証バイアスによって排除、あるいは無視されがちで、外科医は胆嚢管を同定できたと信じてしまう。

このようなエラーは、避けられないのか。ウェイらは、いくら追加訓練をしても解決手段になる可能性は低いと考えている。順応性が高く、そして多くの場合役に立っていて、生まれながらにもっているヒューリスティックとバイアスは、排除できない。彼らは解剖学の正しさを検証するための技術、特に術中術後胆管造影法などのような映像技術を信じている。

しかし、ガワンデは違う見解を示している。

「統計学的には、いつか私が誰かの主胆管を切断してしまうだろう。しかし、胆嚢切除術を行うときはいつも、十分な気持ちと努力によって、その見込みを打ち破ることができると信じている。〈中略〉腹腔鏡下胆嚢摘出術のような手術は、エラーがいかに簡単に起きるのかを私に教えてくれた。しかしまた、何かほかのこと、すなわち、努力が重要であり、努力と極めて細部まで注意を払うことがあなたを救う、ということもまた示してくれた。」[22]

---

22) Gawande(2002), p. 73. この一節を以前引用している。しかし、再度引用することを弁解しない。なぜなら、いっそうの努力をすることが答えのすべてであるということについて、私は必ずしも同意しないが、私の考え方と本書の構成に莫大なインパクトを与えたからである。

[*18] 問題解決場面での認知主体者の認知的処理、変容過程を推測する分析

(c) 部位間違い

　患者の身体の部位を間違えた手術は、英国内で 2003〜2006 年の間に 5 割、増加した。2003〜2004 年会計年度では、国民医療サービス訴訟局(National Health Service Litigation Authority)が処理した損害賠償請求は、27 件だった。翌会計年度では、35 件に増加し、2005〜2006 年度では 40 件となった。これらの請求の解決費用は、2003〜2004 年度の 44 万 7694 ポンドから、2004〜2005 年度の 66 万 3145 ポンドに増加し、2005〜2006 年度では 100 万ポンドを超えた。請求の 3 分の 1 は、治療すべき歯の間違いであったが、なかには股関節、膝、脚の手術部位間違いもあった[23]。

　サリー・ジャイルズ(Sally Giles)博士ら[24]は、部位間違い手術の経験と現在のマーキング[*19]の実施について、英国の 38 人の専門医を対象に調査を行った。彼らの専門は、眼科、整形外科、泌尿器科であった。ほとんどの専門医に部位間違いの手術経験があったが、根元的な原因の明確なパターンはなかった。手術部位へのマーキングはかなりさまざまであった。整形外科医は手術前にきちんとマーキングをしていたが、泌尿器科医、眼科医のなかにはマーキングを行っていない者もいた。マーキングの場所については、病院として正式な方針が存在しないようであった。

　国立科学アカデミー医学研究所(IOM)と医療機関認定合同委員会(Joint Commission on Accreditation of Health Care Organization：JCAHO)による 8 年にわたる患者安全の継続的な努力にもかかわらず[25]、米国においても手術部位間違いの発生率増加が見られる。2005 年、部位間違いあるいは患者間違いに関する 84 件の事象が、米国の医療機関から JCAHO に報告された。しかし、実際の件数は、これよりもはるかに多いと思われる。

---

23)　BBC News 24, 3 October 2006, 10:11 GMT.
24)　Giles, S. J. *et al* (2006)'Experience of wrong site surgery and surgical marking practices among clinicians in the UK.' *Quality and Safety in Health Care*, 15: 363-368.
25)　Davis, R. (2006)' "Wrong Site" surgeries on the rise.' *USA Today*, 17 April.
＊19　手術部位の左右間違いなどを避けるために、患者の身体につける目印

JCAHOは、患者、手術手順、必要な機材のすべてがあることを確認するために、医療従事者に手術室内での「タイムアウト」[*20]を求めている。

最近の研究によると、この問題は、以前の予想の20倍も起きている可能性があり、米国で年間1,300～2,700件の手術部位間違いが発生していると推定されている[26]。報告された事例のなかには、唯一機能していた腎臓を摘出されたケースや、包皮手術を受ける予定の脳卒中後遺症者の精巣が摘出された事例もある。

6.4 再発シナリオの要素

事故再発のどのシナリオにおいても、少なくとも3つの要素が存在していると考えられる。

① **普遍的特性**：普遍的特性とは、特定の活動分野に関連して常に存在する潜在的な危険性である。海上輸送の世界では、例えば、岩、浅瀬、海流と波、そして他の船舶の存在が普遍的特性になる。また、航空の分野では、引力、天候と地表が普遍的特性である。これら普遍的特性との予定外の接触が、実際の損害をもたらす。

② **局所的罠**：これらは、タスクあるいは作業場所の特徴であり、人間のエラーや違反の傾向とあいまって、人々を不安全行動あるいは適切とはいえない振る舞いの再発パターンへと誘い込む。このような罠は、ある特定の作業状況の、なかなかなくならない特徴のようである。局所的罠は、"蛇と梯子ゲーム[*21]"のゲーム盤に描かれた蛇のようである。もし、

---

26) Seiden, S. C., and Barach, P. (2006) *Archives of Surgery*, 141 (September): 931-9.
*20 手術室内のすべての医療従事者がいっせいに手を止め、確認すること
*21 西洋版の双六。サイコロを振って進むルート上に、蛇と梯子の絵が複数、描かれている。蛇の頭のマスに止まれば、尻尾の先のマスまで戻り、梯子のマスに止まれば、梯子の先のマスまで進む。

蛇の頭の描かれたマスにきたら、容赦なく蛇の尻尾の先のマスまで戻される。これを現実の世界に当てはめると、潜在的な危険性を有する作業場所での"蛇"には、蛇の頭の周りに周囲のものを引き込む領域があって、浅はかな行為を顕在化させる力をもっている。一方の蛇の尻尾は、受け入れがたい危険領域につながっている。これらの"蛇"の重要な特徴は、誰であるかに関係なく、人々を一連の不安全行動に誘い込む力をもっていることである。これらの罠に抵抗することは、明らかに可能であるが、これらの罠には、人々を危険に誘い込む、特別かつ不変の能力が備わっている。

③ **推進力**：フロイト(Freud)[27]ほど、人を誤った行動に追いやる力、すなわち推進力に関心をもった心理学者はほかにいない。言い間違いのメカニズムを議論するなかで、彼は、次の非常に的確な所見を述べている。

> 「音価*22、単語間の類似度、ある単語どうしを結ぶ共通連想の影響も、重要であると認識しなければならない。それらが、言い間違いを引き起こしており、また間違い方も決めている。しかし、私の前に道があるからといって、必ずしも、その道に沿って進むだろうか。私の選択を決定する動機、さらには、私を前に推し進める何かの力もまた、私には必要である。」

非常によく似た議論が、潜在的な危険性を有するシステムでの局所的罠に当てはまる。常にではないが、人が繰り返し罠に陥る理由を、局所的罠の存在だけで説明することは不十分である。局所的罠は必要であるが、再発する事故の原因の一部にすぎない。十分に説明するためには、人々を前に、そして油断のならない道筋に沿って進めさせる何かが必要である。ここで考えるべき論点は、

---

27) Freud, S. (1922) *Introductory Lectures on Psychoanalysis*. London: George Allen, (p. 36).
*22 音の長さ

潜在的な危険性を有するシステムにおけるこの推進力は、組織の文化力(Cultural drivers)、つまり安全文化の欠如に由来している、ということである。

6.5 文化力

　徹底的な事故分析をとおして明らかになったことは、安全目標と生産目標の間に、少なくとも短期間は存在する、避けがたい矛盾をしっかりと解決していないことが、局所的罠に人を陥らせる最も強い力になっているということである。安全目標と生産目標の2つの目標追求の間のどこか絶妙なところに、居場所を見出さなければならない。安全目標の追求に偏ってもいけない。安全だけを生業にした組織はないからである。どの会社も、ALARPの原則(keep the risk as low as reasonably practicable：リスクを合理的に実行可能な限りできるだけ低く保つ)とASSIBの原則(and still stay in business：そのうえでビジネスを続ける)の双方に従わなければならない。一方、生産目標追求に偏ってもいけない。最近の世の中の事例が示すように、安全を疎かにした結果として起きる悲劇的な組織事故から生き残れた組織はほとんどない[28]。しかし、事業活動には、もっと捉えにくいさまざまな経済的要因が存在している。

　ハドソン(Hudson)が指摘しているように[29]、背負うリスクの量と収益性の間には、密接な関係がある。潜在的な危険性を有する事業活動では、運動療法と同じように、痛み、あるいは、少なくとも痛みの高まる可能性なくしてはえるものはない。例えば、原油ガス田開発で、ハドソンは3つのリスクレベルを見出した。

---

28) Reason, J. (1997)*Managing the Risks of Organizational Accident*, Aldershot: Ashgate. (邦訳『組織事故』日科技連出版社)
29) Hudson, P. T. W. (1996)*Psychology and Safety*. Unpublished report. Leiden: Rijks Universiteit Leiden.

① **非常に低いリスク**：投資に対する報酬は8パーセント以下。銀行預金から期待される以上のものは決してない。
② **中程度あるいは対処できるリスク**：報酬は12パーセント程度である。
③ **高いリスク**：報酬は15パーセントまで上昇するかもしれない。しかし、この報酬と、まったく受け入れがたいリスクの間のマージンが、極めて小さい。

競争力を維持するために、多くの会社は、時々高いリスクの領域に入りながらも、主に中程度のリスク領域で事業活動を進めていく必要がある。"境界"までの距離が短くなるほど、局所的罠の数は増加する。ここで、"蛇"の数が一段と増えて、システムを境界の向こう側に簡単に連れ出してしまう。一方、何としても目標を達成させようとする文化力は、極めて大きな力をもっているようである。

まとめると、タイムプレッシャー、経費削減、潜在的危険性への無関心さ、商業的利益を追求する視野の狭さ、恐れを忘れるなどの文化力が働いて、さまざまな人々はエラーを誘発する道にはまり込み、そして同じ種類の事故に遭遇するのである。それぞれの組織が、繰り返すべくして、事故を繰り返す。これらの文化力が変化し、局所的罠が取り除かれない限り、同じ事故が起き続けるだろう。

6.6 ま と め

人間の失敗しやすさの最も重要な特徴の一つは、類似した状況が、さまざまな人々に、類似したタイプのエラー、類似した再発パターンの事故を引き起こさせていることである。事故インシデント報告システムの主な機能の一つは、これらの再発パターンを同定し、改善の努力をどこに向けるべきかを示すことである。本章で見てきたように、事故の再発パターンは、ある一つの業種に限定されるものではない。類似の再発パターンを、鉄道、航空、海上輸送、原子

力発電、そして医療に関係づけながら述べてきた。しかし、これらの罠にすべての人が陥るわけではない。ある種の文化的影響が、罠を仕掛けるうえで重要な役割を担っているのである。

第7章
重大事故の調査

　私は、潜在的な危険性を有する幅広いシステムの事故インシデント報告の研究に、研究生活の大部分を割いてきた。これらの事故インシデント報告は、おそらくどのような資料よりも、複雑かつ厳重に防護されたシステムの働きに対する人や組織のかかわりについての私の考えの礎となっている。本章では、この点で特に重要な3つの事故報告を詳しく見ていきたい。

　私は、事故調査の"プロセス"にも非常に関心がある。特に、過去の事象を再構成し、理解する人々を待ち受けている誘惑、罠、落とし穴に関心がある。本章で論じる事故は、理論上の重要性と、事故調査上の問題に光を当てたという2つの点から選んだものである。しかし、ここでは、後知恵バイアス[*1]については考えないことにする。この問題については、既に**第5章**に述べたと同時に、デビッド・ウッズ(David Woods)らによって多様な観点から検討されている[1]からである。本章に別のタイトルをつけるとすれば、「後知恵バイアスを越えて」となるだろう。

---

1) Woods, D., Johannesen, L., Cook, R., and Sarter, N. (1994) *Behind Human Error: Cognitive Systems, Computers and Hindsight.* Wright-Patterson Air Force Base: OH: Crew Systems Ergonomics Information Analysis Center.
*1　物事が起きてから、それが予測可能だったと考える傾向

7.1 過去にまつわる問題

　私たちは、事故はおろか、過去の出来事についても"すべての真相"を明らかにすることはできない。決して過去を完璧に知ることはできない。これが本当である理由を次に示す。

- 操縦室ボイスレコーダーやフライトレコーダーの記録、機体の残骸から得られる類の"確固たる事実"があるかもしれないが、それ以外は必然的に推測および見解でしかない。
- 解釈、特に人の行為についての解釈は、主観的であり、分析者・調査官のねらいに沿って行われる。
- 常に別の見方が存在する。社会的あるいは政治的な理由から、それらの見方は否定されたり、隠蔽される。
- 報告では、私たちは複雑で相互作用があり、アナログ的な出来事を"デジタル化"してしまう。

　最後の点について、以下に詳しく述べていこう。
　すべての事故報告書の作成者は、先行事象の連続的で相互作用のあるつながりを細かく切り刻んで、言葉、ひとまとまりの文章、結論、および提言という不連続なものにしなければならない。それぞれのつながりを一本の糸と見なせば、調査官の仕事は、事故の進展のなかで重大な局面と思われる点に結び目をつくって、目印をつけていることになる。このような重要な局面を同定することは、因果関係の複雑さを理解するために必要であるが、事の本質を歪めもする。しかし、この事象の分析で改善と将来の事故予防にとって適切な範囲を特定することができるなら、問題にはならない。ただし、事故報告書を頼りにする人々にとって、最良の事故報告書であっても、それは現実の厳選された解釈にすぎないということを認識することが重要である。事故調査は、非常に主観

的なプロセスでもある。

　大学の教員として、私は最終学年の学生に、事故インシデント報告書の記述を元にイベントツリーを作成することを課してきた。最後の事象つまり事故そのものをスタートとして学生は、それぞれの段階でその後の事象を引き起こすには、どのような要因が必要であるかを自問自答しながら、時間を遡っていった。あるいは、別の方法として、学生は、どの要因を取り除くと事故への道筋を断ち切ることができたかを考えた。

　事故インシデント報告の簡単な最初の記述であっても、実にさまざまなイベントツリーが作成され、ノードも異なれば、各ノードでの要因も異なっていた。学生がつくったイベントツリーのなかには、不正確なものもあったが、ほとんどはそれなりに納得できる内容であった。ここでいえることは、明らかである。すなわち、ロールシャッハテスト（インクブロット検査）[*2]のインクの染みの解釈が、それを見る患者しだいであるように、事故原因の解釈は分析者しだいで、何とでも解釈ができるのである。良い事故インシデント報告とは、ほとんど復元不可能な事実に忠実であることでなく、むしろ、潜在的な危険性を有するシステムを規制、管理監督、運転する人々を適切で実行可能な対策へと向かわせる報告書である。この点において、ほとんどのプロの事故調査官は、非常に良い仕事をしていると、私は考えている。

7.2 事故調査の変遷

　過去50年以上にわたって、潜在的な危険性を有するさまざまなシステムで、事故調査の範囲が劇的に広がった。これらの変化の様子を、**図7.1** に要約する。

　1954年、世界最初のジェットである英国のデ・ハビランド社製デ・ハビランド・コメット（de Havilland Comet）型機3機が、金属疲労のために1年間のうちに墜落した[*3]。そのため、航空事故調査官がハードウェアの問題に注目し

[*2] 左右対称のインクの染みが何に見えるかを問う心理検査

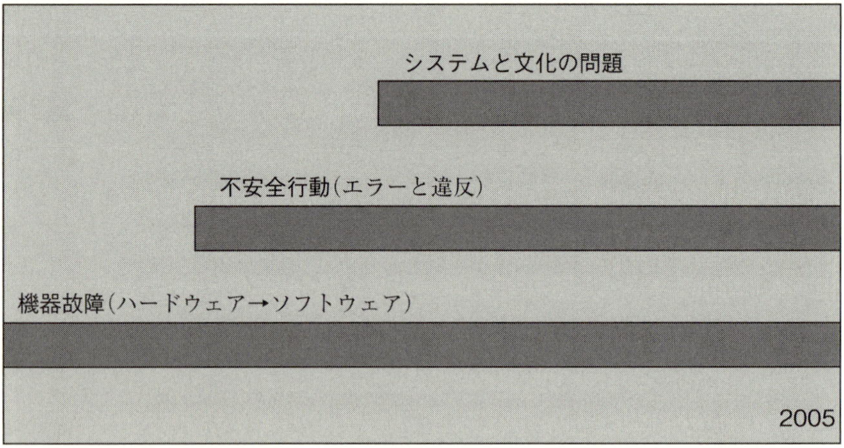

158　第Ⅲ部　事　故

```
                    システムと文化の問題
            ━━━━━━━━━━━━━━━━━━━━━━━━━━
              不安全行動(エラーと違反)
       ━━━━━━━━━━━━━━━━━━━━━━━━━━━━━━
    機器故障(ハードウェア→ソフトウェア)
━━━━━━━━━━━━━━━━━━━━━━━━━━━━━━━━━━━━
                                              2005
```

1960年代以前	1970年代	1980年代	1990年代	2000年代
金属疲労	フリックスボロー	チェルノブイリ	パディントン	リナーテ
アバーファン	セベソ	ゼーブリュージュ	ロングアイランド	ユーバーリンゲン
アイブロックス	テネリフェ	ボパール	アラバマ	コロンビア
	スリーマイル島	パイパーアルファ	エストニア	
	エレバス山	ドライデン	エシェデ	

[訳注]

アバーファン(Aberfan)：1966年，英国ウェールズのアバーファンの炭鉱で，ボタ山が長雨により崩壊。付近の集落や小学校が土砂に呑み込まれ，172人死亡。

アイブロックス(Ibrox)：1902年，英国スコットランドのグラスゴーにあるアイブロックススタジアムで，サッカーのスコットランド代表対イングランド代表の試合中に起きた事故。前日の大雨の影響でスタンドが崩落し，25名死亡。

フリックスボロー(Flixborough)：1974年，英国イングランド中東部のフリックスボロー近くの化学プラントの爆発事故。28名死亡。

セベソ(Seveso)：1976年，イタリア・ミラノ近くのセベソの農薬工場で発生した爆発事故。大量のダイオキシン類が放出された。

テネリフェ(Tenerife)：1977年，スペイン領カナリア諸島のテネリフェ島にあるロス・ロデオス空港の滑走路上でのジャンボ機どうしの衝突事故。583名死亡。

スリーマイル島(Three Mile Island)：1979年，米国ペンシルバニア州スリーマイル島の原子力発電所で起きた炉心溶融事故。

エレバス山(Mt. Erebus)：1979年，ニュージーランド航空901便が南極ロス島のエレバス山山腹に墜落した事故。257名死亡。

チェルノブイリ(Chernobyl)：1986年，ソ連領ウクライナ共和国のチェルノブイリ原子力発電所で起きた炉心溶融爆発事故。

ゼーブリュージュ(Zeebrugge)：1987年，ベルギーのゼーブリュージュ港を出港したフェ

図7.1　事故調査における着眼点の推移

リーが沈没。193名死亡。
ボパール(Bhopal)：1984年、インド・ボパールにあるユニオン・カーバイド社の工場から有毒ガスが漏れた事故。最終的には2万人以上が死亡したとされる。
パイパーアルファ(Piper Alpha)：1988年、北海の原油・ガス田掘削設備で、爆発・火災が発生して167名死亡。
ドライデン(Dryden)：1989年、オンタリオ航空1363便がカナダ・オンタリオ州のドライデン近くに墜落、24名死亡。
パディントン(Paddington)：1999年、ロンドンのラドグローブで起きた鉄道事故。31名死亡。
ロングアイランド(Long Island)：トランスワールド航空800便墜落事故。1996年、米国ロングアイランドのイースト・ハンプトン沖を上昇中に空中爆発、230名死亡。
アラバマ(Alabama)：1993年、米国アラバマ州モバイル付近でアムトラック運行の「サンセット・リミテッド」が時速110キロメートルで走行中に鉄橋が崩れ、前6両が川に転落、52名死亡。
エストニア(Estonia)：1994年、エストニア号が荒天下のバルト海で転覆し、沈没。852名死亡。
エシェデ(Eschede)：1998年、ミュンヘン発ハンブルグ行のインターシティーエクスプレスがドイツ・エシェデ付近を走行中に脱線し、大破。101名死亡。
リナーテ(Linate)：2001年、イタリア・ミラノのリナーテ空港で起きたスカンジナビア航空686便とビジネスジェット機の滑走路上での衝突事故。122名死亡。
ユーバーリンゲン(Überlingen)：2002年、ドイツ南部のユーバーリンゲン上空で、バシキール航空2937便とDHL611便が空中衝突。72名死亡。
コロンビア(Columbia)：2003年、スペースシャトル・コロンビア号が大気圏への再突入、帰還時にテキサス州上空で空中分解。7名死亡。

図7.1　つづき

たのは自然のなりゆきであった。金属疲労は、1987年のユナイテッド航空(United Airlines)232便の三重系統の油圧システムを全滅させたエンジン故障[*4]、1988年のアロハ航空(Aloha Airlines)243便の機体破壊事故[*5]でも見られており、また、1998年のエシェデ(Echede)列車事故[*6]も同様の原因で発生

[*3]　1953年7月、1954年1月および4月

[*4]　米国アイオワ。機体尾翼部にある第二エンジンのファンブレードが金属疲労で破損、ファンブレードの破片が3系統ある油圧システムを全破断したため、機体はエンジン出力調整以外の制御が利かなくなった事故。第10章にエンジン出力調整だけでスー・シティーのスー・ゲートウェイ空港へ不時着したエピソードが述べられている。

[*5]　米国ハワイ。高度約7,300メートルを航行中、機体前方左側の外壁が壊れ、客室の与圧された空気が爆発的に流出したため、操縦室後方から主翼近くまでの天井外壁が吹き飛ばされた事故

した。

　決してハードウェア故障に対する関心がなくなったわけではないが、主眼の一部はソフトウェアの問題に移行してきている。1970年代初め、エアバス（Airbus Industrie）社はボーイング（Boeing）社の独占状態であった航空機市場に参入し、結果的に成功を収めた。エアバス社の技術革新の一つは、操縦室の徹底的な自動化であった。フライトマネジメントシステム[*7]によって生じたヒューマンファクター問題によって、パイロットの行為も、またそれ自身の内部ロジックも様変わりし、これが、1980年代のエアバス機の事故で重要な役割を果たしていた[2]。

　エラーの問題に最初に注意が払われるようになった1960年代では、事故にヒューマンファクター問題が関与する割合はおよそ20パーセントと推定されていた。しかし、1990年には、この推定割合は4倍の80パーセントに増加した[3]。これは、人がエラーしやすくなったということではなく、材料およびエンジニアリング技術の大幅な改良によってヒューマンファクター問題が目立つようになったのである。加えて、1970年代は非常に注目を浴びた航空機事故が数多く発生した。最も悲惨な事故は、1977年にテネリフェ島で発生した滑走路上での2機のジャンボジェット機の衝突で、歴史上最悪の航空機事故であった。1986年のチェルノブイリ原子力発電所の事故以降、ヒューマンファクター問題の範囲は、違反を含むまでに広がった（第4章参照）。

　1970年代、焦点は依然としてパイロット、列車運転士、制御室運転員などの"現場第一線の人々"に当てられた。しかし、1979年のスリーマイル島原

　2）Reason, J. (1997) *Managing the Risks of Organizational Accidents*. Aldershot: Ashgate Publishing.
　3）Hollnagel, E. (1993) *Human Reliability Analysis: Context and Control*. London: Academic Press (p. 3).
　*6　ドイツ・エシェデ。ミュンヘン発ハンブルグ行きインターシティー・エクスプレスがエシェデ駅付近を走行中、金属疲労で車輪が壊れたのをきっかけに、脱線・大破した事故。ドイツ鉄道事故としては戦後最悪の大惨事。死者101名、負傷者88名
　*7　離陸から着陸までのすべてにわたって航法、操縦、推力調整、誘導などの飛行管理を自動的に行うシステム

子力発電所での大惨事寸前の事故を引き起こしたヒューマンファクター問題の詳細な分析で、制御室で起きたエラーと同じように、経営、メンテナンス（保守）、システム上の欠陥が関係していたことが明らかになった。その発生が、人の問題、技術の問題、そして社会の問題の相互作用を正しく認識することを求めたという点で、デビッド・ウッズ（David Woods）[4]は、この事故を原子力産業における"基本的な驚き（fundamental surprise）"と表現した。

1980年代初めから今日までに、現場第一線の人々は、有害事象を引き起こす張本人というよりも、むしろ作業場所の問題、システムの問題を押しつけられてしまった者である、というように捉えられるようになってきた。この傾向は、特に、1987年のヘラルド・オブ・フリー・エンタープライズ号の転覆事故[5]、および1979年のニュージーランド航空（Air New Zealand）のDC-10型機のエレバス（Erebus）山での墜落事故に関するマホン（Mahon）報告[6]で明らかになった（本章の後段で述べることにする）。

1997年4月、私は、米国国家運輸安全委員会（US National Transportation Safety Board：NTSB）が主催した「企業文化と運輸安全」に関するシンポジウムに参加した。このイベントには、航空、鉄道、高速道路、海上輸送、パイプラインならびに危険物質の安全管理にかかわるNTSBの関係団体からおよそ550人の代表者が集まった。シンポジウム開催の動機は、文化的要因が有害事象の発生に決定的な役割を果たしていることを、NTSBの事故調査官がますます意識するようになったからである[7]。システム内の他の要素と異なり、

---

4) Woods, D. *et al.* (1994) *Behind Human Error: Cognitive Systems, Computers and Hindsight.* Wright-Patterson Air Force Base: OH: Crew Systems Ergonomics Information Analysis Center.
5) Sheen, Mr Justice (1987) *MV Herald of Free Enterprise.* Report of Court No. 8074. Department of Transport. London: HMSO.
6) Mahon, Mr Justice (1981) *Report of the Royal Commission into the Crash on Mount Erebus, Antarctica, of a DC10 Aircraft Operated by Air New Zealand Limited.* Wellington: New Zealand.
7) Reason, J. (1998) 'Achieving a safe culture: Theory and practice.' *Work and Stress*, 3: 293-306.

文化は防御、バリア、安全措置の健全性に良くも悪くも影響を与えるからである。この点については、本書の結論の部分で再び取り上げることにする。

本章の残りでは、私の考えのみならず、その後の事故調査の方法に多大な影響を与えた2つの法的調査について、年代順にというよりも、テーマの点から順に述べることにする。

7.3 マホン報告とモシャンスキー報告

2件の事故調査は、特に、スイスチーズモデルの構築、およびシステム面からの事故の解釈への移行に深く影響した。1979年の南極大陸のエレバス山へのDC-10型機の墜落、および1989年のカナダ・オンタリオ(Ontario)州ドライデン(Dryden)でのオランダのフォッカー(Fokker)社製F-28型機の墜落に関する事故調査である。それぞれ、ニュージーランドのピーター・マホン(Peter Mahon)高等法院判事とカナダのモシャンスキー(Moshansky)判事という、2人の著名な判事によって行われた詳細な公聴会の議題であった。

マホン報告(Mahon Report)[8]の最も意義深い特徴の一つは、ニュージーランド航空事故調査委員会(New Zealand's Office of Air Accident Investigations)の主席調査官による事故調査で得られた知見をことごとく否定した点にある。この事故調査委員会の報告書では、墜落の原因は、ほぼすべてニュージーランド航空の墜落したDC-10型機を操縦していたパイロットたちのエラーにあると結論づけていた。有視界飛行[*8]中の観光機が標高13,000フィート(約3,960メートル)の南極大陸のエレバス山のおよそ6,000フィート(約1,830メートル)の山腹に墜落したのは、ありうることだとしていた。

しかし、マホン報告はこれとは異なり、パイロットには落ち度はないとした。それどころか、「エレバス山にまっすぐ進むように飛行計画を立て、それをパ

---

8) Mahon, Mr Justice (1981).
*8 離陸後に目視で位置を判断し飛行すること

イロットに知らせなかった地上職員の過ちが、この惨事の最大かつ事実上の唯一の原因である」9)と結論づけた。マホン判事は、王立委員会(Royal Commission)に示したように、ニュージーランド航空の裁判は、「画策されたうその嘆願」、要するに、真実を隠蔽する陰謀であるとも述べた。ニュージーランド航空は、この調査結果を上訴裁判所(Court of Appeal)に控訴し、マホン判事には陰謀を調査する権限がないと裁定が下された。マホン判事はこの裁定を不服として、英国枢密院(Privy Council)に上告した。英国枢密院はパイロットに責任がないとしたマホン報告書を支持したものの、陰謀問題については上訴裁判所の下した裁定を支持した。

　マホン報告は、当時にしてみれば 10 年先をいったものだった。当時は組織要因が関係して起きる事故はほとんど起きていなかった。しかし、モシャンスキー報告10)は、組織事故の幅広い原因を鋭く追及した点で、当時としては時代に先駆けた報告書であった。

　調査の対象となった 1989 年のドライデンでの墜落事故には、表面上、紛れもなく"パイロットのエラー"による事故とするだけの明確な証拠があった。オンタリオ航空(Air Ontario)が運航する F-28 型機のコミューター機は、主翼上の結氷を除去せずに雪が降りしきるなか離陸し、この氷が原因で滑走路の 1 キロメートル先に墜落した。当時は、このような状況で離陸するというパイロットの間違った判断が、事故の最終的な原因であるとされていた。

　しかし、モシャンスキー判事は、権限の範囲を非常に広く解釈した。航空安全の観点から必要な勧告を行うため、「パイロット、運航会社であるオンタリオ航空、規制当局であるカナダ運輸省(Transport Canada)、および三者が互いに関係した環境について、批判的な分析を実施する必要がある」と考えて、166 人からの聞き取り調査を行い、1,700 ページにも及ぶ報告書を作成し、カナダの航空システム全体が事故に関与していたことを明らかにした。

---

9) Mahon, Mr Justice (1981) Vol. 1, pp. 5-6.
10) Moshansky, Mr Justice (1992). *Commission of Inquiry into the Air Ontario Crash at Dryden, Ontario. Final Report*. Vol. 1, pp. 5-6. Ottawa: Ministry of Supply and Services.

「仮にシステムが効果的に機能していれば、さまざまな問題点のいずれもが発見され、重大事象に至る前に修正されていただろう。また、この事故は航空運輸システム全体のなかにある欠陥がもたらした一つの結果といえるだろう。」[11]

航空事故調査官が経営およびシステム上の問題をより広く検討する必要性が、1992年2月に国際民間航空機関(International Civil Aviation Organization：ICAO)によって正式に認められた。ICAO事故調査部門会議(Accident Investigation Divisional Meeting)の議事録には、次の討議が記されている。

「伝統的に、事故やインシデントの調査は、その事象に直接的にかかわった人々に限られていた。しかし、現在の事故防止策の観点からすると、経営方針と組織要因も事故調査の対象とすることで、より多くの防止対策が導き出せるであろう。」

世界中の航空事故調査官のために標準と推奨例を示すICAO付属文書13 "Aircraft Accident and Incident Investigation" の第8版に次の一文を挿入することを勧告して、会議は終了した。1994年発行の第8版には次のように記されている。

「1.17. 経営情報(事故報告書に含むべき事項)
　航空機の運航に影響する情報で、関係する組織とその経営に関するもの。組織には、例えば、航空会社、空港管制機関、航空路管制機関、空港サービス機関、気象情報サービス機関、規制当局などが含まれる。情報には、組織の構造と機能、資源、経営状況、経営方針と慣行、規制の枠組みが含まれるが、これらに限定されるものではない。」

---

11) Moshansky, Mr Justice (1992), pp. 5-6.

このICAO付属文書13が発行された少し後、この詳細な推奨例を取り入れた事故調査が、重要な役割を果たし、オーストラリアの民間航空システムに急激な変革がもたらされた。オーストラリア政府航空安全管理局(Bureau of Air Safety Investigation)は、オーストラリア民間航空局(Australian Civil Aviation Authority：CAA)の規制監視の不備が、1993年のオーストラリア・ニューサウスウェールズ(New South Wales)州のヤング(Young)で発生した小さなコミューター機の墜落事故に影響を及ぼした、と指摘した。この調査結果と他の理由から、当時の自由党政府は、1995年にCAAを解体し、後にオーストラリア民間航空安全局(Civil Aviation Safety Agency)を設立した。

7.4　振り子は振れすぎたか

　私は、事故に直接関与した人々を糾弾することで十分であった時代から、いろいろな組織およびシステムの問題、そしてオーストラリア民間航空局(CAA)の解体まで、原因が拡張され続けてきた軌跡をたどってきた。しかし、事故調査の視点が集団の責任に向きすぎて、個々の責任から離れすぎてしまったのではないだろうか。

　事故の因果関係のモデルは、それを適用することで航空の安全性が高められるかの一点で評価される。事故の調査過程で明らかになる経済上および社会上の欠点は、システム管理者の手が届かないものである。次の政権交代で改善するものもあるだろうが、彼らの見方では、これらの問題は前提となる条件であり、また不変の条件である。事故調査には、解釈、予測、対策という3つの目的がある。私の理解では、個人要因、作業環境要因、組織要因と文化、規制と社会問題の相対的な寄与の度合いを、次のようにまとめられる。

- 3つの目的からすると、個人要因だけでは、小〜中程度の価値しかない。
- 一般的には、作業環境要因および組織要因が、最も多くの付加価値を与えた。

- 特に対策やリスクマネジメントに関して、事故現場から遠くにある影響要因を追求すればするほど、成果は急速に減少する。

遠い要因には、ほとんど原因としての限定性がない。ショットガンを撃ったとき、銃口から離れるほど散弾が広い範囲に広がるように、遠い要因の影響は、多くのシステムに出る。このような影響は、システム管理者がコントロールできる範囲外であり、とても手に負えるものではない。例えば、モシャンスキー報告のように事故調査が徹底的であればあるほど、遠い要因および数多くの潜在的な「病原体」を発見できる。しかし、違う時期の同じ組織、あるいは同じ運輸業界の他の組織に、これらの要因があったとしても、事故が必ず起きるわけではない。現場のきっかけとなるような出来事とその周辺の要因の存在の有無が、正常と事故を分けているのである。このような遠い要因は、原因というより正確には状況要因である。

7.5 状況要因と原因

法律上の原因について、ハート(Hart)とオノレ(Honoré)[12]は、状況要因と原因を非常に明確に区別している。

> 「これらの要因(筆者注：状況要因)〈中略〉は、事故が起こる場合にも、事故が起こらない通常の場合にも同じように存在する。すなわち、たとえその状況要因がなければ、事故が起こらなかったということが真実であるとしても、事故の原因としては考えない。大事故においても、通常の営みにおいても存在する要因を取り上げたところで、何の説明にもならないであろう。このような要因は、大事故と通常の営みの間の"違いをつくって

---

12) Hart, H. L. A., and Honoré, T. (1985) *Causation in the Law*. Second edition. Oxford: Clarendon Press. (p. 34).

表7.1 原因と状況要因の違いの3つの例

状況要因	原　　因
火事：酸素、乾燥度など	発火源
アイルランドのじゃがいも不作： 　雨量 　唯一の農作物であるじゃがいも	いも枯れ病菌
列車衝突：標準速度、列車の積載量と車重 　いつもどおりの停止と加速など	衝突、爆破、脱線など

いる"のではない。」

状況要因と原因の例を、表7.1に示す。

7.6 事実に反する誤った考え方

　私が最近の事故報告書や、特にスペースシャトル・コロンビア号事故調査委員会(Columbia Accident Investigation Board：CAIB)の報告書のなかで気づいたことの一つは、事実に反する誤った考え方が見られることである。ここでは、CAIBの報告書から2つの例を示す。

　　「私たちの見解では、米国航空宇宙局(National Aeronautics and Space Administration：NASA)の組織文化は、泡程度にしかこの事故に関係していない(筆者注：大きな泡の塊が、シャトルの翼の前縁に吸い込まれたことを思い出すだろう)。
　　事故原因の根源は、一つには、1986年のチャレンジャー号の事故と2003年のコロンビア号の事故の間にあったポスト冷戦時代の政治的混乱にある。」[13]

これらの年月の間、NASAは、費用削減、規模縮小、外部委託を推進する野望でぎらぎらしている長官の下にあった。これらの言葉は当時のはやりで、あらゆる人がコスト削減、規模縮小、外部委託に励んでいた。したがって、これらは状況要因であって、原因ではない。

事実に反する誤った考え方は、次のことである。すべての事故調査は、システム上の欠陥を明らかにする。しかし、これらは、どのような組織にも存在している欠陥であり、これらの潜在的状況要因が事故を引き起こしたとするのは、短絡的である。事故シーケンスを断ち切る組織の介入は常に存在する。しかし、その介入がないために、原因のつながりが成立するわけでもない。状況が違っていたら、事故が発生しないという考え方は誤りである。ゆえに、組織要因に違いがあってもなくても、事故は起きるのである。先に述べたように、これらの組織要因は、状況要因であって原因ではない。

7.7 現在の見方

事故は起きる。なぜならば、

- **普遍的特性**：生産性と安全性の間に常に存在する緊張[14]が潜在的要因をつくり、
- **状況要因**：その潜在的要因が合わさって、防護の弱さをつくり、
- **原因**：その防護の弱さが、現場のきっかけとなるような出来事と即発的エラーを偶然に連鎖させて、すべての防護と安全措置に穴を空けてしまうからである。

「普遍的特性」と「状況要因」は、どこにでも存在する。局所的な出来事[*9]

---

13) Columbia Accident Investigation Board (2003) CAIB Report Volume 1. Washington DC: Government Printing Office, (p. 178).
14) これらの緊張については、Reason, J. (1997) でかなり詳しく議論されている。

のみが真の原因であり、この事故に遭遇した組織と事故に遭遇していない組織、あるいは違う時期の同じ組織との"差"を生じさせるのである。

では、組織事故における「状況要因」とは何であろうか。それらは、"いつも疑わしきもの"であり、事実上すべての潜在的な危険性を有するシステムにある潜在的な病原体である。それらは、不適切な工具と装置、適切といえない安全文化、まずい設計と建設、その場しのぎの問題解決、経営や管理上の欠点などである。

私たちは、一周して元に戻ってしまっただろうか。私は、1950年代、1960年代の非難する文化への回帰を提唱しているのだろうか。そうではない。潜在的状況要因がどこにでもあるという事実は、それらを同定して是正するという経営層の義務を軽減するものではない。組織の"生命信号"を常にチェックすることは、経営層が行うべきことである。それは、安全のために限らず、健全なビジネスのためでもある。

＊9 現場のきっかけとなるような出来事と即発的エラーのこと

第IV部
驚異的なリカバリー

第8章　訓練、規律、リーダーシップ

第9章　正真正銘のプロフェッショナリズム

第10章　スキルと幸運

第11章　すばらしい臨機応変

第12章　驚異的なリカバリーの源泉

第8章
訓練、規律、リーダーシップ

　本章では、極端に危険な状況のなかで行われた軍隊の撤退に関する2つの事例を紹介する。

　一つ目の事例は、スペイン独立戦争*¹の際に、ポルトガルとの国境付近のスペインの村、フエンテス・デ・オニョーロ（Fuentes de Onoro）で行われた戦闘についてである。この戦闘は、1811年5月前半、英国・ポルトガル連合軍とポルトガル駐留のフランス軍の間で3日間行われた。ウェリントン（Wellington）将軍の部隊（当時は、ウェリントン子爵アーサー・ウェルズリー（Arthur Wellesley）卿）は、最終的には勝利したものの、ウェリントン将軍が後日ワーテルロー（Waterloo）について話したように、本隊右側面を敵に曝したままという重大な失敗を犯したために、それはまさに紙一重の勝利だった。

　二つ目の撤退例は、1950年の冬、朝鮮戦争の際のものである。このとき中国人民解放軍の大軍が満州国境を越えて、北朝鮮の長津（チョンジン）湖に達し、国連軍との戦闘に入った。この地域では、国連軍の大部分が米国陸軍1個歩兵師団と、第1海兵師団で構成されていた。第1海兵師団は「後方を攻撃した」という表現を好むが、これら2つの部隊は南方に撤退を余儀なくされた。これから見ていくように、これら2つの部隊のその後の行動は、劇的に違っていた。

＊1　1808～1814年、ナポレオン戦争中、イベリア半島で英国、スペイン、ポルトガルが、フランスと戦った戦争

8.1 フエンテス・デ・オニョーロ村での軽歩兵師団の撤退（1811年）

　この事例について述べる前に、18世紀から19世紀初頭にかけての戦い方について若干説明しておこう。陸軍には歩兵、騎兵、砲兵の3つの兵種があった。この時代の戦争を支配する基本的法則はごく単純なもので、子供のじゃんけんと変わらなかった。すなわち戦闘の帰趨はどの兵種がどの兵種と戦うかによって決まったのである。隊列を組んでいない、あるいは縦隊の歩兵に対しては、騎兵が勝利を収め、歩兵が方陣を組んでいる場合は、歩兵のほうが騎兵を破った。また、砲兵が歩兵と騎兵のいずれをもたやすく破るのは当たり前のことだった。

【1】行進中の方陣への転換

　図8.1に、行進中の方陣への隊形転換の基本的要素を示す。ここに4個中隊（演習要領では師団と書かれている）からなる大隊があるとしよう。各中隊は1列12～20名の4列で構成されている。

　大佐の「第1中隊を基準に方陣にせよ」という命令により、先頭の第1中隊指揮官の少佐が停止を命じ、軍曹たちが「列を整えろ」と叫ぶと、兵たちは右を見て列をまっすぐにしながらすり足で互いの間隔を詰める。その間に、第2中隊および第3中隊には、次の命令、「外側に旋回。後列は前列との間隔を詰めよ」が下され、この命令は小隊軍曹によって繰り返される。第2中隊、第3中隊の左半分は左方向に90°旋回し、右半分は右方向に90°旋回してそれぞれ外側を向き、方陣の両側面を形成する。この旋回行動中、最も内側の兵は行進の歩幅を30インチから20インチに狭め、最も外側の兵は歩幅を33インチまで広げる。この動きが完了すると、第4中隊がきびきびと方陣後方の位置につき、旋回して外側を向く。このときまでに、軍旗護衛小隊（旗手の少尉2名と多数の狙撃兵）および予備兵とともに、士官たちは騎乗のまま方陣の中に入り

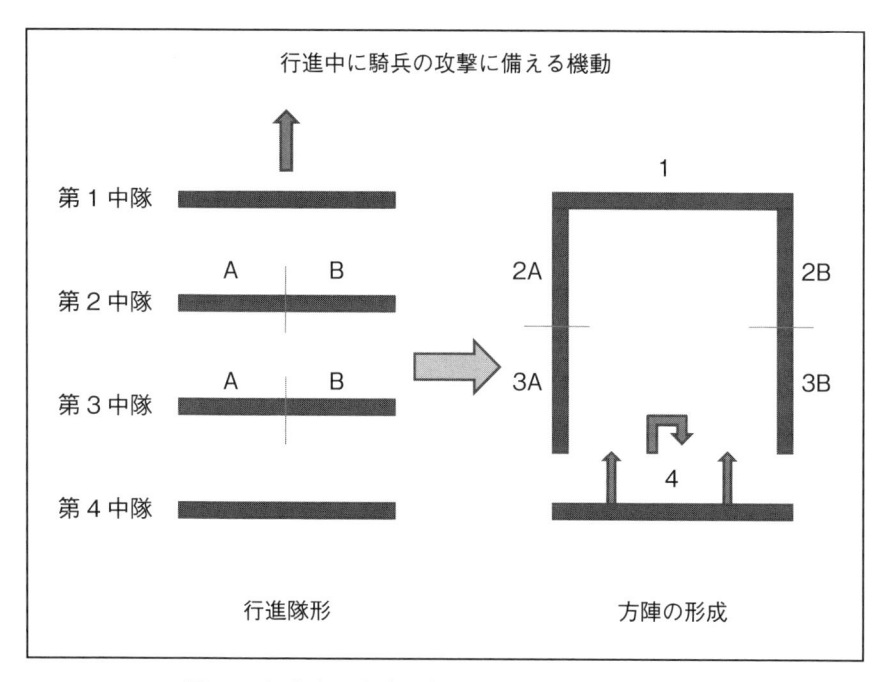

図8.1　行進中に騎兵の攻撃に備えるために方陣形成

それぞれの配置につく。

　方陣が完成すると、前列の兵は片膝をつき、着剣したマスケット銃の床尾を地面に突き立てて銃剣を前上方に突き出す。「騎兵の攻撃に備えよ」の命令が下ると、第2列と第3列の兵は前進してくる敵騎兵に銃弾を装填したマスケット銃の狙いをつけ、その間に第4列は控え銃の姿勢で待機し、前の列に間隔が生じた場合、進み出てそれを埋める。

　この方陣形成には、大佐と中隊長の側に、非の打ち所のないタイミングでの指示が必要であろう。もし方陣をつくっている途中で敵の騎兵隊が中に入り込むならば、全滅は必至である。

　歩兵の方陣は砲撃に対しては極めて脆弱であるが、騎兵の攻撃にはほとんどびくともしない。突き出された銃剣の林に馬を無理に突っ込ませることは不可

能である。最後の最後に馬の気が変わり、馬が乗り手を方陣の中に放り出しながら急に方向転換する。騎兵が退却すると行進命令が下され、方陣を組んだときと逆の手順で再度4列の縦隊となり、前進を再開する。軽歩兵師団の1分間108歩という行進速度は当時のどのような歩兵部隊よりも速く、フランス歩兵の大部隊に追跡されていても引き離すことができた。

　フエンテス・デ・オニョーロ村での戦闘の場合、軽歩兵師団の動きは上記の説明よりもやや複雑ではあったが、原則は同じである。各大隊は4個中隊ではなく10個中隊で編成されていた。方陣を組む場合は、第1中隊が停止すると第2中隊が滑らかにその右側に並んで各40名の4列からなる横隊による前面を構成した。中央部の6個中隊が左右に旋回して側面を形成し、残り2個中隊が並んで後面を形成した。そのため、方陣は正方形ではなく長方形になった。部隊はフエンテス・デ・オニョーロ村周辺に布陣するウェリントン将軍の主力部隊に向けて北方に撤退したことから、方陣の後面すなわち南側は敵に対して直接曝されていた。

【2】 作戦と戦闘

　メッセナ(Messena)元帥指揮下の在ポルトガル・フランス陸軍は、ウェリントン将軍がリスボン防衛のため構築したトレス−ベドラス(Torres-Vedras)線の外側で惨めな冬を過ごした。要塞と要塞を連結する二重の防衛線を突破できなかったのである。メッセナ元帥は、ウェリントン将軍麾下の英国・ポルトガル連合軍が後方近くに迫っているなかで、食糧の尽きた隷下部隊をスペイン・ポルトガル国境に向けて撤退させた。

　ポルトガルの安全が確保できたので、ウェリントン将軍は城壁に囲まれた国境の町、アルメイダ(Almeida)、バダホス(Badajoz)、シウダード・ロドリゴ(Ciudad Rodrigo)の奪回にとりかかった。アルメイダの包囲攻撃を開始したところ、町のフランス軍守備隊救援のためメッセナ軍が進軍してきた。そこで、ウェリントン将軍は、その企図を挫くためにフエンテス・デ・オニョーロ村付近に38,000からなる部隊（歩兵36,000、騎兵1,850、砲門48）を配置した。

5月3日、メッセナ元帥はバリケードに囲われているフエンテス・デ・オニョーロ村に布陣している英国歩兵連隊数個に対して、正面攻撃を開始した。メッセナには47,000（歩兵42,000、騎兵4,500、砲門38）の兵力があった。スペイン独立戦争で最長となったこの戦闘は3日間にわたったが、初日は終始この村が戦闘の中心となった。当初、フランス軍の強大な圧力に英国軍は村から後退したが、夕方までに街路と建物を奪還した。フランス軍は死傷者650名の損害を被ったが、英国軍の損害は250名であった。

翌日、戦闘はなく、両軍とも前日の残忍な戦いの休養をとっていた。しかし、フランス軍の斥候隊は、英国軍の右翼が伸びすぎており、フエンテス・デ・オニョーロ村南方1マイル（約1.6キロメートル）ほどのところにあるポコ・ベルホ（Poco Velho）の集落を拠点として、かろうじて確保しているにすぎないことを発見した。英国軍第7師団はむき出しになっており、フエンテス・デ・オニョーロ村周辺の主力から切り離される危険があった。5月5日時点での戦場の概略を図8.2に示す。

5月5日の夜明け、メッセナ元帥は英国軍右翼のこの弱点に対して、大規模な攻撃を開始した。歩兵師団数個の支援を受けた竜騎兵が攻撃の口火を切った。たちまち英国軍第7師団の2個大隊がフランス軍騎兵により大損害を被った。ウェリントン将軍はすばやく反応し、第7師団を全滅の危機から救うため、本国での休暇から前日帰任したばかりのクロフォード（Craufurd）将軍麾下の軽歩兵師団を派遣し、フランス軍部隊を引きつけることで第7師団の撤退を支援させることにした。軽歩兵師団支援のため英国軍騎兵隊と英国軍ドイツ人部隊の騎兵約1,500が、フランス軍の騎兵3,500に対抗した。

英国軍軽歩兵師団と英国・ポルトガル連合軍主力の間には、フランス騎兵が群れをなす、低木の生い茂る平原が広がっていた。軽歩兵師団は木の下を抜け出して、中隊ごとの縦隊をつくった。そして広々とした場所に出ると、先行する中隊の最後列の4列目と次の中隊の最前列の間をわずか15フィート（約4.5メートル）ほどになるよう間隔を詰めた。

第7師団は、それより前に左側面をツロンネ（Turonne）川に守られながら東

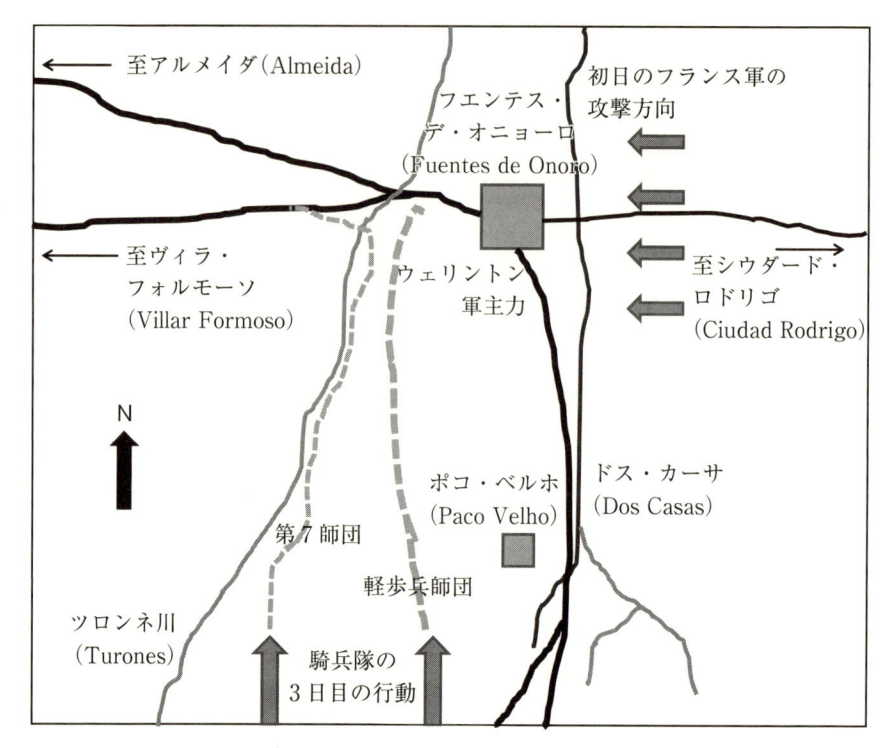

図8.2　1811年5月5日のフエンテス・デ・オニョーロの戦闘

寄りに撤退を始めていた。軽歩兵師団は、縦隊と方陣に隊形を変えながら北に向かい、第7師団の開けた側*2 を援護した。フランス軍騎兵は、軽歩兵師団の周辺につきまとい、横隊になると突進し、方陣が組まれると退却した。その間、グリーンジャケットを着た英国軍第95ライフル旅団のライフル銃兵が、フランス軍の斥候兵や、英国軍レッドコート*3 の方陣を砲撃するために持ち込まれたフランス軍予備軽野砲を狙撃した。フランス軍の斥候兵は簡単にライフル銃兵の餌食になり、戦闘が本格化すると、ライフル銃兵は方陣の中に逃げ

* 2　ツロンネ川とは反対側の右側面
* 3　赤い上着を着た英国兵

込んだ。

　このようにして英国軍軽歩兵師団は、スペンサー(Spencer)の師団とピクトン(Picton)の師団が確保する台地までの3マイル(約4.8キロメートル)を北上した。この撤退について次のように記されている[1]。

> 「わが軍の移動が実行に移されると、軍事上の壮観ともいうべき光景が展開された。私たちと本隊右翼との間の平地は、このときまでにフランス軍騎兵の確保するところとなっており、わが部隊が平時の野外演習時と同一の秩序と正確さをもって撤退する間、周辺を走り回り、突撃する構えを常に見せていたが、結局、あえて実行することはなかった。」

　英国軍軽歩兵師団はわずか47名の損害を出しただけで目的地に到着した。フランス軍騎兵隊ははるかに多い損害を出した。撤退中、英国軍騎兵隊と英国軍ドイツ人部隊の騎兵隊がはるかに多数のフランス軍騎兵に対して繰り返し攻撃をかけた。2つの兵種、歩兵と騎兵を効果的に組み合わせれば、結果として何ができるかを示したのである。

　バーナード・コーンウェル(Bernard Cornwell)は、軽歩兵師団の到着を、いつものように極めて雄弁に描写している。

> 「フランス軍騎兵は敵が行進して去るのを見ていることしかできず、神様が騎兵のために用意したような、おあつらえ向きの平地を3マイルも追跡し続けたのに、ただの1個大隊も撃破できなかったのはなぜだろうかと

---

1) Captain Sir John Kincaid (1830) *Tales from Rifle Brigade: Adventures in the Rifle Brigade and Random Shots from a Rifleman*. Barnsley: Pen and Sword Military (reprinted 2005), (p. 38). スペイン独立戦争における自らの経験を記録に残したライフル銃兵はキンケイド(Kincaid)大尉ばかりではない。そのほかには、コステロ(Costello)ライフル銃兵とジョージ・シモンズ(George Simmons)少佐がいる。しかし、おそらくこの撤退戦の最も優れた描写はバーナード・コーンウェルの小説 *Sharpe's Battle*(シャープの戦い)の記述である。

不思議がっていた。」[2]

　クロフォード将軍もウェリントン将軍も、軽歩兵師団が成し遂げたすばらしい離れ業を大したこととは見ていなかった。行進中に方陣を組むのは、兵士たちが駐屯地の練兵場で何時間も繰り返し訓練した多数の軍事演習の一つにすぎなかった。兵士たちはプロだった。歩兵にとって騎兵は、200年以上も前からわかっている危険であり、歩兵たちは騎兵に対する防御について十分に訓練を受けていたのである。

　ウェリントン将軍は、1811年5月8日のベレズフォード(Beresford)卿宛の急送公文書で、この撤退戦についてはわずか1つの短いパラグラフしか割いていない。

　「この場合、極めて危険な状況であったが、部隊移動はヒューストン(Houston)少将、クロフォード准将、およびステープルトン・コットン(Stapleton Cotton)卿中将により見事に遂行された。第7師団のツーロン(Turon)通過は、クロフォード准将指揮下の軽歩兵師団により援護され、軽歩兵師団は第1師団への合流のための行進中、英国騎兵隊の支援を受けた。」

　ウェリントン将軍は勝利したが、この戦いを自らの勝利のうちには数えなかった。メッセナ元帥の主なねらいはフエンテス・デ・オニョーロ村の確保にあったが、成功しなかった。英国軍陣地に砲撃を加えたり、その前を行き来するだけで3日間を過ごした後、その試みを放棄して撤退した。フランス軍の損害については、文献により、2,200名から3,500名まで数が異なる。英国・ポルトガル連合軍の損害はおよそ1,500名であった。ウェリントン将軍は「もしボウニー(Boney)[*4]がここに居たら、私たちは敗北していただろう」と語ってお

---

2) Cornwell, B. (1995) *Sharpe's Battle*, London: Harper-Collins, (p. 352).

り、自軍の勝利がきわどいものであったことを認めている。ウェリントン将軍はアルメイダの包囲戦[*5]を再開し、そこでも勝利したのである。

8.2 第1海兵師団の長津撤退（1950年）

【1】背　　景

　フロリダ半島ほどの大きさの朝鮮半島は、今でも38度線で南北に分断されている。ロシア製の最新装備で武装した北朝鮮人民軍10個師団の恐るべき攻撃に曝された韓国陸軍の支援のため、米国陸軍第8軍（もともとは日本に駐留していた兵力の落ちた4個師団）は、1950年6月下旬、韓国入りした。それ以来、第8軍は長い距離を移動することとなった。その後の2カ月間、彼らは南方に撤退した。8月には、名目上国連の指揮下にあった米軍と韓国陸軍の同盟軍は、朝鮮半島最南端の港である釜山（プサン）周辺の縦75マイル（約120キロメートル）横40マイル（約65キロメートル）ほどの細長い地域を支配するのみとなっていた。両軍とも夏の戦いで甚大な損害を受けていた。

　1950年9月、米韓連合軍の陸空の戦力が大幅に増強された。米軍以外の部隊が到着し、全軍が極東軍総司令官マッカーサー（MacArthur）将軍の指揮下に置かれた。第8軍と同盟軍が北朝鮮の攻撃を食い止めている間に、第1海兵師団を先鋒とする第10軍団が新たに編成された。この軍団にはさらに第7歩兵師団および韓国軍部隊が含まれていた。第10軍団は、韓国西部海岸線の遙か北方にある仁川（インチョン）への上陸作戦を行い、韓国の烏山（オーサン）付近で第8軍との連絡に成功した。

　国連軍は9月末までにソウルを解放した。10月中旬には北朝鮮の首都平壌（ピョンヤン）を占領し、満州国境の鴨緑江（オウリョクコウ）に達するまで、北への進撃を続けることを決定した。第10軍団は仁川港からいったん引き上げ

　[*4]　ナポレオンの蔑称
　[*5]　1811年4月14日からスペイン国境付近のアルメイダ要塞に対して開始された包囲戦。1811年5月10日に英国・ポルトガル連合軍の手に落ちた。

た後、元山（ウォンサン）港付近の北朝鮮東海岸に再上陸した。10月下旬から11月上旬にかけて中国人民解放軍が第一次攻勢と名づけた作戦で連合軍の周囲の丘から攻撃を行い、第10軍団と第8軍はその後の戦闘がどのようなものになるのか体験した。

　11月27日、中国人民解放軍は約60,000の兵力で満州から越境してきた。そのねらいは鴨緑江を目指して北進する海兵隊（兵力12,000）を撃破することであった。3個連隊からなる海兵隊は長津（チョンジン）湖付近の高原まで曲がりくねって上る細い山道沿いに80マイル（約129キロメートル）にわたる長い隊列となっていた。情け容赦のない寒風が吹きつけ、気温は氷点下1℃に下がっていた。油断している米軍へ急襲を仕掛けるために夜、突然現れた中国人民解放軍8個師団に、海兵隊はあっという間に包囲された。海兵隊は重大な損害を受けたが、5昼夜にわたりラッパを吹き鳴らし太鼓を叩いて攻め寄せる中国歩兵の波状攻撃を撃退した。彼らは、その戦闘と引続く興南（ハンナン）港までの撤退の際に、中国人民解放軍に多大な人的損失を与えた。

【2】米軍第10軍団

　ネッド・アーモンド（Ned Almond）少将[3]率いる第10軍団は、第1海兵連隊に配属されていた英国海兵隊第41コマンド部隊（兵力300）は例外として、基本的には米軍部隊で編成されていた。第10軍団の編成は概ね以下のとおりである。

(a) 第1海兵師団

　オリバー・スミス（Oliver Smith）少将指揮下の第1海兵師団は、基本的に歩兵3個連隊と砲兵1個連隊で構成されていた。1個歩兵連隊の兵力はおよそ3,500で、事実上、そのすべてが戦闘要員であり、衛生兵は海軍から派遣されていた。各歩兵連隊は3個大隊で編成されており、1個歩兵大隊の兵力はおよ

---

3) 問題の多い将軍で、海兵隊員からそれほど信頼されていなかった。

そ 1,000 であった。

- 第1海兵連隊、指揮官ルイス・プラー（Lewis Puller）大佐。麾下の大隊は、ドナルド・シュマック（Donald Schmuck）中佐の第1海兵連隊第1大隊（第1海兵第1大隊）、アラン・サッター（Allan Sutter）中佐の第1海兵第2大隊、ロバート・タプレット（Robert Taplett）中佐の第1海兵第3大隊であった*6。
- 第5海兵連隊、指揮官レイモンド・マレー（Raymond Murray）中佐。麾下の大隊は、ジョン・スティーブンス（John Steavens）中佐の第5海兵第1大隊、ハロルド・ロイズ（Harold Roise）中佐の第5海兵第2大隊、およびロバート・タプレット（Robert Taplett）中佐の第5海兵第3大隊であった。
- 第7海兵連隊、指揮官ホーマー・リッツェンバーグ（Homer Litzenberg）大佐。麾下の大隊は、レイモンド・デイヴィス（Raymond Davis）中佐の第7海兵第1大隊、ランドルフ・ロックウッド（Randolph Lockwood）中佐の第7海兵第2大隊、およびウィリアム・ハリス（William Harris）中佐の第7海兵第3大隊*7であった。
- 第1海兵航空団、指揮官フィールド・ハリス（Field Harris）少将。戦闘期間を通じて海兵隊と陸軍の各部隊に近距離航空支援を行った。

(b) 陸軍第7歩兵師団

以下の部隊がこの長津戦に参加した。

- 第31歩兵連隊、指揮官アレン・マクリーン（Allen MacLean）大佐
- 第57野砲兵大隊

＊6　ロバート・タプレット中佐の名前が2カ所に出ているが、諸文献により、同中佐は第5海兵連隊第3大隊の指揮官であり、第1海兵連隊第3大隊長の指揮官は不明
＊7　大隊名の記述漏れがあったために、訳者が追加

- 第31戦車中隊

　第7歩兵師団の残存部隊は北西方向の鴨緑江近くに位置しており、朝鮮半島西側を北へ前進していた第8軍の一部となっていた。

【3】 中国人民解放軍

　中国人民解放軍の2回目の攻勢は、11月26〜27日にかけて30万の兵力で開始された。西部の鴨緑江付近では軽装備の18個師団が米軍第8軍を攻撃し、そのほかの12個師団が長津湖付近で米軍第10軍団を攻撃した。これらに相対したのは第8軍と第10軍団の合計17個師団であった。これに精強な英国軍、英連邦軍、およびトルコ軍の部隊、合計ほぼ1個師団分が加わった。中国人民解放軍の支援にあたる北朝鮮軍残余部隊を算入すれば、敵軍はほぼ40万の兵力に達していた。中国人民解放軍はさらに満州に膨大な予備軍を配置していた。しかし、国連軍は少なくとも北東戦域では弾薬、輸送手段、糧食、防寒服、無線機、医療設備などの物資面でかなり有利であった。また制空権についても、時折、満州を基地として、中国人パイロット、おそらくはソビエトのパイロットも操縦するミグ15戦闘機の攻撃を受ける以外は、国連軍が確保していた。

　極東軍司令部および国連軍の情報機関は対抗する中国人民解放軍の兵力を過少に見積もっていたが、これは鴨緑江を渡ってくる中国人民解放軍部隊を即座に識別することの困難さを考えれば理解できることである。中国人民解放軍は夜間に主に徒歩で侵入してきたが、国連軍の大きな失敗は、過去6カ月間戦って、そしてつい最近は打ち破りつつある北朝鮮軍よりも中国人民解放軍は劣っている、と考えたことであった。北朝鮮軍がソビエト製の最新の武器と戦車を保有していたのに対して、中国人民解放軍がもっていたのは、奪取した日本製と米国製の兵器の雑多な寄せ集めだった。中国人民解放軍1個師団の保有する砲はかろうじて9門で、それも主に76mm軽榴弾砲であり、トラックは保有していなかった。しかし、中国人民解放軍にはこうした装備の貧弱さを補う膨大な兵力があった。

第 8 章　訓練、規律、リーダーシップ　**185**

　中国人民解放軍は、北朝鮮軍のように T34 戦車の支援を受けた正面攻撃に頼るような戦い方はしなかった。人民軍は、非常に接近したところから、大量の手榴弾とトミーガン[*8]を含む短機関銃および迫撃砲を使って、主として夜襲を仕掛けた。しかもその攻撃は、通常、国連軍陣地の後方から行われた。人民軍兵士の木綿のキルティングジャケットは防寒にはあまり役に立たなかったが、表がグリーンで裏が白のリバーシブルになっており、降雪があった場合は裏返して着るだけで良好なカムフラージュ効果があった。人民軍兵士は秘匿行動と奇襲を得意とし、しばしば海兵隊陣地の極めて近い所まで忍び寄ってからラッパを鳴らし、太鼓を打ち鳴らして、手榴弾を投げ、軽機関銃の弾丸をまき散らしつつ波状攻撃に移った。しかし、たこつぼを掘ってしっかりと遮蔽し 13 mm の重機関銃を用意して決意を固めた海兵隊員に対しては、ほとんどの場合自殺行為となってしまった。

【4】戦　闘

　長津湖付近での戦闘は、1950 年 11 月 27 日から 12 月 6 日までの 10 日間にわたった。戦闘は途切れることがなかったが、便宜上 4 つの戦闘行動に分けることができる。図 8.3 に戦闘の行われた場所と、海兵隊の退路を示す。

- 海兵隊による、下碣隅里(ハガルリ)防衛の成功
- 海兵隊による、柳潭里(ユダムニ)防衛の成功
- 第 5、第 7 海兵連隊による、柳潭里(ユダムニ)から下碣隅里(ハガルリ)への突破
- 長津湖東側での陸軍第 7 歩兵師団任務部隊 RCT31 の事実上の全滅

　北朝鮮の西側を撤退中の第 8 軍は、最悪の状況に陥った。これは米軍部隊に降りかかった事態としては、第二次世界大戦中の 1944 年、アルデンヌ

[*8]　米国製トンプソン短機関銃

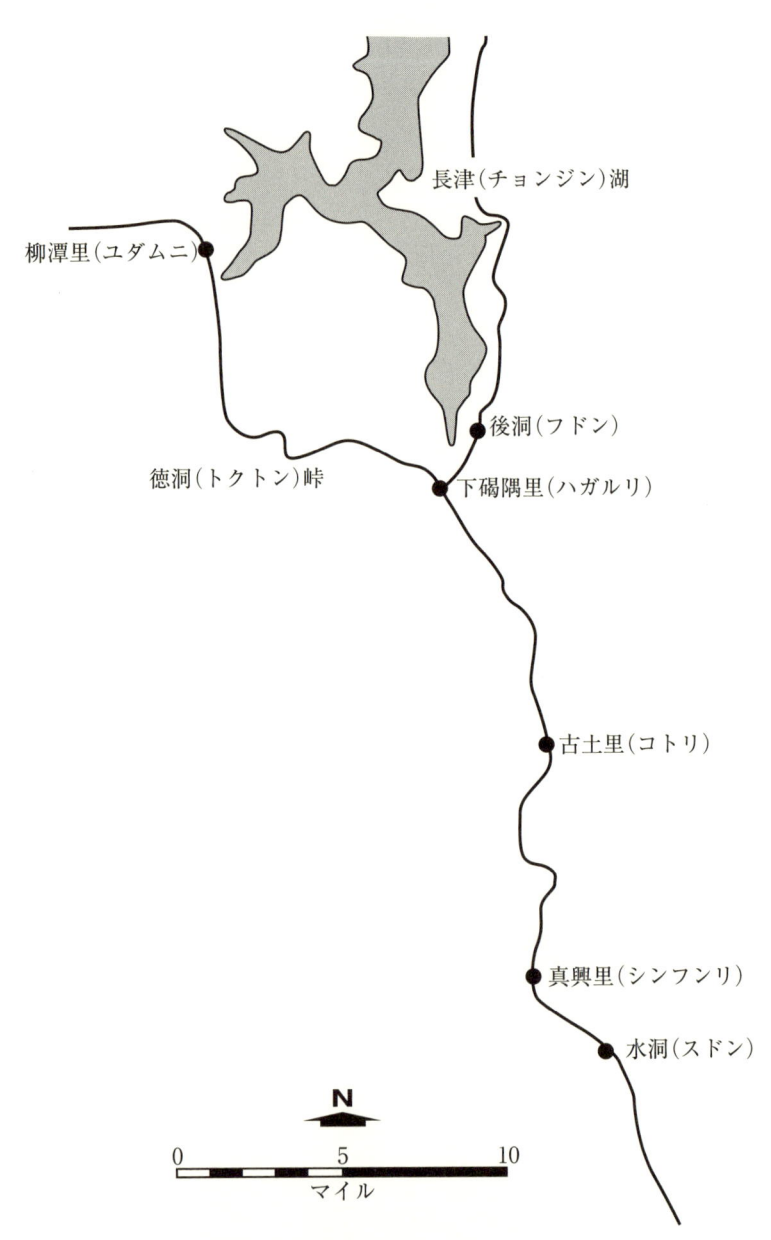

図8.3 長津湖付近での戦闘と退路

（Ardennes）*9 でのバルジ（Bulge）の戦い以来のものだった。このときと同様、朝鮮半島でも第8軍の全師団が"戦闘不能状態"に陥っていた。しかし、主に第1海兵師団の撤退戦のために、戦闘に勝利した中国にとってもそれは「ピュロスの勝利」*10 であった。

　海兵隊にとって、この撤退は勝利といってもよいものであった。戦闘能力のある者は戦いながら、負傷者と大多数の凍りついた戦死者を連れ帰った。1,000名以上の海兵隊員が戦死または行方不明となり、負傷者は3,500名を数えた。そして、そのおよそ2倍の兵士が凍傷になった。しかし、海兵隊は彼らを包囲していた8個師団のうち6個師団を効果的に撃破したため、中国人民解放軍の第3野戦軍は1951年3月まで戦場に現れることはなかった。中国人民解放軍の損害は正確にはわからないが、奪取した中国人民解放軍の文書には、戦死25,000名、負傷12,000名、凍死数万名と記されていた。第10軍団が12月に元山港から朝鮮半島東岸を離れたとき、中国軽歩兵の大軍は道路脇か、周辺の丘の上にある米軍の防御陣地の周りにいたが、中国人民解放軍の目立った攻撃はなかった。では、どのようにしてこれが達成されたのであろうか。

【5】 米国海兵隊の強さの源泉

　第10軍団の撤退の成功要因はいろいろあるだろうが、ここでは第1海兵師団の活躍に絞って考えることにする。他の部隊との相違点のうち、主なものは次のとおりである。

- 朝鮮半島西部で戦った陸軍の兵士と同様、北東部で戦った海兵隊員の多くも若者であった。以下に引用するのはその一人による説明[4]である。

「この連中はだいたいが、やっと髭剃りが必要になったくらいの

---

*9　ベルギー、ルクセンブルク、フランスにまたがる地域
*10　払った犠牲に見合わない苦い勝利のこと。紀元前279年にEpirusの王のピュロスが多大な犠牲を払ってローマ軍から得た勝利

子供のような若者でした。平均から見ればちょっと強情なところもあったと思いますが、外見はごく普通のティーンエイジャーでした。ジャーナリストはみんなのことを"男たち"と書いていましたが、米国本国で外出許可をもらったときに同行したら、ビールやウィスキーよりもキャンディやアイスクリームを買い、女の子の周りではかなりのはにかみ屋になることに気づきますよ。女の子の母親には「奥様」と呼ぶでしょう。もちろんこれは、二等兵と一等兵のことで、彼らが海兵隊の大部分を占めていて、実際の戦闘行為を行ったのです。」

- 陸軍とは違って海兵隊の新兵は、自分たちは選ばれた男たちからなるエリート部隊の一員である、という揺るぎない信念に初めから駆り立てられていた。海兵隊の仕事は、上陸して海岸橋頭堡*11を築き、いつものとおり、陸軍の占領部隊がやってくるまでそこを確保することである。マーチン・ラス(Martin Russ)が述べたとおり、「この団結心(エスプリ・ド・コープ)こそが戦闘で勝利を勝ち取る向こう見ずな攻撃精神の源泉だった」5)のである。
- 海兵隊の新兵は、米国東部のパリス・アイランド(Paris Island)または西部のサンディエゴ(San Diego)のどちらかで初期訓練を受けたが、彼らは敵意に満ちた完全な閉塞環境に10週間にわたって耐えなければならなかった。そこでは、新兵は「戦闘とかなり似ている、相当な嫌がらせと混乱に曝され、ホームシックでいっぱいだった心に、必死に命令に従う気持ちが生まれ、最終的には命令への愛情と命令のもたらす調和に

---

4) この説明は第5海兵連隊のレイ・ウォーカー一等兵によるもので、マーチン・ラスの優れた著作、*Breakout: The Chosin Reservoir Campaign, Korea 1950.*(New York: Fromm International Publishing Corporation, 1999, p. 7)からの引用である。この本は実際に現場にいた人間の目で見た、戦闘の詳細な記録である。
5) 前掲書、p. 5
*11 敵地の水辺に設けた攻撃拠点

こそ自らの安全と生存があるという明確な理解が植えつけられた」[6]
- 第1海兵師団は3,000を大きく上回る戦闘員で構成されていた。前述のとおり、衛生兵は海軍から派遣されていた。陸軍とは違って後方梯隊タイプの兵士は非常に少なく、軍隊的とはいえない無法で異様な振る舞いで1950～1960年代に人気のあったテレビシリーズの抜け目ないビルコ(Bilko)軍曹とその仲間のような兵士はいなかった。また、第8軍とは異なり、第1海兵師団は作戦行動の初めから兵力は100パーセントの状態だった。陸軍部隊は開戦時、既にあまりに兵力不足だったため、総司令部はKATUSA(Korean Augmentation of United States Army：米陸軍への韓国軍配属部隊)プログラムを創設した。これは、第8軍の損耗の補充は韓国軍部隊により行われるというものである。これは、多くの点で失敗だった。コーエン(Cohen)とグーク(Gooch)の優れた著作 *Military Misfortunes*(軍事的不運)ではKATUSAプログラムの状況が次のように記されている。

> 「驚くべきことではないが、言語と文化の相違のために、訓練不足のKATUSA部隊が配属先部隊の一人前のメンバーになれなかった。米兵とKATUSAの韓国兵が信頼関係をもてず、お互いに理解できる会話ができず、特に夜間の戦闘で、相互信頼の欠如は破滅的な状態をもたらした。KATUSA兵の数は1950年11月に、朝鮮戦争中のピークに達した。39,000の韓国軍兵士が米軍部隊で任務に就いていたのだ。」[7]

兵力100パーセントでKATUSA兵がまったく配属されていない唯一

---

6) 前掲書、p. 5
7) Cohen, E. A. and Gooch, J.(1991) *Military Misfortunes: The Anatomy of Failure in War*, New York: Vintage Books, (p. 183)は、長津湖における作戦行動について幅広い視野を得たい向きにはまず当たるべき著作である。

の師団が、第1海兵師団だった。ここで言いたいことは、海兵隊員と陸軍兵士との際だった相違をもたらした要因の多くは、システム要因、組織要因、政治要因を起源にしているということである。第8軍所属の部隊の多くは、勇敢に効果的に戦った。特に、第10軍団撤退の際に右側面の防御を担当した陸軍第7歩兵師団任務部隊 RCT31 の残存部隊は極めて勇敢だった。

- その他のシステムの優れた点は次のとおりである。
  - —陸軍よりも第1海兵師団のほうが、海兵航空団から緊密で持続的な航空支援を得られた。
  - —第1海兵師団長のスミス少将は、主補給路沿いに十分な滑走路と補給品臨時集積所を確保するために、北への進撃速度を緩めるという強い意向をもっていた。こうした補給方針があったため、第1海兵師団は戦闘期間を通じて弾薬、血漿、食糧、暖をとるテント、防寒服、有刺鉄線、および照明弾などの必需品の補給を十分に受けることができた。また、近くの港湾に出入りする海軍の補給艦を比較的容易に利用できた。一方、第8軍はそれほど幸運ではなかった。兵のほぼ全員が感謝祭のディナーで七面鳥と付け合わせにありついたが、そのために日本からの防寒ジャケットの空輸を完全に止めなければならなかった。また、ガソリン、手榴弾、照明弾、有刺鉄線、対人地雷が不足していた。特に手榴弾、照明弾、有刺鉄線、対人地雷はこのとき直面していたタイプの戦闘には非常に有効であることが実証されていたのだが、補給要請をほとんどしなかった。

- 第1海兵師団では、陸軍部隊が無視していた基本的な警戒手段を利用し成果を得ていた。
  - —毎晩たこつぼを掘り、有刺鉄線を敷設し、照明弾を打ち上げ、鳴子を仕掛けた。
  - —可能な限り高い地点を確保できるよう、攻撃的な斥候隊を出した。
  - —大隊指揮官は、たとえ凍りついた地面を1フィート（約30センチメー

第 8 章　訓練、規律、リーダーシップ　　*191*

　　トル）削り取るだけであったとしても、部下が眠る前にたこつぼを掘ったかどうか確認した。
—中隊指揮官は、凍傷を防ぐため、たとえ凍りつくような寒さのなかでも、部下の兵が毎晩濡れた靴下を履き替えたかどうか確認した。
—撤退の目的地に着き疲労困憊しきった状態でも、乗船前に武器その他の装備を清掃するよう命じた。これは、基礎訓練から叩き込まれている。

- 第1海兵師団の将校は中国人民解放軍の第一次攻勢の経験から、重要な戦術的教訓を学びとっていた。中国人民解放軍の夜襲に対処するために、将校たちは防御部隊に夜明けまでは現在位置を保持するだけでよいと命じていた。視界が回復すれば、密集した中国人民解放軍部隊は海兵隊の火器で撃滅できた。これこそ、防御拠点に大規模な侵入や浸透を許しながらも、海兵隊が大きな成功を収めた理由であった。
- 何よりも、第1海兵師団員は揺らぐことのない攻撃精神によって鼓舞されていた。中隊ごとに孤立した陣地を構築していた第2歩兵師団とは違って、第1海兵師団は中国人民解放軍の攻撃圧力に曝されても即座に後退しなかった。第8軍が用いたものよりも、大きい防御方陣の中の可能な限り高い所に、たこつぼを掘った。
- 第1海兵師団の各連隊は長津湖周辺のかなり広めの地域に配置されていたため、戦闘は連隊長および大隊長により指揮されていた。中隊長および小隊長たちも極めて重要な役割を果たしていた。そのなかには、配下の海兵隊員が恐れるほど果敢な将校もいた。そうした将校の一人が、チュウ・エン・リー（Chew-Een Lee）中尉であった。中国系米国人であるリー中尉は、敵の言っていることを理解できるという点で国連軍のなかでも稀な存在であった。中尉にとって最大の恐れは、そのために小隊から情報部隊に転属になることであったが、それどころか作戦期間を通じて数回負傷するほど果敢に戦った。

それでは、第1海兵師団が、膨大な中国人民解放軍の激しい奇襲攻撃に耐えて、驚異的な撤退を成功させた主な要因は何だったのか。海兵隊員たちはスーパーマンではなかった。大体においてティーンエイジャーで、陸軍の兵士たちとほとんど何ら変わることはなかった。さらに全員が志願兵であるわけでもなかった。師団の約半数は予備役兵であり、第二次世界大戦時の太平洋戦線で日本軍と戦った経験があったが、少し前に平穏な市民生活から召集されてきた者たちであった。そして、韓国での戦闘経験でも第8軍の兵士よりも豊富だったわけではない。第8軍の兵士のなかには、6カ月間朝鮮半島で戦い続けてきた者もいた。しかし、そうした戦闘のベテランはそれほど多く残っていなかった。

　そうなると、第1海兵師団の強さの源泉はなんだったのか。団結心（エスプリ・ド・コープ）は明らかに極めて重要な要素である。これを実際的な言い方にすれば、「戦友を窮地に放置するくらいなら死んだほうがましだ」という決意、海兵隊員は全員、隊の優れた戦歴を汚さないように生きなければならないという確固たる信念、勝利にはチームワーク、規律、勇気、そして積極性が不可欠だという確信である。これらの一つとして海兵隊特有といえるものはないが、パリス・アイランドとサンディエゴの基礎過程で受けた厳しい訓練のおかげで、海兵隊員は陸軍の兵士たちに比べて上記のような資質をより強く、そしてより持続的にもつようになっていた。

　また、朝鮮半島における第1海兵師団の成功は、さらに基本的な3つの要素から引き出されたものだと思う。第一に、靴下を履き替える面倒から戦術まで、戦場での生活のすべてをカバーする「規範」の厳格な遵守であるが、それは決して盲従ではない。また、この戦いの時点で、「型」は金科玉条とされていたわけではなかった。非常に適応性が高く、現地の状況に合わせた解釈が可能であった。第二に、これまで常にそうであったとはいえないかも知れないが、この作戦期間中、第1海兵師団は、質的にも戦闘技術の面でも優れた将校があらゆるレベルにいたという点で極めて幸運であった。第三に、前線の第1海兵師団員は海兵隊の組織構成の恩恵で、海軍、補給、海兵航空団と砲兵から優れた支援を最大限に利用できた。本章全体をとおして繰り返し見てきたように、シ

ステムの問題は、不安全行動の発生に重要であるように、驚異的なリカバリーにも重要なのである。

8.3 おわりに

本章に出てきた、ウェリントン将軍の軽歩兵師団と米国第1海兵師団の2つの師団は、ともにエリート部隊であった。これが、それぞれのケースでの成功に重要であったのであろう。しかし、それだけでなく、基礎技術、非排他性、資質、特に、訓練、優れたリーダーシップ、規律が共通していた。

撤退の目的は、生き残り、そして後日戦うことである。しかし軽歩兵師団と第1海兵師団は、自分たちが被ったよりも多くの死傷者を相手側に出した。これは決意をもち、練度の高い敵軍と相対しながら撤退するときの通常の成果ではない。どちらのケースとも、自信に満ちた楽観主義が存在していた。すなわち、不屈の態度、降参をよしとしない強い意志、最後まで諦めるなという信念である。第9章では、特に優れた外科医がもつこれらの楽観的な特性を見ることにしよう。

将軍としてのウェリントンの大いなる強みは、詳細な部分まで注意を払うことだった[8]。2つの功を奏した成果は、大局的な視点から見るだけでなく、詳細な部分にも周到に注意を払った結果といえる。

軽歩兵師団の場合、たとえ撤退の成功が、そのタイミングが非常に良かったからにせよ、彼らの安全を確実なものにした複雑で詳細な軍事行動は、軍事教練を重ね、実践されていたため、ほとんど反射的な行動となっていた。

あらゆる戦闘に混乱は付き物である。しかし、19世紀初頭の戦場は、第1

---

8) ウェリントンのロンドンでの住まい（住所表記はNo.1 London）であったアプスレイ・ハウス（Apsley House）には、1815年のワーテルローの戦いを指揮した際に、膝の上で鉛筆で書いた命令書の写しが残っている。指揮下の連隊や砲兵隊の移動や配置の命令を出すことに加えて、彼の戦線のなかで決定的な防衛拠点であったウーグモン（Hougoumont）の農家の屋根に火がついたときの消し方の細かい指示を出していた。

海兵師団が長津湖周辺で直面した状況よりは、予測可能なものだった。第1海兵師団は、なじみのない戦術を使う、まったく新しい未知の敵と相対した。またそれだけでなく、彼らはいつもと違う役割を果たしていた。海兵隊の主な仕事は、海岸地帯を急襲し、占拠することである。しかし長津湖は、上陸地点から80マイル（約129キロメートル）ほどのところにあり、道は凍てついていた。第1海兵師団の首脳部は、寒さのなかで生き残るための細かな指示、中国人民解放軍の叩き方、戦いながら撤退する仕方にわたる行動計画を考え出した。これが、海兵隊が高く評価されているところである。不測の事態にうまく対処することは、本書の結論部分で述べるように、レジリエンスの高い組織の真髄である。

第9章
正真正銘のプロフェッショナリズム

　「プロフェッショナリズム」についての私の理解を整理することから始めたい。「プロフェッショナリズム」とは、さまざまな特性を包括する曖昧な用語である。パイロットはこれをエアマンシップといい、船乗りは、シーマンシップという。これらは、専門技術を十分に備えていること以上の能力を意味している。「プロフェッショナリズム」とは、安全に、優雅に、そして効率的に骨の折れる仕事を実施するために、より広い視点でものを見て、先を読み、幅広い知識や経験を活用する能力を指している。それは、良くも悪くも職務達成に影響を与えるすべての諸要因を深く理解する力をもつことを意味している。また、退屈であろうと何であろうと、全力を尽くして仕事のあらゆる面に従事する意欲を必要とする。

　私が大学の同僚のための推薦書を書くとき、"真のプロ"と表現することがある。これは、私の語彙のなかでは最高の褒め言葉である。大半の常勤の大学教員には、授業、研究、そして管理という3つの仕事がある。これらすべてのことが、すべての教師に等しく魅力あるものではないものの、すべてやらなくてはいけないことである。私の考えでは、プロフェッショナリズムを発揮した人とは、これらの活動それぞれに対して楽しげに全力を尽くす人のことである。

　ここまでは、通常の条件下での優れたパフォーマンスについて考えてきた。私は「正真正銘のプロフェッショナリズム」という表現を、技術、経験、勇気、冷静な頭脳、そして「柔軟な閃き」を兼ね備えた特性のためにとってある。要

するに、危機や緊急事態への対処能力を含んだものである。本章で述べる驚異的なリカバリーのすべては、「正真正銘のプロフェッショナリズム」である。すべてではないが、多くの場合、プロたちは、予想どおりの多くの危険に曝されていた。

　第8章と違って、ここでの事例は、さまざまな分野からのものである。タイタニック(Titanic)号の生存者救助の事例、宇宙飛行士たちと米国航空宇宙局(NASA)ヒューストン管制センターの管制官たちとの協力で、損傷した宇宙船アポロ13号を安全に地球に帰還させた事例、そして、パイロットが旅客機を大惨事から救った2つの事例である。航空史上には、このような驚異的なリカバリーの話は数多くあるが、差し当たり、パイロットの決断力を評価するにはこの2つの例で十分であろう。最後に、とても難しい大血管転換術中の有害事象にうまく対処した、すばらしい小児心臓外科手術について考えることにする。

9.1　ロストロン船長とタイタニック号生存者の救助(1912年)

　英国郵船カルパチア(Carpathia)号のアーサー・ヘンリー・ロストロン(Arther Henry Rostron)船長は1869年生まれで、13歳のときに英国海軍の練習船コンウェイ(Conway)号の士官候補生として初めて航海に出た。その後、10年間を海軍で過ごした後、キュナード・ライン(Cunard Line)社[*1]に入り、日露戦争での予備役士官として英国海軍に所属した短期間を除き、17年間、同社に勤務した。このキュナード・ライン社においては、遠洋定期船の四等航海士を皮切りに順調に昇進し、1907年初めて船長になった。1912年1月18日には、43歳でカルパチア号の船長になったが、これは5年間で6隻目のことであった。

　ロストロン船長は、これまで遭難信号に遭遇することはなかったが、船員か

[*1]　英国の海運会社

第 9 章　正真正銘のプロフェッショナリズム　**197**

ら尊敬されている経験豊かな船長であった。彼はすばやい決断と機敏な命令で知られていて、彼の際限ないエネルギーを部下に注入する能力が優れていることから、キュナード・ライン社の船長仲間は、ロストロン船長のことを"稲妻のロストロン"と呼んでいた。彼はタバコも酒もやらず、神を冒涜する罰当たりな言葉も使ったことがなく、折に触れて神に祈りを捧げていた。祈るときには船長は制帽を少し持ち上げ、声に出さないまま唇を動かして祈っていた。カルパチア号がニューヨークを出港してからの 3 日間は、すばやい決断も、祈りも必要なかったが、1912 年 4 月 14 日から 15 日にかけての深夜の出来事では、その両方が必要になった[1]。

　タイタニック号の救助について述べる前に、カルパチア号とその船客について少し説明しておこう。カルパチア号は英国ニューキャッスル(New Castle)のスワン・アンド・ハンター(Swan and Hunter)造船所で建造され、1902 年 8 月に進水した 2 軸[*2]の蒸気船である。総トン数 13,603、全長 558 フィート(約 180 メートル)、8 シリンダー 4 段膨張式エンジンを備え、最大速度は約 14 ノット(時速約 26 キロメートル)であった。この航海では一等船客 120 名、二等船客 65 名が乗船しており、その大多数は、地中海クルーズに向かう米国人の旅行客であった。また、三等船客 565 名が乗船しており、その大半は米国への移民で、母国に向かう乗客だった。神のご加護か、カルパチア号の客室は半分しか埋まっていなかったのである。タイタニック号の生存者にとっては幸運な

---

[1]　本節のロストロン船長に関する記述は、さまざまな出典から引用したものである。タイタニックに関する記述は、ロビン・ガーディナー(Robin Gardner)とダン・ヴァンデル・ヴァット(Dan Van der Vat)の優れた著作 *The Riddle of the Titanic* (London: Orion 社、1995 年)がある。その他の出典としては、Google により「Captain Rostron Carpathia」のキーワードでインターネット検索をして得られたもので、参考になったものとしては "Arthur Henry Rostron" (http://www.geocities.com/hollywood/theater/7937/rostron.html?200811)、Wikipedia の "Arthur Rostron" (http://en.wikipedia.org/wiki/Arthur_Rostron)、"The Wireless Operators, the Distress Call and the Rescue Ship Carpathia" (http://www.titanic-whitestarships.com/Carpathia%20Rescue.htm)、および "RMS Carpathia, 1903-1918" (http://www.sorbie.net/carpathia.htm)などがある。

[*2]　スクリューが 2 つあること

ことに、移民船であったカルパチア号は、西廻りよりも東廻りの航海のほうが、乗客が少なかったのである。

4月14日から15日に日付が変わる直前、タイタニック号は氷山にかするように接触し、船体に亀裂が生じた。船はすぐに沈み始め、午前2時20分頃には停電になり、その直後、この豪華客船は海底に向かって船首から沈没し、1,500名以上の人命が失われた。

【1】 タイタニック号沈没地点への急行

今、起ころうとしている大惨事をロストロン船長が最初に聞いたのは4月15日0時35分のことであった。まだ21歳のハロルド・コッタム(Harold Cottam)無線通信士と一等航海士が船長室に駆け込んできて、寝ている船長を起こしたのである。コッタム無線通信士が偶然、タイタニック号の無線通信士と交信したためであった。長い一日を終え、コッタム無線通信士は寝るところだったが、何気なく通信機のチャンネルを米国マサチューセッツ州ケープコッド(Cape Cod)の周波数を合わせてみたところ、ケープコッドからタイタニック号への緊急連絡を傍受した。そこで、彼はタイタニック号が受信しているのかどうか確かめたほうがいいと思い、タイタニック号のコールサインMGYと、次のようなメッセージを送信した。

　「あのう、MCC(筆者注：ケープコッドのコールサイン)が送信している緊急メッセージに気づいているかな……」[2]

ここまで送信したところで、タイタニック号の無線通信士が割り込んできて、

　「すぐに来てくれ。本船は氷山と衝突した。CQD(筆者注：緊急事態)な

---

2) カルパチア号の無線通信士らは、キュナード・ライン社の従業員ではなくマルコーニ社に雇用されていた。状況にそぐわないやり取りであるが、当時の無線通信士の間ではざっくばらんな口調で交信することが好まれていた。

んだ。衝突位置は、北緯41度46分、西経50度14分」

と送信してきた。

　コッタムは驚いて、「船長に話したほうがいいか？　助けが必要なのか？」と尋ねたが、このばかげた質問への答えは、「ああ。早く来てくれ」だった。

　このときから、ロストロン船長の優れた意思決定能力が真価を発揮した。船長は即座にカルパチア号の進路を反転する命令を下し、その後になって緊急事態は確かなのかどうかとコッタム無線通信士に尋ねた。ふつうの船長では、この順序が逆になったと思われる。次に船長は、コッタム無線通信士に対して、カルパチア号が全速力で行くことをタイタニック号に伝えるように指示した。到着は4時間以内と予想した。タイタニック号の無線通信士から、「TU OM（筆者注：Thank you, old man〔あんがと。相棒〕）」と応答があった。

　ロストロン船長は着替える時間を惜しんで海図室に飛んでいき、海図上にタイタニック号の位置の緯度と経度を書き込み、自船の現在位置を確認してからタイタニック号までの針路を決定した。ブリッジに戻ると、操舵員に「針路北52°西」の命令を下した。船長は後に、これはすべて着替えながら行ったと証言している。

　そうこうするうちに、機関長を含む他の乗組員たちがブリッジに集まってきた。船長は乗組員たちを海図室に呼び入れ、状況を手短に説明した。次々に出す指示命令は、ロストロン船長のプロフェッショナリズムを余すところなく発揮したものだった。彼はすべてのことを詳細に指示した。その概要を以下に示す。

- 船長は、一等航海士に対して、本船を救助作業に向けて組織しなおすために通常業務を一切中止し、水夫は全員甲板に上がって見張りを強化し、救命ボートの吊り出し準備をすること、さらに電灯の束をつくって各舷門[*3]とその舷側（船体の側面）を照らすことを命じた。
- 給仕長に対しては、給仕全員を呼集し、乗組員全員のためのコーヒーを

用意するよう命じた。さらに、生存者のために熱いスープ、コーヒー、紅茶、ブランデー、ウィスキーを用意すること、すべての舷門に毛布を積み上げておくこと、喫煙室、ラウンジ、図書室は生存者を収容できるように模様替えすること、カルパチア号の三等船客を1カ所に集めてタイタニック号の三等船客用のスペースをつくることを命じた。

- パーサー、アシスタントパーサー、および給仕長に対して、それぞれ別の舷門で生存者を受け入れ、ダイニングルームなど受入準備のできた区画に誘導するよう指示した。できるだけ早く収容者の氏名を控え、生存者の氏名を無線電信で通知できるように、パーサーを各舷門に1名配置した。また、乗組員船室を生存者用に明け渡すように命じた。

- マクギー(McGhee)船医を呼び、船内の気つけ薬と興奮剤をすべて集め、各ダイニングルームに応急手当所を開設するよう命令した。また、乗船していた他の医師2名、イタリア人とハンガリー人にそれぞれ二等と三等のダイニングルームを担当するよう指示した。

- ロストロン船長は、さらに、舷門を開いて固定し、ボースンチェア[*4]と縄梯子を舷側に下ろす準備をさせ、乗船しやすいように舷側には移動式の照明と救助ネットをかける準備をさせた。また救命ボート付近の波を抑える必要がある場合に備えて、油を用意しておくよう命じた。船長は2,000名以上の救助に備えるよう警告したが、残念なことに実際にはその半分以下しか救助できなかった。

- 命令を下しつつ、船長は全員に可能な限り冷静でいるように促した。これからやるべき任務は容易なものではなく、カルパチア号の乗客が足手まといになるかもしれない。そこで、歩き回る乗客に対しては、船に何の問題もないから客室に戻るように伝えさせるために、各通路にパーサーを配置した。さらに、三等船室の乗客を落ち着かせるために、腕っ節

---

*3　船舶の上甲板の横、舷側(船の側面)にあって、船梯子をかけて昇降する出入り口
*4　高所で作業するときのロープで吊した腰掛け板

第9章　正真正銘のプロフェッショナリズム　*201*

の強い給仕を配置した。三等船室の乗客が船室を移動させられる際にどう反応するのか、誰にもわからなかったためである。

- しかし、船長の最も勇敢な行動は、機関長に可能な限り大量の石炭を用意し、非番の見張りも呼集してボイラー焚きを手伝うよう命じたことである。すべての蒸気を推進力に使うために、船室の暖房と温水供給をすべて停止した。エンジンの回転数が上がるにつれて船全体が振動した。タイタニック号の救助要請から数分以内に、旧式のカルパチア号は設計上の最高速度14ノットを3ノットも上回る17ノット（時速約31キロメートル）で海面を切り裂いていた。そして、氷山海域の端に到達するまでの3時間、17ノットの速度を維持したのである。

- ロストロン船長は、右舷側ブリッジに二等航海士を呼び寄せ、「ここにいて、電灯、火、それに氷山を見張ってくれ。こういう凪いだ海面では氷山の水線に上がる白い波しぶきを探しても無駄だ。氷山にきらめく星明かりは見えるはずだ。氷山海域に達するのは午前3時か、あるいはその少し前だ。船首と見張り台と左舷側ブリッジに見張りを増員するが、手遅れにならないうちに何かを発見するのには、君の目の良さと神の助けが必要だ。すべての注意力を注いでくれ」と伝えた。二等航海士は、ブリッジ内をちらっと見たときに、一人で佇む船長が頭を垂れ無言の祈りに唇を動かしているのを目にしたのを覚えていた。船長は後に、舵をとっていたのは彼自身よりも「神の手」だった、と回想している。

午前2時45分頃、二等航海士は、船首前方4分の3マイル（約1.2キロメートル）の位置に星明かりにぼんやり見える氷山を発見したと報告した。船長は即座に進路を右に変更し、前進半速に速度を落とした。船長は左舷側ブリッジに出て、氷山を無事回避し、他には氷山が見えないことを確認した後、伝令器に戻り運転指令を「全速前進」にした。

数分後、別の氷山を発見した付近から、次々と氷山が現れた。約30分間、カルパチア号は限界まで出力を上げて最高速度を維持しながら、山のような氷

山の間をジグザグに進んで衝突を回避していた。ロストロン船長にとって減速は問題外であった。時間が重要だったのである。すべては計算済みのリスクであった。

後日、ニューヨークで開かれた聴聞会において、スミス（Smith）上院議員がロストロン船長に対して全速力で氷山海域を突っ切るという判断の正当性について尋ねると、船長は次のように答えている。

「正直に言いますが、当時、多数の氷山があったことを知っていれば、私はこのようなスピードを出すことはありませんでした。しかし、氷山海域の真っ只中にいて、氷山を確認することができました。迷いなどまったくありませんでした。船や乗客をリスクに曝していることになりますが、私は何のために行くかを考えなければなりませんでした。」

スミス上院議員が「タイタニック号の人々の命を救うためですか？」と答えを促すと、ロストロン船長は「はい、私は彼らの命のことを考えなければなりませんでした」と答えた。上院議員の目には涙が溢れ、言葉が出なかった。ハンカチで涙を拭いながら「私は、心からあなたの行動は最高の賞賛に値すると思います」と絞り出すような声で言った。船長はそれまでと同じく抑制のきいた静かな声で「ありがとうございます」と答えた。

若いコッタム無線通信士は、午前2時少し前、タイタニック号からの最後のメッセージ「機関室ではボイラーまで浸水している」を受信した。タイタニック号が沈没するまで30分少しを余すのみであった。

カルパチア号は、黒い煙を大量に吐き出し、氷山の間をジグザグに進み、15分ごとに船首から信号弾を打ち上げ、その間は、キュナード・ライン社の船であることを示す夜間識別花火を使用した。ロストロン船長は、生存者に対して救助が向かっていることをはっきり示したかったのである。

【2】救　　助

　この時点でカルパチア号は、遭難信号が発信された北緯41度46分、西経50度14分に極めて近い地点に達していたが、午前3時35分になっても救命ボートやタイタニック号の痕跡は依然として見つからなかった。カルパチア号の船員は、タイタニック号は沈没したと考えたが、1時間も前に沈んだことには、誰も気づかなかった。ロストロン船長は午前3時50分、エンジンを「待機」状態にさせ、4時に停止させた。夜が明け始めようとしていた。

　ちょうどそのとき、緑色の照明弾が見えた。まっすぐ船首前方の海面近くであった。その明かりで300フィート（約92メートル）ほど向こうに1隻の救命ボートの輪郭が浮かび上がった。ボートは波のうねりに上下していたが、まるで漕ぎ手が疲れ切ってしまったかのように前方にはほとんど動いていなかった。ロストロン船長はエンジンを始動してカルパチア号を右に転回させ、風下側に救命ボートをつけようとした。しかし、すぐ前方に氷山が現れたため、方向を変えざるをえず、生存者を右舷から収容しなければならなかった。ロストロン船長は操舵手2名を舷側に行かせ、救命ボートが舷側に衝突しないようにした。

　最初に救助されたのは、ボックスホール（Boxhall）四等航海士が指揮する2号救命ボートで、24名が収容された。ブリッジのロストロン船長にとっては、タイタニック号が沈没したことは聞くまでもなくわかっていたが、彼は正式な手順を踏む必要があると考えた。ボックスホール四等航海士にブリッジまで来るように指示した。ボックスホールは、ショックで体を震わせながら、船長の前に立った。ロストロン船長が、「タイタニック号は沈んだのかね？」と尋ねると、ボックスホールは弱々しい声で「はい、2時半頃に沈没しました」と答えた。さらに、ロストロン船長が沈没時に多数の乗客が船上に残っていたのかどうかを尋ねると、ボックスホールは「何百人も、いえ、千人も、いえ、もっと大勢の人です」と取り乱して叫んだ。ロストロン船長は彼に下の客室に行って、熱いコーヒーを飲んで暖をとるように指示した。

　夜が明けると、大きい氷山が20以上も見つかり、小さいものは無数にあった。4マイル（約6.4キロメートル）四方の水域に散らばる救命ボートは周囲の

氷山のために小さく見えた。ロストロン船長はそのときの光景を次のように述べている。

> 「本船周辺の救命ボートと氷山以外には、海上には不思議なほど何もなかった。1〜2脚のデッキチェア、2〜3個の救命胴衣、たくさんのコルク以外、漂流物はほとんど何もなかった。潮に乗って海岸に打ち上げられているもの以外、何もなかった。タイタニック号は最後にすべてを道連れにして海底に沈んだのだ。一人の死体しか見つからなかったが、凍てつくような冷たさを考えると海中で長く生きられる望みはなかった。」

氷山を避けながら、小さな救命ボートを破損させないように大型船を操船するのは非常に困難で、ロストロン船長はシーマンシップの限りを尽くさなければならなかった。生存者を収容するのは困難な作業であり数時間を要した。最後の救命ボートからの救助を終え、タイタニック号の生存者705名が収容されたのは、午前8時半前だった。

次に、ロストロン船長はこの予定外の船客をどこの港に送り届けるのがよいのかを考えた。最寄りの港はハリファックス(Halifax)*5だが、途中には氷山がある。カルパチア号としては、アゾレス(Azores)諸島*6に行くのが望ましいであろうが、リネン類や食料はそこまでもたない。ニューヨークに向かうのはキュナード・ライン社にとっては最も費用がかかる選択肢であるが、船客にはベストだった。結局、ロストロン船長はニューヨークに向けて出発した。ただし、氷山海域を回避し終えるまでに4時間を要した。

ニューヨークに向けての航海中、ロストロン船長は、誤った希望と情報が伝わるのを最小限にするため、陸上との通信を厳しく制限した。彼は、通信設備を公式連絡と、生存者からの個人的な連絡だけに使用したのである。

---

*5 カナダ・ノバスコシア(Nova Scosia)州の州都
*6 ポルトガル沖約1,000キロメートルの大西洋上に浮かぶ群島

【3】ニューヨークへの到着とその後

　カルパチア号は4月18日の夜、ニューヨーク港に入港した。天候が急変してひどい雷雨に見舞われていたが、ロストロン船長は、タイタニック号の生存者を可能な限り早く上陸させるべきだと強く主張し、最初の生存者は午後9時35分に下船した。ロストロン船長は埠頭で大騒ぎしている新聞記者が生存者を煩わせることを許さなかった。記者の一人は何とか船上に潜り込むことに成功したが、ロストロン船長は船上ではいかなる状況でも生存者へのインタビューを許さないと告げた。記者がインタビューしないことを誓ったことから、ブリッジに居ることを認めた。後にロストロン船長は、「彼は紳士的だった」と述べている。

　ロストロン船長は、その並外れた功績からすれば当然の褒賞を受けた。さまざまな勲章や賞を受けたが、なかでもタフト(Taft)米国第27代大統領から議会名誉黄金勲章(Congressional Gold Medal)を授与され、さらに米国名誉十字章(American Cross of Honor)も授与された。第一次世界大戦後には英国国王ジョージ5世(George V)よりナイトの爵位も授かった。1931年の引退前にキュナード・ライン社の首席船長となった。その後、1940年11月4日に肺炎のため永眠し、英国サウサンプトン(Southampton)のウェストエンド教会(West End Church)の墓地に埋葬された。3年後、夫人も亡くなり、同じ墓地に隣り合って眠っている。

　カルパチア号の最後は、1918年7月17日、ボストン行きの輸送船団に加わって航行中、アイルランド南部ファストネット(Fastnet)の沖合120マイル(約193キロメートル)で魚雷2本を被弾した。乗組員が救命ボートに移乗中に3本目の魚雷が命中し、爆発により乗組員5名が死亡した。残りの乗組員と乗客57名は英国海軍スノードロップ(Snowdrop)号に救助され、リバプール(Liverpool)に無事送り届けられた。

9.2 アポロ13号の生還(1970年)

　この出来事は、私には特に意味深いものである。というのは、当時私は米国航空宇宙局(NASA)の契約研究員で、NASAの長官が大惨事寸前の事態に関する調査の最新結果を聞くため関係者を会議室へ招集した1969年夏、私はカリフォルニア州マウンテン・ビュー(Mountain View)のNASAエームズ研究センター(Ames Research Center)にいた。

　「ヒューストン、何か問題が発生したようだ」。この言葉は、「人類にとっての小さな一歩」について、20世紀後半に最もよく使われた言葉の一つに違いない。実際のところ、アポロ(Apollo)13号の機械船の酸素タンクが爆発し、外壁の一部を吹き飛ばしたのは、次々と発生する問題の始まりにすぎなかった。人生というものはしばしば「途方もないことの連続だ」といわれるが、この言葉はアポロ13号で起きたことを如実に表している。アポロ13号の生還は数日にわたる出来事であるが、非常に技術的に難しい内容である。そこで、ここでは単純化して話を進めることにしよう[3]。その前に、まずアポロ13号と乗組員について説明しよう。

【1】ミッション、宇宙船、宇宙飛行士

　アポロ13号は、3回めの月面着陸に向け、米国ヒューストン時間1970年4月11日13時13分に打ち上げられた。迷信でいえば、ここには不吉な数字13が続いていたうえ、機械船側面を吹き飛ばした爆発事故は4月13日に発生した。アポロ計画のミッションは、高さ85メートルの三段式サターン5型ロケットを、フロリダ州ケープ・カナベラル(Cape Canaveral)から打ち上げるこ

---

[3] アポロ13号の生還に関する記述の主な引用は、Cass, S. (2005) *Apollo 13, We Have a Solution* (IEEE Spectrum: http://www.spectrum.ieee.org). Compton, W. D. (2000) *The Flight of Apollo 13* (*excerpts*) (http://liftoff.mfsc.nasa.gov/Academy/History/APOLLO-13/compton.html)である。

とである。打ち上げロケットの最先端部には、2つの宇宙船が搭載されていた。地球と月への往復用の三人乗りの母船アポロ宇宙船、および月面とアポロ宇宙船との間を移動するための二人乗りの月着陸船である。アポロ宇宙船と月着陸船は、それぞれ2つに分けられる。アポロ宇宙船は、円筒形の機械船と円錐形の司令船から構成されていた。機械船にはメインエンジンが収容されているほか、地球と月の間の6日間の飛行に必要な酸素、電力および水を供給する。司令船には、乗員3名、フライトコンピュータ、および航法装置を格納している。アポロ13号の司令船のみが、尖っていない底部を下に向けて大気圏に再突入し、地球に戻るように設計されていた。

月着陸船は、上昇段と降下段から構成されていた。降下段には月着陸船を月面に降ろす際に使用する強力なエンジンが備えられていた。月面探査が完了すると、降下段は上昇段の発射台として機能し、上昇段が宇宙飛行士を司令船まで連れ戻すことになっている。月からの発射の後、上昇段は月周回軌道上でアポロ宇宙船とランデブーする。このミッションでは、アポロ宇宙船は「オデッセイ(Odyssey)」、月着陸船は「アクエリアス(Aquarius)」と名づけられていた。月までの航行中、オデッセイとアクエリアスは先端どうしを連結しているが、宇宙飛行士たちは司令船にとどまっており、電力を節約するために月着陸船の電源は切られていた。

アポロ13号の船長はジェームズ・A・ラヴェル(James A. Lovell)、司令船操縦士はジョン・L・スワイガート(John L. Swigert)であったが、スワイガート飛行士は風疹にかかった恐れのあるトーマス・K・マッティングリー(Thomas K. Mattingley)飛行士に代わってぎりぎりになって指名された。乗組員の3人目は、フレッド・W・ヘイズJr(Fred W. Haise Jr)飛行士で、月着陸船の操縦士であった。

【2】 事の起こり

船上で使用する電力のほとんどは、機械船の燃料電池3個から供給されていた。図9.1に機械船内部の切取図を示す。燃料電池(最上部)が下部の極低温タ

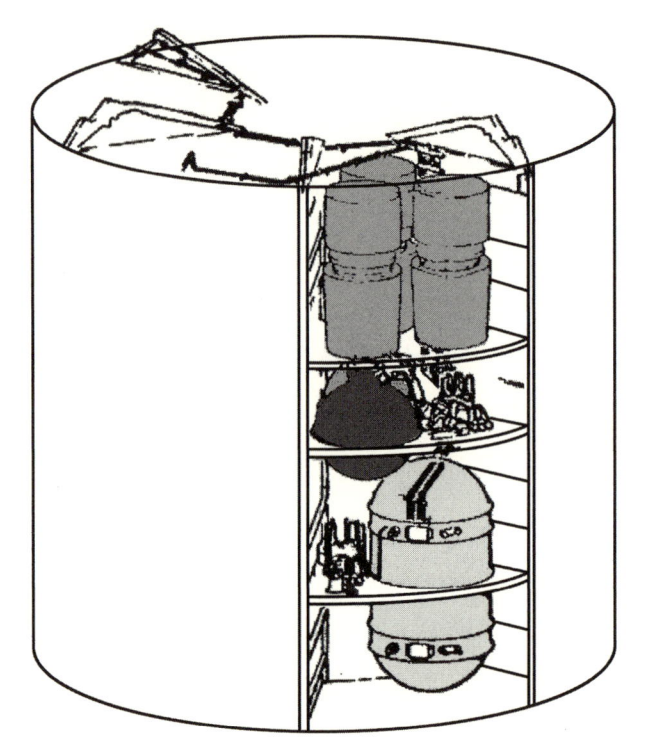

注) 球形の極低温酸素タンク(第二層)が爆発して宇宙船を破壊した。

図 9.1　機械船の切取図

ンクに蓄えられている酸素と水素を結合させ、水と電力を供給する。酸素タンク 2 個はほぼ球状で、水素タンクはその下にあってより円筒形に近い形状になっている。4 月 13 日午後 9 時、飛行開始 56 時間後に爆発したのは、手前の酸素タンク(2 番)であった。乗り組んでいた宇宙飛行士たちが生還できたのは幸運なことであった。

　酸素は液体になっており、正確な残量を読み取るには攪拌する必要があった。そのため、タンク内には攪拌機が取り付けられており、司令船内のスイッチを入れると作動する。発射前試験時の一連のミスと不運により、テフロン製の皮

膜が焼け落ちた。このためタンクは攪拌機の最初の2回の作動（24時間ごと）の際は無事であったが、2回目の測定時に2番タンクの残量センサーが故障した。ヒューストン管制センターは、2番タンクの残量の正確な測定ができるように6時間ごとに攪拌することを乗組員に指示した。その結果、テフロン製皮膜がなくなった裸線に、都合5回にわたって通電することになり、その5回目に爆発が起きたのである。

爆発がこの時点で起きたのは、ある意味で幸運なことだった[4]。もし、もっと遅い時期、例えば月着陸船の切り離し後に爆発が起きた場合、月着陸船を絶対必要だった"救命船"として使用することはできず、乗組員は生還できなかった。また、月着陸船が月面から戻って司令船に再びドッキングした後に爆発が起きた場合、月着陸船に積載していた生命維持用の材料をすべて月面の降下段に残すことになったからである。

ロン・ハワード（Ron Howard）監督の映画『アポロ13号』では、酸素タンクの爆発は一連の爆発音と鈍いきしみ音で表現されていたが、ラヴェル船長によると、実際には、「鈍い爆発音が聞こえたが、振動はあまりなく、音だけだった」という。

悪戯好きのフレッド・ヘイズ飛行士は、月着陸船のリリーフバルブを開くと大きな破裂音がすることを利用して、仲間をビックリさせて喜んでいた。酸素タンクが爆発して機械船の側面を大きく吹き飛ばしたときにも、他の乗組員2名はヘイズが新たな冗談を考え出したと思って、ヘイズに冷たい視線を向けた。しかし、すぐに司令船のすべての警報と警告灯がクリスマスツリーのように点灯し、このときに3人は事故に遭遇したことを悟った。

ヒューストン管制センターの管制官たちは、遠隔測定が途絶えたのは最初、計測装置の問題だと考えた。しかし、乗組員も管制官も2番酸素タンクの容量がゼロになっており、1番酸素タンクも急速に酸素を失っていることに気づく

---

4) Woodfill, J. *The Stir that Saved the Lives of Apollo 13's Crew*（http://www.dunamai.com/articles/American_History/stir_saved_Apollo_13.htm）

には、それほど時間がかからなかった。最初の処置として、1番燃料電池を停止し、司令船内の重要性の低いシステムのスイッチを切って電力消費を最小限に絞った。すぐに2番燃料電池も停止した。もし酸素残量がゼロになったら、司令船の電力は120アンペアの再突入用バッテリー3個しか残っていないことになる。しかし、それはミッションの最終段階でどうしても必要であった。飛行主任のジーン・クランツ(Gene Kranz)は月着陸船を救命船として使うことを決め、管制官チームに月着陸船に生命維持のための最小限の電力を供給するよう命じた。しかし、これは口で言うほど簡単なことではなかった。

【3】 月着陸船の起動

月着陸船アクエリアスには、33時間の月面探査中に必要な充電済みの大型電池と満タンの酸素タンクが搭載されていたが、重要なシステムを凍結から守るヒーター以外、アクエリアス船内のほとんどすべてのスイッチが切られていた。また司令船とは"ヘソの緒"のように2本のケーブルで接続されており、機械船オデッセイから電力が供給されていた。

その2本のケーブルはオデッセイ船内の電力分配盤スイッチに接続しており、このスイッチを操作すれば、月着陸船の電力をオデッセイから供給するのか、月着陸船のバッテリーから供給するのかを切り替えることができた。しかし、このスイッチに問題があった。スイッチの動作自体に電力が必要で、オデッセイにはその電力がなかった。

この窮地を脱することができたのは、プロフェッショナリズムの賜物だった。1年ほど前、訓練シミュレータの担当者は、アポロ13号の爆発事故発生とほぼ同様のタイミングで司令船の燃料電池が故障したという事故対応を訓練していた。月着陸船担当の管制官ボブ・レグラー(Bob Legler)は、緊急に月着陸船を救命船として使用しなければならないという模擬訓練を体験した。救命船として使用するための手順は決まっていたが、損傷した司令船に連結した状態ではなかった。このシミュレーションは、乗組員全員死亡という結果で終わった。もちろん、仮想の乗組員ではあるが、結果は死亡であった。

その後数カ月間、月着陸船担当の管制官たちは、この問題に粘り強く取り組み、さまざまな故障シナリオを試したうえで、解決策を見出していた。アポロ13号の爆発事故が発生した際、彼らはその解決策を"棚"から取り出すだけでよかったのである。こうして節約できた時間が役に立った。月着陸船に生命維持のため最低限の電力が供給されたのは、オデッセイに搭載された最後の燃料電池の寿命が尽きる15分前だった。

【4】月着陸船誘導システムのプログラミング

爆発後、最も重大な問題は、乗組員を可能な限り早く地球に帰還させるにはどうしたらよいのか、ということであった。ヒューストン管制センターの飛行力学チームの計算によれば、オデッセイのエンジンを使用し、燃料を最後の一滴まで燃やせば、宇宙船を反転させて地球に帰ってくることができた。しかし、メインエンジンは機械船に装備されており、爆発によってどの程度損傷しているのか、誰にもわからなかった。故障しているかも知れないし、乗組員全員を道連れに爆発してしまう可能性もあった。

もう一つの選択肢は、アポロ13号をそのまま月に向かって飛行させるというものだった。引力によって月を半周してから、地球に向かって放り投げてもらう、という案だった。しかし、この方式では帰還までに数日余分にかかってしまう。月着陸船は乗組員2名の生命を2日間維持するのに十分な設計が施されていたが、3名を4日間というわけにはいかなかった。

議論百出の後、飛行主任ジーン・クランツが月を利用する方法を選択した。クランツは生涯で最も難しい選択だったと述べているが、彼は月着陸船と担当管制官たちを信頼していた。「月を回ると決めてしまえば、管制官チームが困難を切り抜けさせてくれることにはまったく疑いがなかった」と彼は回顧している。映画では、クランツのセリフは「失敗という選択肢はない」という言葉で終わっているが、クランツ本人は後に、実際にはこのようなことは言っていないと述べている。しかし、クランツはこの言葉をとても気に入り、自著の本のタイトルに使用している[5]。

問題はこれだけではなかった。さまざまな理由から、アポロ13号は自動帰還軌道から離脱していたのである。軌道を修正しなければ、地球の方向に戻っては来るものの、数千マイル離れて通過する状態だった。目標軌道に乗せて自動帰還を実現するには、オデッセイの誘導システムを使う必要があったが、このシステムは通常、月へ向かっているときにはスイッチが切られており、このときも、いつもどおり、切られていた。誘導システムには現在位置が入力されていなかった。

月着陸船の誘導システムにも、司令船と同型のコンピュータが装備されていたが、それを使うには乗組員が司令船のコンピュータからアライメントデータ[*7]を月着陸船のコンピュータにコピーする必要があった。しかし、月着陸船と司令船が先端どうしでドッキングしているため、角度をすべて逆にしなければならない。単純な算数の問題であるが、この仕事はジェームズ・ラヴェル船長に任された。しかし、シミュレーションで計算ミスが多かったため、ラヴェル船長は管制官に数字のチェックを依頼した。

計算とチェックが完了するとすぐに、司令船の電源を引き抜き、完全にシャットダウンした。とはいえ、再突入の前にはコンピュータを再起動しなければならなかったが、司令船は飛行中にスイッチを切るようには設計されていなかったため、別の問題が起きたのである。

【5】 二酸化炭素の問題

アポロ13号が地球に向けて速度を上げるにつれ、ヒューストン管制センターはさらに別の問題と格闘していた。月着陸船アクエリアスには本来の乗組員であるラヴェル船長とヘイズ月着陸船操縦士に加えてスワイガート司令船操縦士を収容しても問題ないだけの酸素があったが、二酸化炭素吸収用のリチウム水酸化物キャニスターが限界に達して、船内に二酸化炭素が蓄積し始めた。ア

---

5) Kranz, G. (2000) *Failure is Not an Option*, New York: Simon & Schuster.
*7 宇宙船の位置や向きのデータ

ポロ宇宙船オデッセイには交換用のキャニスターが十分にあったが、はめ込み用の穴の形状が月着陸船のキャニスターの丸穴とは異なるため、装着できなかった。

　生命維持装置技術者のエド・スマイリー(Ed Smylie)がこの問題を予期して、取り組んでいた。2日間にわたって、スマイリーとそのチームはオデッセイの四角い形状のキャニスターをアクエリアスの丸い穴に合わせて応急的に取り付ける方法を考え出そうとしていた。そして、船上で使用可能な材料、靴下片方、ビニール袋1枚、飛行マニュアルの表紙、大量のガムテープを使って、乗組員はスマイリーが考案した装置を取り付けて固定した。この代用キャニスターは十分に機能し、二酸化炭素濃度は安全なレベルまで低下した。ここでもヒューストン管制センターは再び奇跡を成し遂げたのである。

【6】軌道再修正

　軌道修正のために二度のロケットエンジン噴射がうまく行ったにもかかわらず、飛行管制官たちはなぜか宇宙船が軌道から外れようとしていることを憂慮していた。これは後に、月着陸船アクエリアスからの水漏れが小型のロケット噴射のように作用していたためであることがわかった。ヒューストン管制センターでは軌道修正のためにもう一度エンジン噴射が必要だと考えていたが、航法システムが稼働していなかったため、修正噴射で宇宙船を正しい方向に向けるための何か別の方法が必要だった。

　飛行管制官であるチャック・ディートリック(Chuck Dietrich)は、マーキュリー(Mercury)、ジェミニ(Gemini)、およびアポロの地球周回ミッションで使用された調整テクニックを思い出した。それは、宇宙船を地球表面の参照点に向けて合わせるもので、この場合には昼夜の境界である明暗境界線に合わせる方法であった。しかし、この方法は月からの帰還に使用されたことはなかった。もしアポロ13号の大気圏突入角度が1度でもずれたら、宇宙空間にはじき飛ばされるか、大気中で燃え尽きるかのどちらかの結果になるかもしれなかった。

アポロ13号の乗組員は厳寒のために疲れていた。また爆発以来ほとんど眠っていなかったし、船内温度は摂氏0度付近まで下がっていた。しかし、乗組員は軌道修正を完璧に成し遂げ、さらに翌日の2回目の軌道修正も完璧に遂行した。

【7】再突入に向けた司令船の再起動

爆発から3日目は、大気圏への再突入を準備するときだった。まず最初に、司令船のバッテリーを充電しなければならない。レグラーらのチームは、月着陸船アクエリアスを救命船として使用する際に、月着陸船と司令船をつなぐケーブルを介して月着陸船から司令船に電力を供給する方法を考え出していたが、それと同様の手順でアポロ宇宙船オデッセイのバッテリーを充電した。

オデッセイはバッテリーがフル充電の状態であっても、着水前に電力切れになる可能性があったが、司令船のシステムに電力を投入したら、その状態を維持しなければならなかった。電源を投入する必要最小限のシステムを決定すること、および電源投入のタイミングをいつまで待てるのかということが、次の重要な問題であった。

事態が悪化したときに、ヒューストン管制センターの中で頼りにされる人物であるジョン・アーロン(Joan Aaron)が、見事な電源投入手順を考え出した。通常、最初にやるべきことは、計器システムの電源投入であるが、今回の電源投入では計器システムへの電源投入は最後であった。

そのため、乗組員、特に司令船操縦士のスワイガートは、電源投入手順全体を計器なしで行う必要があった。操作に誤りがあった場合、計器システムの電源を入れてからそれに気づいて修正しても、遅すぎることもある。しかし、乗組員たちは疲労していたにもかかわらず、手順を完璧にこなした。ベテランの管制官であるクリス・クラフト(Chris Kraft)は、次のように述べている。

「テストパイロットを宇宙飛行士に採用した理由はそれだった。テストパイロットは目的達成のために生命を賭すこと、決断すること、危険な状

況に飛び込むことに慣れている。宇宙飛行にはそうした状況でもパニックに陥らない人物が必要だ。この3名（筆者注：ラヴェル、スワイガート、ヘイズ）は、元テストパイロットであり、こうした考えの象徴だった。」

【8】着　　水

　電源投入が終了するとすぐに、乗組員は司令船に戻りベルトを締めた。再突入手順の一部として、損傷した機械船を切り離したが、その際に側面の巨大な割れ目の写真を撮った。次に、月着陸船アクエリアスを放棄するときがきた。「さよなら、アクエリアス、ありがとう」と、月着陸船がゆっくりと離れていくのを見ながらラヴェル船長がつぶやいた。

　それから1時間が経過し、司令船は大気圏に突入した。あと数分で、宇宙飛行士たちが無事に帰還できるのかできないのかが決まる。数秒後、司令船はプラズマ層に入り、通信が途絶えた。管制官たちの計算では通信復帰まで3分間のはずだったが、3分経っても司令船からの連絡はなかった。飛行主任のクランツは、「これがミッション全体で最悪の時間だった」と述べている。

　数秒後、旋回中の無線中継用航空機が司令船からの無線信号を受信した。が、メインパラシュートがうまく開くかどうかという問題があったため、大惨事の可能性は依然として残っていた。その後、赤と白のパラシュートが開いたのを、回収活動にあたっていた揚陸艦イオージマ（Iwo Jima）号のテレビカメラが捉えた。それから、3人の宇宙飛行士が甲板に姿を現し、無事に生還した。

【9】補　　足

　アポロ13号の帰還に関する私の記述では、ほんのわずかな人々にしか言及していないが、実際は、非番の管制官、宇宙飛行士とシミュレーション技術者、臨時契約職員など、救助に数百人もの人がかかわっていた。この救助作戦は、まさにチームプレーであって、宇宙船内においても地上においても、正真正銘のプロフェッショナリズムが最高に発揮された結果だった。

9.3 ブリティッシュ・エアウェイズ09便（1982年）

　ブリティッシュ・エアウェイズ（British Airways：BA）09便は、ロンドンのヒースロー空港からインドのボンベイ（Bombay）とマドラス（Madras）、マレーシアのクアラルンプール（Kuala Lumpur）、オーストラリアのパース（Perth）とメルボルン（Melbourne）を経由して、ニュージーランドのオークランド（Auckland）へ向かう定期便であった。1982年6月24日、このルートを「シティ・オブ・エジンバラ（City of Edinburgh）」と名づけられたボーイング747-236型ジャンボジェット機が、乗客248人、乗員15名を乗せて飛行していた。操縦室には、エリック・ムーディ（Eric Moody）機長、ロジャー・グリーブス（Roger Greaves）副操縦士、バリー・タウンリーフリーマン（Barry Townley-Freeman）航空機関士が乗務していた。

　飛行機がジャワ島近くの南インド洋上を飛行中のグリニッジ標準時間（GMT）13時40分（ジャカルタ時間20時40分）過ぎに、トラブルが起きた。機長がトイレ休憩のため席を外していたとき、副操縦士と航空機関士は、操縦室の窓に走る「セントエルモの火（St. Elmo's fire）*8」を見た。それは曳光弾のようであった。この現象は機長が操縦室に戻ったときも続いていた。気象レーダーには何も表示されていなかったが、機長らは念のためエンジン氷結防止装置と乗客のシートベルトサインのスイッチを入れた。

　一方、客室では煙が広まりつつあった。だんだん煙が垂れ込めてきたために、乗客は動揺し始めた。窓際の乗客が、エンジンが異様に光っていると叫んだことで、それは恐怖へと変わった。あたかもエンジンの中の強力な光源から出る光が、エンジンのファンブレードをとおして輝いているようであった。奇妙な

---

　*8　悪天候のときに、静電気が尖った物体に発生させる青白いコロナ放電による発光現象

ストロボ現象により、エンジンがゆっくりと逆回転しているように見えていた。

13 時 42 分 GMT（ジャカルタ時間 20 時 42 分）ごろ、第 4 エンジンの出力が急激に低下し、エンジンが停止した。副操縦士と航空機関士は、直ちに第 4 エンジンの停止手順に従って、エンジンへの燃料供給を停止し、消火の準備をした。機長は不均衡な推力に対して、バランスをとるために方向舵を操作した。

この時点で乗客は、長く黄色に輝く何かが、動いている他のエンジンからも出ていることに気づいた。第 4 エンジンが停止して 1 分も経たないうちに、第 2 エンジンの出力が急激に低下し、エンジンが停止した。さらに第 1 エンジンと第 3 エンジンが、ほぼ同時に停止した。航空機関士が「信じられない、4 つ全部のエンジンが停止した」[6]と叫んだ。ジャンボジェット機がグライダーになってしまったのである。

ほとんどのエンジンの計器は、固着するかゼロを指しており、使い物にならなかった。飛行速度計の一つは 270 ノット（時速約 500 キロメートル）を指していたが、もう一つは 320 ノット（時速約 592 キロメートル）を指していた。いつの間にか、BA09 便はジャカルタ南東のガルングング（Gulunggung）山の噴火でできた火山灰の大きな雲の中に突入した。火山灰は乾燥していたため、この雲はレーダーには映らなかったのである。

ジャンボジェット機は、15 キロメートル滑空すると、高度が 1 キロメートル降下するように設計されている。ムーディ機長は、現在、11,280 メートル（37,000 フィート）の高度があることから、BA09 便は 23 分、261 キロメートルの距離を滑空できると見積もった。13 時 44 分 GMT（ジャカルタ時間 20 時 44 分）、グレイブス副操縦士は機長の指示どおり、4 基のエンジンがすべて停止したため緊急事態を宣言すると、ジャカルタ航空管制に伝えた。管制官はBA09 便からの報告を、第 4 エンジンのみ停止したと聞き間違えたがガルーダ・インドネシア（Garuda Indonesia）航空の飛行機が、正確なメッセージを管制

---

6) British Airways Flight 9, Wikipedia（http://en.wikipedia/wiki/BritishAirways_Flight_9）.

官に中継したことで、ようやく管制官は BA09 便の窮状を把握したのである。

　全エンジンの停止は、すぐに乗客の知るところとなった。何人かの乗客は、愛するもののために遺書を書いた。例えばチャールズ・ケープウェル（Charles Capewell）は、「ママ、たいへんなことになった。飛行機が落っこちる。息子たちにできるだけのことをして。愛しています。ごめんね、パパより」と、航空券のカバーにメッセージを殴り書きした。死にたくないと泣き叫ぶ乗客もいたし、パニックに陥った人を落ち着かせようとする乗客もいた。

　操縦室では、レーダー支援を受けるため、ジャカルタ航空管制とコンタクトをとろうとしていた。しかし、おそらく、近くに高い山があったために、ジャカルタ航空管制のレーダーには、BA09 便が映らなかった。ジャワ島の山岳地帯を越えてジャカルタのスカルハッタ国際空港に向かうには、少なくとも 11,500 フィート（約 3,500 メートル）の高度が必要とされていた。ムーディ機長は 12,000 フィート（約 3,660 メートル）に達したときに、それ以上高度を維持するのが困難ならば、海に引き返して、不時着水する決心をしつつ、エンジンの再始動を試みた。しかし、エンジンは始動しなかった。

　この時点で、ムーディ機長は機内放送で乗客にアナウンスを行った。これは"控えめな表現の最高傑作"といわれている。

　　「乗客の皆さま、こちらは機長です。本機はちょっと問題を抱えています。4 基のエンジンがすべて停止しています。私どもはそれらが動くよう最善を尽くしています。私は皆さまが悩み過ぎていないと信じております。」

　非常にリスクの高い不時着水を行う前に、高度 13,500 フィート（約 4,110 メートル）で最後のエンジン再始動が試みられた。エンジン再始動の手順はあるものの、誰もジャンボ機のエンジン再始動を、上空で行ったことはなかった。これまでも、そして、これからも、そんなことは誰もしないだろう。そのとき、幸運が訪れた。第 4 エンジンが始動し、機長はその推力を利用して、高度の低

下を抑えた。そのすぐあとに、残りの3つのエンジンも再始動した。発電機の一つが、まだ機能していたために、エンジンの点火ができたのである。山を越えるために、BA09便は高度を15,000フィート（約4,570メートル）にまで上昇し始めた。しかし、目標高度に近づいたとき、「セントエルモの火」が、再び操縦室の窓の上を走り始めた。機長は、エンジンが再び停止しないように上昇をやめたが、この措置で第2エンジンの出力が再び低下し、停止してしまった。BA09便はすぐに12,000フィート（約3,660メートル）まで再び降下した。

　BA09便がジャカルタに近づくと、晴れた夜で空港周辺の視界は良好との連絡があった。しかし、BA09便にとっては、不幸にも視界は良好ではなかった。操縦室の窓をとおして外を見ることがほとんどできず、彼らは計器着陸装置*9なしで、計器だけを頼って着陸しなければならなかった。ムーディ機長は、この経験のことを「アナグマのケツの穴の中を飛行しているようだった」と述べている。滑走路のライトは、操縦室の窓の片隅から見ることができたが、機体の着陸灯はつかなかった。着陸しても、地上を走行できないことにも気づいた。エプロン照明灯*10の光がギラついて、外が見えなかったのである。そのためBA09便は牽引車で牽引された。

　「空飛ぶ灰皿」というあだ名をつけられたシティ・オブ・エジンバラ号は、滑空を目的としていない航空機の部門で、最も長距離を滑空したとして、ギネスブックに登録された。

　乗員たちは、重要軍務女王賞（Queen's Commendation for Valuable Service）*11、英国民間航空パイロット協会（British Airlines Pilot Association：BALPA）からのメダルなど、数々の賞を授与された。BALPAは、彼らの名前を、エアマンシップ勲章名鑑（Outstanding Airmanship Award booklet）[7]に連ねた。この名鑑には、本章および以降の章で述べる事例の関係者も名を連ねている。

＊9　航空機が計器を使って着陸するのを支援するシステム
＊10　駐機場を照らすライト
＊11　英国の軍の勲章の一つ

9.4 BAC1-11型機のインシデント(1990年)

これから見ていくように、この事例は、「インシデント」という言葉には、やや不釣合いな出来事である[8]。BAC1-11型機[*12]のブリティッシュ・エアウェイズ5390便は、スペインのマラガ(Malaga)に向かうチャーター便で、1990年6月10日の日曜日、午前7時20分に英国バーミンガム(Birmingham)国際空港を離陸した。天候は晴れ、飛行時間は3時間を予定していた。しかし、BA5390便は英国領空を離れることはなかった。

6月8日から9日にかけての夜、この機体の操縦室の窓ガラスの交換が予定されていたが、人手不足であったことから、当直マネージャーが自ら交換を行った。この事故原因の調査には、私も参加した。この事故の直接的な原因は、必要とされるボルトよりもわずかに細いボルトで窓が固定されていたことであり、これにつながる防御の不具合とエラーについては、文献[9]で述べている。ここでは、その後の飛行で何が起きたかについて、焦点を当てることにしよう。

機長のティム・ランカスター(Tim Lancaster)、副操縦士のアラステア・アチソン(Alastair Atcheson)は、飛行前のメンテナンス記録の確認で、左側、すなわち機長席側の窓が交換されたことを知った。しかし、通常の飛行を妨げるようなものは、何一つ見つからなかった。

BA5390便には、この2人のパイロットのほかに、4人の客室乗務員と81人の乗客が搭乗していた。ランカスター機長は、今回の客室乗務員とは何回も飛行しており、彼らとの仕事には慣れていた。一方の副操縦士にとっては、この

---

7) The British Airline Pilots Association. *Outstanding Airmanship Award*. Harlington: BALPA.
8) 'Oh, what a flight — the story of BA 5390'. (http://www.bbc.co.uk/dna/h2g2/A20460782). Frow, I. *BAC 1-11. Outstanding Airmanship Award*. Harlington: The British Airline Pilots Association (www.balpa.org).
9) Reason, J., and Hobbs, A. (2003) *Managing Maintenance Error: A Practical Guide*. Aldershot: Ashgate, (p. 41). (邦訳『保守事故』日科技連出版社)
*12 かつて英国にあった British Aircraft Cooperation 社製の短距離双発ジェット機

グループとの仕事は初めてだった。

　離陸後13分で、BA5390便は高度17,000フィート（約5,180メートル）まで上昇し、オックスフォードの南の町ディドコド（Didcod）上空を飛んでいた。客室乗務員は、操縦室に隣接する配膳準備室で乗客とパイロットのために朝食を用意していた。朝食の到着を見越して、ランカスター機長は肩と腰のシートベルトを外した。そして自動操縦に切り替えて、操縦をアチソン副操縦士に任せた。そのとき、機長は目の前の操縦席の窓が外側にゆっくり動いているのを見つけ、ぞっとした瞬間、ドカンという音をたてて、操縦室の窓が吹き飛んだのである。急激な減圧のために、霧が充満した。そして操縦室入り口のドアが蝶番から外れ、無線航法コンソールの上に飛んできた。さらに悪いことに、ランカスター機長も吹き飛んだ窓と一緒に機外に吸い出され、操縦室のちょうど真上の機体の外側に、背中を押しつけられるようにしていたのである。機長のシャツの背中部分は引きちぎられ、彼の足は操縦桿に引っかかっていた。そのために、操縦桿は前に押し込まれ、自動操縦とVHF無線のスイッチが"オフ"になってしまった。飛行機は急降下し、回転を始めた。

　破壊された操縦室に入った最初の客室乗務員は、ニジェル・オグデン（Nigel Ogden）だった。彼は、操縦室入り口のドア近くの配膳準備室で機長の朝食を準備していた。彼はすぐさま行動し、ランカスター機長の腰の辺りをつかみ、中に引き戻そうとした。しかし、機長の足が、操縦席のパネルと操縦桿の間に挟まり、うまくいかなかった。これに加えて、オグデンと操縦室のドアの残骸がセンターペデスタル[*13]の上にあるために、エンジンスロットルレバーとスピードブレーキレバーの邪魔になっていた。時速400マイル（約640キロメートル）の風が操縦室に吹きつけていたが、オグデンは、機長の足を操縦桿から外して、機長を操縦室内に引き戻し、機長と飛行機を助けようとした。

　一方、アチソン副操縦士は肩ベルトを外してはいたが、操縦席に座ったままで、ベルトをはめようとしていた。彼は減圧、機体から吸い出されそうになっ

---

　*13　機長席、副操縦士席の間にあるコンソール

ている機長、25度傾きながら旋回降下する機体に直面していた。スロットルレバーは出力最大で動かなくなり、部分的なコントロールしかできなかった。彼はベルトをするとすぐに酸素マスクをつけ、機体の姿勢を立て直そうと、操縦桿と格闘し始めた。同時に、彼はメーデー信号[*14]を出して、ロンドン航空管制との交信を試みた。航空管制はメーデー信号を傍受したものの、何が問題なのかまったくわかっていなかった。

　急降下は収まることなく、BA5390便は付近の航空機との衝突リスクがあるヨーロッパで最も混雑する空域の一つに飛び込んだ。ついにアチソン副操縦士は、高度11,000フィート（約3,350メートル）のところで、何とか水平飛行させることに成功し、時速180マイル（約290キロメートル）まで速度を落とすことができた。この高度では、酸素マスクは必要なかった。彼に自動操縦を回復し、管制塔と双方向の交信を行った。

　このとき、チーフ・スチュワードのジョン・ヒュワード（John Heward）が操縦室のドアの残骸を近くのトイレに片付け、左側の監視用補助席に座ってシートベルトをして、オグデンと一緒に機長の足を抱えた。オグデンは極寒の風に曝され、凍傷を負っていたが、相変わらず機長の足にしがみついていた。

　スピードが落ちたことで、押さえつけられて動けなくなっていた機長の体が機体の側面にずれて、操縦室の中から機長の顔が見えるようになった。機長の目は見開かれたままで、生きている兆候はなかった。操縦室にいた3人の男たちは、互いに視線を交わした。副操縦士は、たとえ機長が死んでいようとも、オグデンとヒュワードに機長を放すなという意味で、頭を振った。もし機長を放してしまうと、体が左翼あるいはエンジンにぶつかって、エンジンが損傷する重大な危険性があったのである。それだけでなく、機長の体は、操縦室の窓にポッカリ空いた穴を部分的に塞いでいてくれたからでもある。

　副操縦士は慣れているガトウィック（Gatwick）空港への着陸を要請した。しかし、ガトウィック空港とヒースロー空港は交通量が多いことから、英国南部

---

*14　緊急事態を知らせるときに発信する信号

のサウサンプトン空港への着陸が指示された。サウサンプトン空港は遠くない。しかし、地図や航空図も全部吹き飛ばされて、なくなっている上にサウサンプトン空港に着陸した経験がない。アチソン副操縦士はこの空港に不慣れであることを心配していたが、それだけでなく、滑走路がBAC1-11型機の着陸に必要な2,200メートルより400メートル短いことが気になっていた。それに加えて、翼は燃料で重くなっており、着陸の条件は、理想には程遠く、最悪であった。

　副操縦士は7,500時間の飛行経験をフルに使いながら、降下を始めた。しかし、彼らには、別の驚きが待っていたのである。高度300フィート（約90メートル）まで降下したとき、ランカスター機長の足がぴくりと動き、機長はまだ生きているかもしれないという希望が湧いてきたのである。彼は右腕、右手首の骨折、左親指の複雑骨折、打撲と凍傷、そしてショック状態だった。しかし、彼は5カ月後に、仕事に復帰したのである。

　BA5390便は、午前7時55分に無事に着陸した。乗客はショックを受けていたが、怪我もなく、飛行機から降りた。消防隊員と救急隊員が機長を操縦室から救出した。彼は病院に連れて行かれる前に、一時的に意識を回復した。

　副操縦士の際立った勇気と操縦技術、そしてエアマンシップに対して、重要軍務女王賞、エアマンシップ・ゴールドメダル（Gold Medal for Airmanship）、ブリティッシュ・エアウェイズ優秀賞（British Airways Award for Excellence）、その他多くの栄誉とメダルが授与された。しかし、おそらく最も感動的な賛辞は、彼らがバーミンガム国際空港に戻ったときに捧げられた。彼らが歩くコンコース全体が静まり返り、そして次の瞬間、拍手喝采が湧き上がったのである。

9.5 卓越した外科手術(1995〜1997年)

【1】背　景

　1990年代の中頃から終わりにかけて、私は幸運にも、人と組織の問題が高度な外科手術に与える影響を調査する研究チームの一員になることができた。このチームは、グレート・オーモンド・ストリート小児病院(Great Ormand Street Hospital for Sick Children)の小児外科専門医であるマーク・デュルバール(Marc de Leval)教授が指揮しており、ヒューマンファクターに関する専門家で、マンチェスター大学での私の教え子だったジェーン・カーシー(Jane Carthey)博士が参加した。このプロジェクトの成功は、ほとんど彼女の個人的能力、専門技術のおかげである。以下で述べることの大部分は、長くかつ困難な大血管転換術を行う外科手術チームの行動を彼女が観察した結果によるものである[10]。

　1996年1月から1997年6月までの18カ月間に、英国中の16医療施設の21名の外科専門医が、合計243例にのぼる新生児の大血管転換術を行った。外科専門医21名のうち19名の手術を直接観察し、そのうちの165例の手術にカーシー博士は立ち会った。以下に報告するデータは、これら19名の外科専門医のうちの16名から得たものである。統計的な議論ができないかわりに、十分な手順で実施された術例を用いている。

【2】大血管転換術

　大血管転換術は、本来とは違って、大動脈が心臓の右心室、肺動脈が左心室につながって生まれた、生後35日未満の新生児に対して行われるもので、酸素を豊富に含んだ血液が十分に循環できるように、肺動脈と大動脈を入れ替え、

---

10) Carthey, J., de Leval, M., Wright, D., Farewell, V., Reason, J., and all UK paediatric cardiac centres (2003) 'Behavioural markers of surgical excellence.' *Safety Science*, 41: 409-425.

先天性異常を治す手術である。この手術をしなければ、患児は死んでしまう。手術では、患児を人工心肺装置につなぎ、心停止液であるカリウム製剤で心臓を停止させる必要がある。手術は5～6時間かかり、技術的にも、また、人間の社会活動能力[*15]的にもたいへん負担が大きく、患児の心臓を止めている約90～120分間に、元の大動脈を切断し、冠状動脈を摘出し、これらを新しい大動脈に再移植するとともに、新しい肺動脈も、元の大動脈幹から採取した組織や心膜片を利用し再建する手術である。

この手術の最も難しい点は、とても薄くもろい組織で構成される冠状動脈の再建である。実際、大血管転換術は外科手術チーム、特に外科専門医を、精神運動スキルや意思決定の点、知識、経験、リーダーシップ、マネジメント、コミュニケーションスキルなどのさまざまな点において、人間のパフォーマンスの限界ぎりぎりまで追い込むことになる。このような状況下では、一つや二つのエラーはまず避けられない。肝心なのはエラーそれ自体ではなく、エラーを発見し、リカバリーできるかどうかである。これから見ていくように、手術の失敗は、多くの場合、エラーによって起きる重大な有害事象にうまく対処できない場合に起こる。一方、大部分の手術の成功は、外科手術チームによって有効な対処ができた場合である。

【3】 手術の結果

230例の手術に関するデータを使った分析から、手術の結果は次に示したように、4段階で評価される。（　）内の数字は、それぞれのカテゴリーに入る患者の割合を示している。

- **レベル1**：72時間以内に抜管（49パーセント）
- **レベル2**：72時間以降に抜管（26パーセント）
- **レベル3**：ニアミス（長期の不全状態）（18.5パーセント）

---

*15　コミュニケーション、リーダーシップなどの能力

- レベル4：死亡（6.5パーセント）

【4】重大事象と軽微事象

　事象とは、手術行為の意図した流れを妨害する厄介な出来事のことである。これらの事象の大多数がヒューマンエラーによって生じていた。事象は次の2種類に分けられる。

① **重大事象**：患者の安全を直接脅かすほど重大な出来事であり、次のようなものがある。血管を乱暴に扱ったために起こる不安定さ、ヘパリン（抗凝固剤）投与の遅れ、判断エラー（特に心臓の周りを複雑に取り囲む冠状動脈の扱いに関するもの）、細胞組織損傷、漏出血管など

② **軽微事象**：これらの出来事単独では安全を脅かすことはないが、後で見られるように、これらは積もり積もって、対処能力へ強い影響を与える。軽微事象の例には次のようなものがある。若い外科医によるポジショニングのミスやテンショニング[*16]のミス、手術器具取扱いのミス、集中を妨げる技術的問題、集中治療室の医者へ引き渡す際の調整やコミュニケーションの問題、移送中の不十分なモニタリングなど。

　平均して、1手術につき、1つの重大事象と6つの軽微事象があった。他の手術に比べ、事象数が多いのは、難しい手術であるという、この外科手術がもつ性質に比例しているからである。これらのデータは、ヒューマンファクター研究に従事する観察者が立ち会った165例の手術から得られたものである。
　重大事象のうちの52パーセントはうまく対処された。重大事象の半数以上がうまく対処されたのに比べて、軽微事象の80パーセント以上では、うまく対処されなかった。

　＊16　縫合糸に張力を加えること

(a) 事象に関連するリスク

　統計的な分析、すなわちロジスティック回帰分析[*17]を行い、ニアミスと死亡、すなわちレベル3とレベル4の発生に、重大事象と軽微事象がどの程度影響しているかを検討した。一つ目の分析では、重大事象と軽微事象の影響を別々に分析した。もう一方の分析では、両事象の複合的影響を評価したものである。以下に結果の要約を示す。

- 1手術当たりのうまく対処できなかった重大事象の数は、死亡と大きく関係していた（p = 0.003）。重大事象にうまく対処できた場合に比べ、うまくできなかった場合の死亡率は6倍、死亡とニアミスを合わせると、34倍に増えた。
- 1手術当たりの軽微事象の数は、死亡（p < 0.001）、死亡あるいはニアミス（p < 0.001）のどちらに対しても、有意に関係していた。しかし、これらの軽微事象にうまく対処できたか否かは、結果に有意な影響を与えてはいなかった。軽微事象の悪影響は累積していくのであり、軽微事象にうまく対処すること自体は、ほとんど、あるいはまったく、死亡あるいはニアミスに影響がなかった。重要なのは、手術当たりの軽微事象の数であった。
- 重大事象にうまく対処できれば、死亡のリスクは増えなかった。言い換えれば、うまく対処できさえすれば、重大事象が原因の悪影響を完全に取り除くことができ、この手術の死亡率は100件当たり6件前後で、この手術の平均死亡率と変わらない。

(b) 外科医間の対処技術の評価

　18カ月の研究期間中、4例以上の大血管転換術を行った外科専門医16名の

[*17] ロジスティック回帰分析は計数値の比率データp(0.0～1.0)をロジット変換（z = ln p/(1 − p)）したものに対する回帰式を求め、pを予測する手法）

それぞれについて、重み付けした対処成功スコアを算出した。このスコアは、うまく対処できた事象の割合に2倍の重みを与え、次に示すように算出した。

$$\frac{2 \times (うまく対処できた重大事象の\%) + (うまく対処できた軽微事象の\%)}{3}$$

重み付き対処成功スコアは、うまく対処できた重大事象の割合とは0.96の相関があり、うまく対処できた軽微事象の割合とは0.51の相関があった。つまり、重み付き対処成功スコアは、うまく対処できた重大事象の割合の大部分を反映しており、うまく対処できた軽微事象の割合をそこそこ反映している。重大事象にうまく対処できた割合と軽微事象にうまく対処できた割合との間の、スピアマン順位相関係数は0.62であり（$p < 0.01, N = 16$）、事象に対する対処能力は、外科医間で比較的安定した特徴を示していた。言い換えれば、何人かの外科医は他者に比べ一貫して対処能力が高く、その逆もあるということであった。

以下は、重み付き対処成功スコアに関するスピアマンの順位相関係数である（$N = 16$）。

- +0.66（$p < 0.01$）：レベル1（すなわち、最も良い結果）の割合との相関係数
- +0.61（$p < 0.01$）：レベル1あるいはレベル2の割合との相関係数
- −0.48（$p < 0.05$）：1手術当たりの（重大、軽微）事象数との相関係数

結論は明らかである。うまく対処できた人ほどよい結果を出し、一つの手術中に遭遇する事象の総数が少ないほど、うまく対処できる能力が高いということである。これは、対処能力は限られた資源であるということを強く示唆している。対処能力の高い人は、重大、軽微に関係なく、多くの事象にうまく対処できるのである。

第9章 正真正銘のプロフェッショナリズム　*229*

(c) スイスチーズモデルの適用

この結果をスイスチーズモデルで表現してみる。**図 9.2a** は外科手術における防護、**図 9.2b** は典型的な事象のシナリオを示している。

対処資源と、それが度重なる軽微事象で蝕まれていく過程も、スイスチーズモデルを使って表現してみよう。**図 9.3a** は、外科手術における防護が破られた重大事象でも、外科手術チームがうまく対処することで、リカバリー可能であることを示している。この対処資源が、悪い事象の軌道を遮断する、穴のないチェダーチーズの薄片で示されている。エメンタールチーズとは異なり、対処資源には穴がなく、最初は傷もない。しかし、**図 9.3b** に示すように、軽微事象に関連するストレスが蓄積され、ねずみがチーズをかじるかのように、傷ができていく。それらにうまく対処できたかどうかが重要ではなく、軽微事象の数が重要であることを思い出してほしい。それは、ダメージを与える穴や弱点というよりは、むしろ軽微事象の影響による着実な摩耗である。

先に述べた定性的な結果は、予想どおり、各外科医が1回の手術で遭遇する

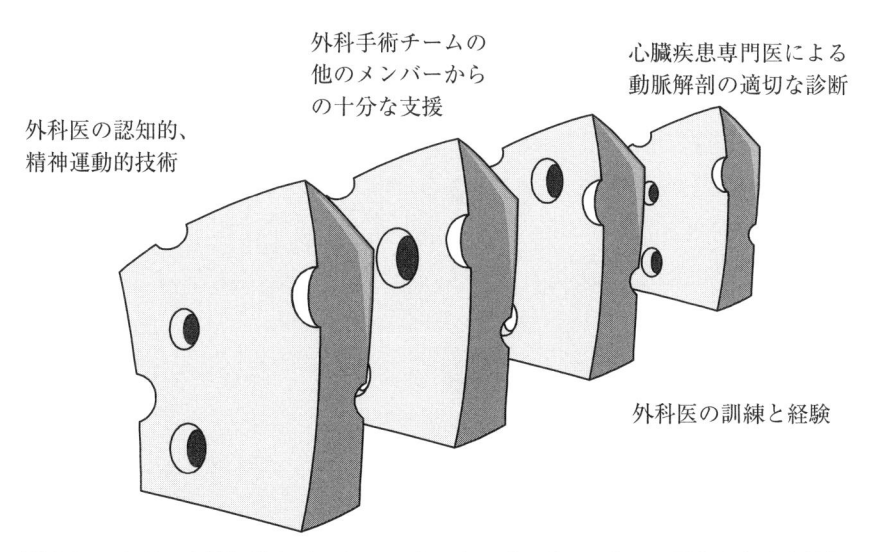

外科医の認知的、精神運動的技術

外科手術チームの他のメンバーからの十分な支援

心臓疾患専門医による動脈解剖の適切な診断

外科医の訓練と経験

図 9.2a 穴が一直線に並んでいないスイスチーズモデルによって示された大血管転換術における防護

外科医がこの
パターンに今まで
出会ったことがない

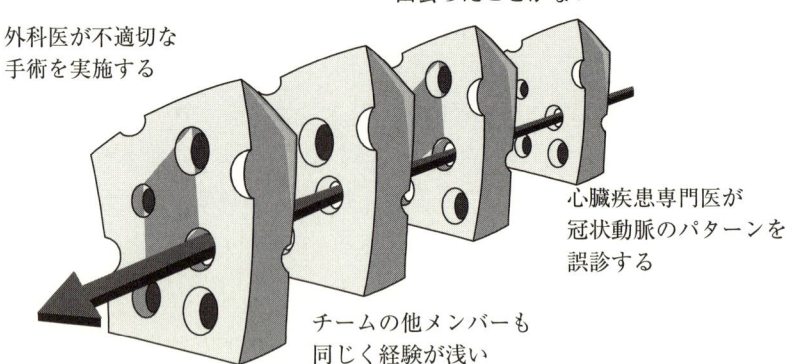

外科医が不適切な
手術を実施する

心臓疾患専門医が
冠状動脈のパターンを
誤診する

チームの他メンバーも
同じく経験が浅い

図 9.2b　スイスチーズモデルを利用した典型的な重大事象シナリオ

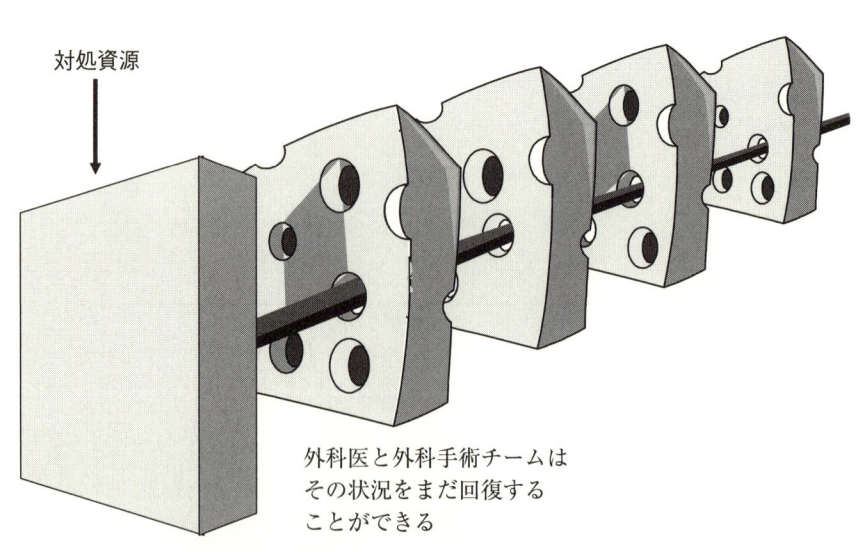

対処資源

外科医と外科手術チームは
その状況をまだ回復する
ことができる

図 9.3a　対処能力を示す左端のチェダーチーズの薄片

軽微事象の蓄積。
穴というより着実な摩耗

図9.3b 限りある対処資源を重大、軽微を問わず、有害な事象が対処資源を蝕む様を表現するために、チェダーチーズの薄片をかじっているネズミ

事象数と良い結果の割合との間の順位相関によって、裏づけられる。レベル1の結果との相関係数は－0.82（$p < 0.001$）、レベル1とレベル2の結果を合わせたものとの相関係数は－0.66（$p < 0.01$）である。要するに、外科医が1回の手術中に出会う重大あるいは軽微の事象が多ければ多いほど、手術結果は悪くなるということである。1手術当たりの事象数を使った単回帰分析によると、1手術当たりの事象数が、致命的結果における分散の71パーセントを説明していた（$p < 0.0004$）。明らかに、1手術当たりの事象頻度が、対処の成否に関係なく、手術結果に大きな影響を与えている。全体的に見て、これらの分析結果は、対処資源には限りがあることを強く意味している。

【5】卓越した外科手術の源泉
(a) 卓越した外科手術の行動指標

良好なパフォーマンスに関する行動指標の概念は、もともとは優秀なパイロットの特徴を理解するために利用されていた[11]。研究チームに属するヒューマンファクターの専門家と3人の外科専門医が一緒に、以下に示す外科手術に必要なスキルに関する8つの特徴を特定した。（　）内の数字は、本研究チームの3人の外科専門医がそれぞれの特徴について、相対的な重要性を評定した結果の平均値を示している。

- 専門技術(26.7)：手先の器用さ、知識、経験
- 心の準備(14.4)：ある特定の手術をするための準備をどれくらい入念に行っているか、成功させるための能力に対する自信、問題解決策を探すことへの粘り強さ
- 認知的柔軟性(12.8)：ある手術方法や仮説から別のものへと切り替える即応性
- 予測(12.8)：どれくらい多くの潜在的問題に気づいているか
- 安全意識(11.7)：安全に関連するタスクをどれくらいしっかり行っているか（例：先に進むときに、前の作業をチェックする、邪魔なものを片づける）
- コミュニケーションスタイル(8.3)：指示や患者に関連する情報を他のスタッフにどの程度しっかり伝えているか
- チームへの適応(6.7)：外科手術チームのメンバーの変化にどの程度うまく順応しているか
- 状況認識(6.7)：手術室の中の最新の状況をどれくらい把握しているように見えるか

---

11) Helmreich, R., and Merritt, A. (1998) *Culture at Work in Aviation and Medicine: National, Cultural and Professional Influences*. Aldershot: Ashgate Publishers.

(b) 優秀な外科医

　観察された16名の外科専門医のうちの4名が、これらすべての指標で、一貫して高得点であった。彼らはほとんどエラーを起こさず、患者に関する既知の危険要因を調整した後にうまく対処していた。同様に、これらの指標の低い4名は、すべての指標のスコアが一貫して低かった。

　4名の優秀な外科専門医は、上述した個々の行動指標すべてについて高く評価されていた。彼らのうちの上位3名には、うまく対処できなかった重大事象はなく、4位の医師は、うまく対処できなかった事象に対して、うまく対処できた事象の比率が高い医師の一人であった。4名の医師全員が、予期せぬ正常からの逸脱に的確に適応しており、また、重大事象の発生に対して、対応の早いチームで働いていた。

　特に、4名のうちの2名は、手術助手による軽微なエラーをリカバリーする能力がかなり高かった。そしてこの2名の医師は、新しい、または経験の浅い外科研修医と一緒に手術をするときには、自身の外科手術中のコミュニケーションのスタイルを変えていた。例えば、経験のある同僚と一緒にやるときには、ただ単に「血圧がちょっと不安定だ」というだけだが、新しい、また経験の浅い相手に対しては、自身のコメントの曖昧さをなくして、問題の本質を詳しく説明していた。これらの適応による正の効果は、この2名の外科専門医のうまく対処できなかった軽微事象の数の少なさに現れている。

　この4名の優秀な外科専門医は、手術室での邪魔なものを片づけ、手術野をきれいに保とうと積極的に努めることで、高い安全意識を示していた。また、彼らの認知的柔軟性も、心のレジリエンスも、目覚しく高かった。例えば、彼らのうちの一人は、人工心肺装置離脱直後に患児の状態が不安定であったため、人工心肺装置の装着・離脱を6回行った。毎回、その医師は、患児に人工心肺装置を再装着し、内在するたくさんの問題の一つを解決するために、新しい外科的介入を試みていた。彼は、原因についての複数の仮説をもちながら対応していたようであり、患児の人工心肺装置離脱後の不安定さの原因について、とても柔軟に直感を利用していた。そして、最初から最後まで、彼は現実的楽観

主義を貫き、人工心肺装置に戻るたびに、問題を解決できると信じていた。そして彼には、いかなるストレスの兆候も現れていなかった。

また、4名のうちの2名の医師は、心臓専門医による術前説明と一致していない、異常な冠状動脈のパターンに直面したとき、前述の外科医と似た反応を示していた。この楽観的な柔軟性が、スコアの低い外科医のパフォーマンスとは明らかに対照的であった。スコアの低い外科専門医は、類似の状況において、一つの外科的問題にこだわり、それを解決するための新しい仮説をつくることができないように見えた。自身の問題解決能力に自信がない医師は、ある間違った外科的仮説に過度に焦点を当ててしまい、認知的な「視野狭窄」に陥りやすくなり、そして「固着エラー」を犯しやすくなっていた。

(c) チーム要因と組織要因

本章の前半の事例で示してきたように、現場第一線の人間のパフォーマンスは、良くも悪くもチームやシステムの問題に影響されうる。私たちの研究から、正負双方の効果が明らかになった。

- **チームと組織の正の効果**：4名の優秀な外科専門医が務める病院では、常に、非臨床的な目標より臨床的な目標を優先していた。手術はスケジュール管理され、最初から最後まで外科専門医が手術に立ち会うことができた。例えば、手術に関連しないコミュニケーションや手術室にいる部外者の数といった、邪魔になるものを減らす方針が立てられていた。
- **負の効果**：得点の低い外科専門医のうちの2名は、チームの安定性に問題をもっていた。ある手術では、小児心臓外科を専門とする研修医すらおらず、他の若い外科医も経験不足であった。手術ごとに器械出し看護師[18]も違っていた。このような問題から、手を止めたり、エラーをリカバーするために手術の"流れ"がしばしば乱されていた。別の外科専

---

[18] 手術中にメスなどの器具を医師に渡す看護師

門医の施設では、外科手術チームのスタッフは、その都度決められていた。このことが、チームを円滑に機能させることを難しくさせていた。特に、この2名の医師が予期しない事象に直面したときに、これらの潜在的な組織の問題が表面化した。エラーをリカバリーする必要性が手術の流れを阻害し、そのため、厄介な問題に直面したときの外科医の思考時間を奪っていたのである。

9.6 おわりに

　少なくとも2つの要素が、驚異的なリカバリーを支えているように思える。それは、不愉快な不意打ちを予期するという発想と、状況にすぐに適応できる柔軟性である。要するに心の要素と行動の要素が驚異的なリカバリーを支えているのである。このうち、心の要素は、少なくとも行動の要素と同じくらい重要である。組織のレベルにおいても、個人のレベルにおいても、緊急時に適切に対処できるか否かは、多種多様な危機を予測する能力で決まる。どちらの要素も資源が限られている。いかなる個人または組織も、予測し、準備できるのは、限られた数の状況や危機シナリオだけである。危機とは、利用できる対処資源をあっという間に消費してしまう。危機発生の前に、相当量の準備を行った人や組織だけが、十分にタイムリーかつ適切な方法で危機に対処できるであろう。その結果、必要なレジリエンスを維持できるのである。

第10章
スキルと幸運

　驚異的であれ、何であれ、リカバリーが必要な状況に飛び込むには、ふつう、危機に対するそれなりの対策が必要である。しかし、非常に稀な幸運のおかげでリカバリーされることもある。これから見ていくように、偶然というものは非常に公平である。不運はトラブルに巻き込むが、幸運はしばしばトラブルから救ってくれる。

　本章では、最悪の事態の回避に、運が大きな役割を果たした2つの航空機の事例について述べていく。しかし、運だけですべてが決まったわけではない。「幸運の女神は勇者に味方する」という中世の諺がある。この2つのケースでは、幸運の女神は、冷静さ、高いレベルの技術、プロフェッショナリズム、経験の豊富さを兼ね備えたパイロットたちに味方した。

10.1　ギムリー・グライダー（1983年）

【1】概　要

　1983年7月23日、ボーイング767型機はカナダのオタワ（Ottawa）からエドモントン（Edmonton）への飛行中、その中間地点付近であるオンタリオ州のレッドレーク（Red Lake）上空で燃料切れを起こした。この原因は、燃料計の動作不良、燃料給油時のエラー、ボブ・ピアソン（Bob Pearson）機長とモーリス・クィンタル（Maurice Quintal）副操縦士の計算ミスであった。これらのエ

ラーとシステムの故障については、事故調査委員会の104ページにも及ぶ報告書[1]に記述されていることから、燃料システムに組み込まれた多重防護のいくつかを駄目にした一連のとんでもないエラーを除き、ここではその記述を省略したい。この事象の特筆すべき特徴は次の3つである。使われなくなった軍の滑走路であるギムリー(Gimli)飛行場へ不時着したこと、61名の乗客と8名の乗員はほとんど無傷で救出されたこと、そして飛行機は比較的軽微な修理の後、復帰を果たしたことである。

2基目のエンジンが停止したとき、飛行機は35,000フィート(約10,700メートル)上空で、ウィニペグ(Winnipeg)[*1]まで残り65マイル(約104キロメートル)のところを飛行していた。操縦室にある電子計器は予備の計器を除いて、すべて機能していなかった。元軍のパイロットであったクィンタル副操縦士は、45マイル(約72キロメートル)先のギムリー飛行場周辺で飛行訓練をしていたことを思い起こした。ウィニペグまで到達できないことが明らかになったことから、ピアソン機長は、航空管制と協議して、その時点でウィニペグ湖のほとりにある、12マイル(約19キロメートル)先のギムリー飛行場に方向を変えた。報告書は次のように続けている。

> 「関係者全員にとって幸運だったのは、ピアソン機長の技術の一つが滑空であったことである。彼は、グライダーパイロットとしての能力を発揮して、大型飛行機を滑空させて無事に着陸させた。動力がないために、降下率と降下速度を制御するためのフラップやスラットが動かなかった。着陸のチャンスは一度きりだった。飛行機が滑走路手前に来るころには、7,200フィート(約2,200メートル)の長さの滑走路で着陸するために、十分に低くかつ十分にゆっくり飛んでいなければならなかった。

---

1) Lockwood, Mr Justice (1985) *Final Report of the Board of Inquiry into Air Canada Boeing 767 C-GAUN Accident — Gimli, Manitoba, July 23, 1982.* Ottawa: Government of Canada.

*1 カナダ・マニトバ(Manitoba)州南部の町

ギムリー飛行場が近づいたとき、ピアソン機長とクィンタル副操縦士は、滑走路に近づく前に高度を低くし、速度を落とすためにサイドスリップを実行する可能性について話し合った。これが機長が最終的にとった手段であり、飛行機は滑走路を800フィート（約240メートル）弱残して着陸に成功した。」[2]

サイドスリップとは、飛行機の片翼を上部前方に傾け、横滑りしながら降下する操縦方法である。うまく行けば、速度を過度に増加させることなく、速やかに機体の高度を下げることが可能となる。高い技術をもったパイロットが、グライダーや、軽飛行機をすばやく小さな飛行場に下ろすときに使う方法の一種である。ボーイング社もピアソン機長の雇用主も、この操縦方法を機体の大きいジェット機に適用するとは想像もしていなかった。しかし、結局、この方法は飛行機をこの状況で安全に着陸させる、ほとんど唯一の方法であった。

【2】 燃料切れの発生

乗員、乗客が夕食を食べ終えたとき、左側エンジンの燃料圧力に問題が発生したことを報せる警告灯が点灯した。エア・カナダ（Air Canada）143便は、そのときオンタリオ州レッドレークの上空41,000フィート（約12,500メートル）を、速度469ノット（時速約870キロメートル）で飛行していた。当初、機長らは燃料ポンプの故障と考えたが、右側の主燃料タンクの圧力低下を示す、2つ目の警告灯が点灯した。機長はすぐに120マイル（約190キロメートル）先にあるウィニペグ空港に目的外着陸することを伝えた。燃料切れを起こしたことは明らかだった[3]。

---

2) 前掲書、p. 29
3) Principal sources: Nelson, W. (1997) *The Gimli Glider*. (http://www.wadenelson.com/gimli.html). Williams, M. (2003) 'The 156-tonne Gimli Glider'. *Flight Safety Australia*, July-August, 22-27. Wikipedia (2008) *Gimli Glider* (http://en.wikipedia.org/wiki/Gimli_Glider).

初めに、左エンジンが停止した。そして問題発生から20分後、ウィニペグ空港まで残り65マイル（約104キロメートル）、高度28,500フィート（約8,700メートル）を飛行中に右エンジンが停止した。そして"すべてのエンジンが停止した"ことを示す、「ゴーン」という大きな警報音が鳴り響いた。パイロットたちは今までこのような警報音を聞いたことがなかった。このような事態は、シミュレータ訓練でも想定されていなかった。燃料が空になり、プラット＆ホイットニー（Pratt & Whitney）社製の両エンジンが停止した。156トンの最新鋭のボーイング767型機がグライダーになったのである。緊急時に電気と空気圧を供給する補助動力装置も、主エンジンと同じ主燃料タンクから燃料を引いていることから、動かなくなった。

高度が28,000フィート（約8,500メートル）に達したとき、767型機のグラス・コックピット[*2]が真っ暗になった。ほとんどの計器パネルが何も示さなくなったのである。ピアソン機長には無線と予備の計器は残されていたが、滑空時に必要な計器である昇降計が失われてしまった。磁気コンパス、対気速度計と高度計のみがまだ機能していた。油圧の急速な低下により、飛行機の制御も急速にきかなくなった。しかし、ボーイング社の技術者は、この想像もできないシナリオをも考慮しており、最後の手段、ラムエアタービンを設けていた。

ラムエアタービンとは、右主脚の格納部付近にあり、風力を用いて長さ4フィート（約1メートル）のプロペラを回し、補助翼、昇降舵、方向舵を制御するのに必要な油圧を供給し、エンジン停止着陸を可能にする装置である。

ピアソン機長が、大きく幅もあるジェット機の滑空を始めたとき、クィンタル副操縦士はマニュアルをめくり、両エンジン停止時の手順を探し始めた。しかし、それはなかった。この2人のパイロットだけでなく、他のどのような767型機のパイロットも、この最も想像できない事態に対する訓練は受けていなかったのである。

[*2] 従来のアナログ表示の針や文字盤の計器ではなく、デジタル化した複数の計器をブラウン管ディスプレイ（CRT）や液晶ディスプレイ（LCD）に集約表示した操縦室のこと

■幸運その1

　ピアソン機長は、経験豊かなグライダーパイロットであり、彼は週末に飛行するセイルプレーン(sailplane)*3 の共同所有者であった。これが、彼を民間航空のパイロットではほとんど使わない飛行技術に精通させていた。着陸可能な地点の選択を広げるために、彼は767型機を「最良滑空比速度」*4 で飛ばす必要があった。彼の経験にもとづく推測では、それは220ノット(時速約400キロメートル)であった。停止したエンジンのファンブレードが風で回ることで大きな抵抗が生まれ、飛行機は毎分2,000〜2,500フィート(約600〜760メートル)で下降していた。クィンタル副操縦士はグライドスロープ*5 の計算を始めたが、彼もウィニペグ管制塔も、ウィニペグ空港に着く前に飛行機は墜落してしまうという結論に達した。ピアソン機長は、この重大な局面でクィンタル副操縦士の判断を信じ、機首を南に向けた。

■幸運その2

　クィンタル副操縦士は、着陸場所にギムリー飛行場を選んだ。この場所は、閉鎖されたカナダ空軍基地で、クィンタル副操縦士は兵役時代、この場所に勤務していた。これは実に幸運なことであった。なぜならば、この飛行場はエア・カナダの空港マニュアルには記載されていなかったからである。ギムリー飛行場の2つの6,800フィート(約2,070メートル)ある滑走路(32Lおよび32R)は、当然、閉鎖されているはずだった。しかし、そうではなかった。

　32L滑走路は、部分的に2レーンのドラッグレースのコースに作り替えられていた。鉄製のガードレールがこの2つのレーンの間に設置されていた。ピア

---

*3 　パラグライダーやハンググライダーとは異なる固定翼のグライダーのこと
*4 　最も遠くまで滑空で到達できる速度
*5 　航空機の着陸システムで用いられている無線設備の一種。滑走路の着陸地点の手前に位置しており、仰角2.5度のラインを挟んで上に90MHz、下に150MHzの2種類の電波を送出する。航空機は機体上部で90MHzの電波を強く感知し、同じく機体下部で150MHzの電波を強く受信することによって、仰角2.5度の進入角度を保つことができる。

ソン機長が着陸しようと試みているのは、まさにこの滑走路であった。7月23日の午後、この滑走路では、本来滑走路では開催されないはずの自動車レース、ドラッグレースが開催されていた。その日はウィニペグ・スポーツカークラブの「ファミリーデー」であり、レースが32L滑走路の一部分で開催されていた。その滑走路の脇には、たくさんの車や、キャンプをしている人、子供連れの家族がいた。大惨事になるすべての要素が揃っていた。

【3】 ギムリーへの接近と着陸

　ギムリー飛行場に近づいたとき、2人のパイロットは嫌なことを発見した。ラムエア・タービンが767型機のランディング・ギア[*6]に油圧を供給できていないのである。ピアソン機長は「グラビティ・ドロップ(自重による落下)」を指示した。クィンタル副操縦士がボタンを押して、前脚格納扉のピンを外すと、主脚が降りてロックされる音が聞こえた。しかし、脚の固定状態を示すランプは、3つでなく、2つしか緑に変わらなかった。前脚は出てきたものの、ロックされていなかったのである。しかし、この前脚がロックされていなかったことが大勢の命を救った。

　6マイル(約10キロメートル)飛行した後、ピアソン機長は32L滑走路への最終進入体勢に入った。機体がギムリー飛行場の滑走路端に近づいたとき、高度が高く、さらに速度が速すぎて、このままでは滑走路をオーバーランしてしまうことに機長は気づいた。エンジン逆噴射も使えない。そこで、ピアソン機長は巨大な767型機も、小さな飛行機と同じ反応をするはずだという賭けに出た。機体を左に傾けると同時に、方向舵を右に目一杯切って、機体を横滑りさせるサイドスリップに踏み切ったのである。機体は左に大きく傾き、急速に高度を下げた。客室右にいる乗客には、青い空しか見えず、左側の乗客には、真下のゴルフコースしか見えなかった。右操縦席に座っていたクィンタル副操縦士は、ピアソン機長を横に見下ろしていた。

＊6　前脚と主脚

ピアソン機長は最後の最後、地上まで40フィート（約12メートル）の高度に降りるまで、機体を元に戻さなかった。なぜ機長は32R滑走路に着陸しなかったのか。ピアソン機長は後に「飛行機のスピードと高度、そして飛行機と32Lの滑走路端との関係に気をとられていて、32R滑走路は見えなかった」と語っている。

機首の向きと飛行方向が同じでないために、表示された対気速度が不正確であることから、サイドスリップには、卓越した操縦技術が必要だった。それは、グライダーのパイロットとしての機長の判断と経験に委ねられた。

機体が静かに水平になり、主脚が接地したとき、ドラッグレースの観客、レーサー、自転車に乗っていた子供たちは滑走路から逃げ出した。ピアソン機長は主脚が接地した瞬間に思いっきりブレーキをかけた。2本のタイヤがパンクし、破裂音が操縦室に響いた。ロックされていない前脚が接地したときに壊れ、機体前方が滑走路に叩きつけられ、長さ300フィート（約90メートル）の火花が飛び散った。右エンジンが地面に接触した。そして、一連の見事な操縦の最後に、ピアソン機長は右ブレーキをかけた。主脚が中央にあったガードレールをまたぐ格好となった。最終的に767型機は観客、バーベキューおよびキャンプをしている人まであと100フィート（約30メートル）もないところで止まった。すべてのレーサーたちは、飛行機から何とか逃れていた。

機体の破損はなかった。客室はほんの一瞬静まりかえり、その後、歓声があがり、拍手が鳴り響いた。後部出口の急勾配になった脱出シートから脱出した際に、何人かの乗客が滑走路に転げ落ちて、怪我をしただけで、命にかかわる怪我はまったくなかった。着陸時刻は20時38分だった。ピアソン機長が高度28,500フィート（約8,700メートル）から滑空を始めて無事に着陸するまで、17分が経過していた。

この飛行機（エア・カナダ機体番号604）は修理され、2日後にはギムリー飛行場を離陸した。修理には約100万ドルがかけられ、この機体は、エア・カナダの飛行機として復帰し、2008年1月1日に最後の飛行を終えた。ピアソン機長は1993年にエア・カナダを退職し、牧場を経営し始めた。クィンタル副

操縦士は「ギムリー・グライダー」と同じ767型機の機長に昇進した。1985年に、この2人のパイロットに、国際航空連盟(Federation Aeronautique Internationale)から、初めてエアマンシップ大賞(Diploma for outstanding airmanship)が送られた。

10.2 アル・ヘインズ機長とユナイテッド航空232便(1989年)

【1】概　　要

　1989年7月19日、ユナイテッド航空(United Airlines：UAL)232便、マクダネル・ダグラス(McDonell Douglas)社製DC-10型機は、米国デンバー(Denver)からシカゴ(Chicago)へ向けて飛んでいた。機長は、30,000飛行時間の経験をもつアル・ヘインズ(Al Haynes)、副操縦士はウィリアム・レコード(William Records)、航空機関士はダドリー・ドヴォラーク(Dudley Dvorak)、そのほか客室乗務員8名が搭乗していた。第2エンジン*7の爆発後、パイロットたちは、非番のデニス・フィッチ(Dennis Fitch)機長に大いに助けられた。フィッチ機長は、DC-10型機の飛行時間が3,000時間以上で、ユナイテッド航空の訓練教官を兼務していた。たまたま乗客としてUAL232便に搭乗していた。

　15時16分、UAL232便はほとんど想像すらできない不運に見舞われた[4]。巡航高度で飛行中、垂直尾翼根元にある第2エンジンのファンロータが分解し、3系統の油圧システムの配管すべてを切断してしまった。この3系統の油圧システムのすべてが失われる確率は、設計者によると、10億分の1以下とされ、このようなほとんど考えられない事態に対処するための緊急マニュアルはつくられていなかった。ヘインズ機長はこの窮状を次のように述べている。

---

4) Haynes, A. C. (1992)'United 232: coping with the loss of all flight controls.' *Flight Deck*, 3: 5-21.

＊7　垂直尾翼付け根にあるエンジン

「37,000フィート（約11,300メートル）の高度で、この事態により、機体の横転を制御する補助翼、旋回するための方向舵、機首の上下方向の動きを制御する昇降舵、減速の助けとなる前縁装置、着陸の際に使用する後縁フラップ、飛行中では速度を低下させ、地上ではブレーキとなるスポイラー、前脚の操縦機構、ブレーキのすべてが失われた。私たちには操縦する術が何もなかった。」[5]

　45分後、UAL232便はアイオワ州のスー・シティー（Sioux City）のスー・ゲートウェイ（Sioux Gateway）空港に着陸、大破した。搭乗していた285名の乗客および11名の乗員のうち、乗客174名と乗員10名は生還した。油圧系統が破壊されて14秒後、機体は右に38度も傾いた。機体が裏返しになって、墜落する寸前だった。このとき、ヘインズ機長は、左の第1エンジンの出力を絞り、右の第3エンジンの出力を全開にした。これにより、右翼は水平方向に戻り始めた。その後、乗客として乗っていたフィッチ機長を加えた3人のパイロットは、翼にある2つのエンジンの出力を制御して、機体を左右に横滑りさせながら、旋回降下する方法を見出した。このようにして、彼らは航空機をだましだましスー・ゲートウェイ空港に誘導し、着陸直前の制御不能な動き（機首の上下動）さえなければ、無事に着陸できたはずだった。

　制御不能の墜落によってほぼ確実に死んだであろう296名の乗客乗員のうち、184名が命を取り留めたことは、すばらしいエアマンシップのおかげであった。しかし、他の要因もあった。以下は、搭乗者の半数以上を生還させることに寄与した要因を、ヘインズ機長自身の説明から大部分を引用する。

【2】 幸運 —— 一番の要因

　ヘインズ機長は、UAL232便の乗客と乗員の半数以上が生還したことは、「信じられないほど多くの幸運」のおかげであるとしている[6]。彼にそのよう

---

5) 前掲書、p. 7

に思わせた要因のいくつかを以下に示そう。

- UAL232便は、ロッキー山脈や太平洋の上空でなく、アイオワの比較的平坦な地形の上空を飛んでいた。ヘインズ機長はスー・ゲートウェイ空港に到着することに不安があった一方で、不時着したとしても平坦な農耕地ゆえに生存者がでるだろうと感じていた。そのため、パイロットたちは、何とかなると考えていた。
- 季節性の雷雨が発生していなかった。ヘインズ機長は後に「米国の中西部を7月に飛行した経験があれば、カナダ国境からテキサス州にかけて雷雲が列をなしていることが当たり前であることを知っている。そして、飛行機を雷雲のなかで安全に飛ばすことは絶対に不可能である。」[7]と記している。
- 事故が起きたタイミングが、現地の病院の日勤と夜勤の交替時刻と偶然一致した。このため、日勤と夜勤の両方が負傷者の手当に当たることができた。同じことが、スー・ゲートウェイ空港周辺の他のすべての救急サービス[*8]にも当てはまった。付近の種々の救急サービスおよび診療所から非常に多くのボランティアが来たため、病院は一部のボランティアの人にお引き取り願わなければならないほどだった。
- その日は、月に一日だけの第185アイオワ空軍州兵(185th Iowa Air National Guard)が任務に就いている日であった。このため、UAL232便がスー・ゲートウェイ空港へ着陸するのを、285名の訓練された州兵も待ち構えていた。
- しかし、おそらく最も幸運な要因は、緊急事態に対処する人たち、パイロット、客室乗務員、空港管制官、救急サービス、ユナイテッド航空の

---

6) 前掲書、p. 7
7) Haynes, A. *Eyewitness Report: United Flight 232* (http://www.airdisaster.com/eyewitness/ua232.shtml).
*8 空港で起きた事故等での救助、消火活動を行う組織

地上職員の質の高さであった。一つの緊急事態に対処するため、このような傑出した人たちを一同に会すことができたことが、うまくいく可能性を非常に大きくしたに違いない。

【3】 コミュニケーション

　ヘインズ機長は、UAL232便の乗客乗員の生存率に貢献した要因の2つ目に、良好なコミュニケーションを挙げた。それは、操縦室とミネアポリス・センターの空港管制とのコミュニケーションに始まり、スー・ゲートウェイ空港の進入管制および管制塔とのコミュニケーションで終わった。ここに、スー・ゲートウェイ空港の管制塔でUAL232便と主要な交信を行った管制官であるケビン・バックマン（Kevin Bauchman）との最後の交信を少し要約して示そう[8]。これらは、フライトの最後の12分間のものである。

　管制塔とコンタクトする際、ヘインズ機長は、自分たちは最小限の飛行制御しかできず、エンジンの推力を利用した右旋回だけができることを説明した。機体の姿勢を整えた後、搭乗者の人数、残りの燃料を確認し、管制官はパイロットに240度の方向に向かうように指示した。

[15時47分]
管制官　：UAL232ヘビー[*9]、少し左に進路を変更して、最終進入に向けて旋回し、市街地から離れなさい。
UAL232：なんとしてでも市街地から離れるよう誘導してほしい。
管制官　：232ヘビー、その地域に4車線の高速道路がある。確認できるか。
UAL232：OK、ここで実施できることを確認したい。既にランディング・ギアを降ろし、できるならそれを何か頑丈なものの上に乗

---

8)　Recording provided by NASA-Dryden, 1991.
* 9　UAL232便のコールサイン

せたい*10。

管制官　：ユナイテッド232ヘビー、了解した。空港は現在1時の方向、残り10マイル（約16キロメートル）だ。

管制官　：空港にたどり着けなかったら、空港東側を南北に走る州間高速道路がある。4車線の高速道路だ。

UAL232：たった今、高速道路を通過した。空港へ向かう。

管制官　：ユナイテッド232ヘビー、了解した。空港が見えるか。

UAL232：滑走路が見える。あと少しだ。支援、ありがとう。

管制官　：ユナイテッド232ヘビー、風は現在360度の方向、11ノット（秒速5.7メートル）。360度、11ノットだ。どの滑走路への着陸も許可する。

UAL232：どれでもいいって？　滑走路を作り直したくないだろう[9]。

管制官　：……10度の方向、11ノット。じゃあ、封鎖中の滑走路にしてくれ。使えるはずだ。北東から南西に延びている。

UAL232：当機は、滑走路に対してまっすぐ進入している。

管制官　：UAL232ヘビー、了解。封鎖している滑走路だ。着陸可能だ。邪魔なものはすべてどけたから。後で並べ直すから大丈夫。

UAL232：どれくらい長い？

［16時00分］

管制官　：滑走路の向こう側は開けた野原になっている。だから長さに関しては問題ない。

UAL232：OK（最終交信）。

これらの交信について、ヘインズ機長は次のように述べている。

---

[9]　このような状況下でさえ、アル・ヘインズ機長は冗談を言うことができた。彼はこの緊急事態の間、他にも冗談を言っていたのである。

*10　「無事に着陸したい」の意

「もし、あなたが、私たちのような深刻な問題を抱え、さらに緊張を高めないようにするための何らかの援助が必要なら、落ち着いて、しっかりしたバックマンのような声が、私たちを落ち着かせてくれる。〈中略〉あのような緊張状態で冷静でいられたバックマンに挨拶する機会を得たとき、スー・シティーに転任してきた理由が、前任の空港ではストレスが大きかったためという彼の話に、私は驚いた。」[10]

【4】準　　備

準備は、救出劇に寄与した要因の3つ目に挙げられた項目である。準備の恩恵は、さまざまな形となって現れた。

- スー・ゲートウェイ空港の救急サービス、「スーランド(Siouxland)救急サービス」は、3年ごとに防災訓練を行っていた。1987年の訓練では、事務局は予言的なシナリオを思いついていた。それは、スー・ゲートウェイ空港には就航していない大型ジェット機が封鎖された滑走路に墜落するというシナリオであった。救急サービスのトップは訓練計画に満足せず、より多くの職員、もっと多くの周辺の団体を参加させるような計画に見直した。UAL232便が墜落した日と同じ内容のものである。どのような現実の場面でも適切に行動できるように、そこですべてのことをリハーサルし、訓練したのであった。
- ユナイテッド航空は、毎年、客室乗務員に対して行う訓練で、緊急着陸の際にどのように乗客に準備させればよいかについて教育している。UAL232便の客室乗務員は、勤務歴1カ月の若手から、15〜20年のベテランまで、この訓練を受けてきた。
- KLM機の操縦室内の人間関係が大きく影響していたテネリフェ事故を受けて、ユナイテッド航空は、上級の機長と副操縦士および航空機関士

---

10)　前掲書、p. 4

の間に多く存在する序列を打ち破ることを目的として、クルーリソースマネジメント(Crew Resource Management)を導入した最初の会社の一つであった。プログラムは1980年に開始され、当初はコマンドリーダーシップリソースマネジメント(Command Leadership Resource Management)と呼ばれていた。その主目的は、問題が発生した場合に、操縦室内の誰もが、自由に発言し、意見を言えるようにパイロットたちを教育することにあった。ヘインズ機長は事故後、次のように述べている。

> 「パイロットにとって重要なことは、一人ひとりがもっている資質をチームのメンバーとして利用することである。一人ぼっちではない。もし副操縦士がいるなら、その言葉を聞きなさい。必ずなんらかのアドバイスをしてくれるでしょう。私たちが危機に見舞われたとき、操縦室には飛行経験103年の歴史があり、それらは確かに役に立った。しかし、私たちが飛行機を飛ばそうとした1分間は、その103年のなかには一度もなかった1分間だった。もし私たちが協調して作業していなかったら、どうなっていただろうか? アイデアの浮かんだ全員により、次にどのような手を打つべきか、どのように実行すべきかについて議論した。そうしなかったら、スー・ゲートウェイ空港に着陸できなかったと思う。」[11]

【5】やるしかなかった

緊急事態をとおして、パイロットたちは、まったく新しい問題の連続に、次々と対処しなければならなかった。そのいくつかを以下に挙げる。

- レコード副操縦士は、第2エンジンが壊れたとき、自動操縦で航空機を

---

[11] 前掲書、p.6

飛ばしていた。警告も出ないまま非常に大きな音の爆発があった。パイロットたちは、最初、減圧と考えたが、空気の流出も圧力変化もなかった。レコード副操縦士は、自動操縦を切り、自動操縦の電源も切った。異常発生の14秒後、彼は、「機長、機体を制御できない」と報告した。ヘインズ機長は、レコード副操縦士が左補助翼をいっぱいに使い、また操縦桿を膝までしっかり引いていることに気づいた。しかし、航空機は右旋回で下降していき、その角度も増しつつあった。

- 一方、ドヴォラーク航空機関士は、チェックリストを読み上げながら第2エンジンのシャットダウンを行っていた。第一番目の項目は、「出力を絞れ」であった。しかし、出力は絞れなかった。第二番目の項目は、エンジンへの燃料供給を停止することであったが、燃料レバーは動かなかった。そこで、ドヴォラーク航空機関士は火災遮断装置を作動させることを進言した。ヘインズ機長がそれを実行し、ついに燃料供給は止まった。

- 機体が右に38度も傾き、裏返しになる寸前に、ヘインズ機長は第1エンジンの出力を絞り、第3エンジンの出力を最大にした。すると右翼が水平方向にゆっくりと戻ってきた。ヘインズ機長は、後に機体を制御するために主翼にある2つのエンジンの出力調整をする方法をどのようにして思いついたか訊ねられたが、彼は、「私にもよくわからない。それしか方法がなかったがうまくいった。運についても同じだ。どうなるのかわからないことでも試した。そして、それがうまくいっただけだ。」[12] と答えている。

- 15分後、パイロットたちは、ファーストクラスの乗客にフィッチ機長がいることを知らされて、彼を操縦室に呼び入れた。次の30分間、フィッチ機長はスー・ゲートウェイ空港に向かう間、航空機が水平を維持するよう第1および第3エンジンのスロットルレバーを操作した。彼の

---

12) 前掲書、p. 6

操作が一番うまいことがわかったからである。

【6】最終段階は連携

ヘインズ機長は、彼のチームのなかや、さまざまなチームの間にあった連携を惜しみなく賞賛している。機長、副操縦士、航空機関士とフィッチ機長の間、客室と操縦室の間の高度な連携、操縦室と空港管制官の間、病院、州兵と救急サービスの間にあった連携である。彼はまた、ユナイテッド航空のスー・ゲートウェイ事故の乗客や家族への対応にも感動していた。ユナイテッド航空は、サンフランシスコおよびシアトルから非常に数多くの職員をスー・シティーに送り込んだ。次の日の昼までには、少なくとも一人のユナイテッド航空職員が、当事者の家族に付き添っていた。

【7】心的外傷後ストレス障害となったアル・ヘインズ機長

この事故についてのアル・ヘインズ機長の最後の言葉を次に紹介する。

「これは、UAL232便についての52回目のスピーチです。スピーチを行うたび、私はそのとき、ほかにできることがなかったという確信を少しずつ高めてきました。そして、それが癒しのプロセスでした。この事故について何も話をせず、頭を砂の中に埋めて、何もなかったふりをしていたら、いつか感情が爆発するでしょう。だから、誰かがトラウマについて話そうとしていたら、耳を傾けてあげてください。誰かがあなたに話し相手になってほしいというなら、話し相手になって、彼らの話を聞いてあげてください。彼らのそばにいて、助けてあげてください。それがとても大切なことです。」[13]

心的外傷後ストレス障害の専門家であっても、彼以上のことを言うことはで

---

13) 前掲書、p. 19

きないだろう。

10.3 おわりに

　本章で述べてきたパイロットのすばらしい技術を考えると、読者の方々は、私が運の果たす役割を過大評価しすぎていると考えるかもしれない。しかし、驚異的なリカバリーには、この種の運が必要なのである。次のことを考えてほしい。両方のエンジンが停止したとき、グライダーの操縦技術をもつボブ・ピアソン機長と、閉鎖され今では空港マニュアルにすら載っていない軍の飛行場が都合よく近くにあり、しかも、そこに駐在していたモーリス・クィンタル副操縦士が、同じ操縦室中にいる確率がどれくらいになるだろうか。

　アル・ヘインズ機長が言った、平坦な農地が下に広がっていること、季節性の雷雲が発生していなかったこと、病院も救急サービスも日勤と夜勤の両方が対応できたこと、アイオワ空軍州兵が任務に就いていたこと、「スーランド救急サービス」が訓練を行っていたこと、非番のデニス・フィッチ機長が搭乗していたこと、そしてケビン・バックマンのような高い資質をもった空港管制官がいたこと、これらのすべてが同時に起きる可能性はどれくらいになるであろうか。答えはどちらもほとんどゼロに近いくらい小さいことは間違いない。これは、関係者の驚異的なプロフェッショナリズムを決して軽んじているのではない。しかし、運というものが重要な役割を果たしたのは事実である。願わくば、運に恵まれたい。

第11章
すばらしい臨機応変

　これまでに見てきた多くのリカバリー事例、2つ例を挙げるとすれば、ボブ・ピアソン機長のサイドスリップとアル・ヘインズ機長のエンジン出力操作は、実に見事な臨機応変の対応であった。しかし、臨機応変の対応は、他に多くの寄与要因があるなかでのほんの一部にすぎない。本章で述べる2つの事例では、実に見事な臨機応変の対応が決定的な特徴であり、さらにこのエピソードが世間に知られている一番の理由である。もちろん、技術、経験、プロフェッショナリズムなどが役に立たなかったというわけではなく、これらは、関係者によって魔法をかけたように捻り出された、華麗で今までに見たことも聞いたこともない臨機応変の対応の背景となっている。

11.1　ガリエニ将軍とパリのタクシー（1914年）

【1】背　　景

　1914年8月終わりの数日間、パリは居心地のいい町ではなかった。というのは、勝ち誇るアレクサンダー・フォン・クルック（Alexander von Kluck）将軍指揮下のドイツ第1軍の進撃路上に位置していたからである。第1軍は、8月の始めにベルギーとフランス北東部を席捲したドイツ軍6個軍のうち最大で、最も西に展開していた部隊である。そのとき以来、フランス第5軍および第6

軍、それに同盟軍である英国大陸派遣軍を情け容赦なく南に押しやって来ていた。8月30日には、フォン・クルック将軍の部隊はパリ北方40マイル（約64キロメートル）足らずまで進出していた。フランス陸軍最高司令官のジョッフル（Joffre）将軍はパリ防衛を実質的に諦め、フランス政府はボルドー（Bordeaux）に逃れようとしていた。

　フォン・クルック将軍が運命の、そして最終的には誤りとされた決定を行ったのはこのときであった。ドイツの攻撃計画（シュリーフェン（Schlieffen）計画）[1]では、ドイツ第1軍はパリ南方まで進出してからボージュ（Vosges）山地に向け進路を東に変えることになっていたのだが、フォン・クルック将軍はまだパリ北方にいるうちに針路を東に変えた。フランス軍も英国軍も本格的な反撃に入る体制でないと判断したのである。パリ軍事総督ガリエニ将軍の創意工夫まではフォン・クルック将軍の計算に入れていなかったのである。

【2】 ガリエニ将軍

　ヨゼフ・シモン・ガリエニ（Joseph-Simon Gallieni）将軍は、サンシール（Saint-Cyr）陸軍士官学校を卒業した職業軍人で、1914年夏には65歳になっていた。西アフリカを皮切りに、マルティニーク（Martinique）[*1]、北部セネガル（Senegal）と、経歴のかなりの部分を海外植民地で過ごし、1896～1905年まで、新たに植民地となったマダガスカル（Madagascar）の総督を務めた。その後帰国して、師団長として勤務した後、リヨン軍事総督に就任した。そして、第一次世界大戦の開戦にあたり、パリ軍事総督に任命された。

　フォン・クルック将軍の東転は8月31日朝のことであったが、ジョッフル

　1）　当初は19世紀末にドイツ陸軍参謀総長フォン・シュリーフェン（von Schlieffen）伯爵が創案した計画。その後、ドイツ陸軍総司令官フォン・モルトケ（von Moltke）により修正が加えられた。ロシア軍の動員に6週間かかると見積もり、その間にフランス軍を撃破する計画であった。実際にはロシア軍はより短い期間で動員されたが、8月31日に東プロイセンのタンネンベルク（Tannenberg）での戦闘で徹底的に撃破された。フォン・クルック将軍の第1軍の南東への方向転換がマルヌの会戦につながり、結果的にドイツ軍が後退した時点でシュリーフェン計画はその役割を終えた。

　＊1　カリブ海に浮かぶ西インド諸島の中のウィンドワード（Windward）諸島に属する島

将軍とフランス軍最高司令部はその軍事行動の意味をすぐには理解できなかった。しかし、東部のモーゼル(Moselle)戦線で戦闘中のフランス第1軍と第2軍から1軍団ずつをさき、パリ守備隊に合流させ、増強することとした。

ガリエニ将軍は9月3日朝、あるパイロットからドイツ軍が明らかに東に転じているとの知らせを受け、フォン・クルック将軍のドイツ第1軍の手薄な側面を攻撃する機会があるのを即座に見てとった。しかし、攻撃を開始するにはまずジョッフル将軍を説得しなければならず[2]、ジョッフル将軍もまた乗り気ではない英国大陸派遣軍を丸め込んで支援させる必要があった。これには時間がかかり、ガリエニ将軍を相当いらだたせることになった。

【3】 マルヌ会戦の概要

英国大陸派遣軍は精彩を欠いていたが、このマルヌ(Marne)会戦におけるフランス軍の勝利により、ドイツ軍のシュリーフェン計画と8月上旬以来の急進撃が終わりとなった。その影響で、英仏海峡沿岸からスイス国境に至るまで塹壕が掘られ、血なまぐさい4年にも及ぶ膠着状態の消耗戦が始まった。均衡が破れたのは、1918年になって米軍が到着し、ドイツ国内の産業基盤が崩壊したときであった[3]。

1914年9月5日、モーノーリ(Manoury)将軍のフランス第6軍(ガリエニ将軍が指揮するパリ守備隊の中心部隊)がフォン・クルック将軍のドイツ第1軍の先鋒部隊と偶然衝突し、マルヌ会戦が始まった。フォン・クルック将軍は上官のフォン・モルトケ(von Moltke)ドイツ陸軍総司令官から圧力をかけられ、

---

[2] この事実はジョッフル将軍が第一次世界大戦の結末に及ぼした大きな貢献を色褪せさせるものではない。ジョッフルは、「三度の食事をきちんととり、夜10時までには就寝する」規則正しい生活を送る人物であった。そうしたこのうえなく泰然自若とした性格が、ドイツ軍の猛攻をもちこたえるうえで非常に大きな役割を果たした。

[3] 私は、「1914年9月、マルヌ会戦がまったく異なった結果となっていたら、20世紀はまったく違った、より穏和な歴史をたどったのではないか」と考えることがある。西部戦線の過酷な膠着状態もベルサイユ条約もなく、おそらく戦後ドイツで国家社会主義が台頭する素地も形成されなかったであろう。しかし、私はそれを考える任にはなく、それは私の能力を超えることである。

南方への進撃を中止して、自軍の側面を脅かしているフランス第6軍に対するべく方向転換したところだった。これによりドイツ第1軍と第2軍の間には30キロメートルの距離が開いてしまった。フランス軍と英国大陸派遣軍はこの機会につけ込もうとしたが、英国大陸派遣軍の進撃は特に遅かった。この間、モーノーリ将軍のフランス第6軍は激しい攻撃に曝され、後退を始めた。危機的状況が訪れていたが、ここに、ガリエニ将軍が軍事史に名を残す機会が生まれていた。

マルヌ会戦の概要を終わる前に、ドイツのフォン・クルック将軍のフランス軍についての寛大なコメントを引用しよう。彼は、マルヌ会戦におけるドイツ軍の敗北理由、「他にまさる理由」について次のように書いている。

> 「反撃のすばやさが、フランス兵の並外れた独特の素質であった。フランス兵は命令があれば持ち場を固守して命尽きるまで戦う特性があることは、以前からよく知られており、戦闘計画立案の際にも考慮に入れていた。しかし、撤退戦が続き、地面で眠る日々が10日間続いた後、疲労で半死半生となった兵士がラッパの音で即座に立ち上がり、ライフルを摑んで攻撃に移れるとは、私たちはまったく考えていなかった。こうした可能性はわが軍の陸軍大学でもまったく教えられていないことであった。」[4]

【4】 マルヌのタクシー

9月6～8日にかけて、モーノーリ将軍の第6軍は、フォン・クルック将軍のドイツ第1軍に激しく攻撃され、突破されそうになっていた。モーノーリ将軍は少し前にガリエニ将軍に、「万一、第6軍が支えきれない場合に撤退すべき線はどこなのか？」と質問していたが、ガリエニ将軍の答えは「そんなものはない」だった。

救援部隊は既に近くにいた。9月6日、第7師団の部隊が東部戦線から移動

---

4) Suchman, B. W. (1962) *The Guns of August*. London: Four Square Edition, (p. 485).

第 11 章　すばらしい臨機応変　*259*

してきて、パリの鉄道引き込み線まで到着していた。しかし、この部隊を前線まで輸送する陸軍の車両も運転手もいなかった。

　このときのガリエニ将軍の激怒は想像に難くない。彼はドイツ第 1 軍の手薄な側面を攻撃できるという軍事的可能性について、ジョッフル将軍よりも理解していたのであった。過去数日間、フランス軍最高司令部と煮え切らない英国大陸派遣軍5)に、反転して攻撃するときだと説いていたのは、ほかならぬガリエニ将軍だったのである。しかし、ジョッフル将軍から具体的な約束としてなんとかもぎ取れたのは、第 7 師団の東部戦線からパリへの移動だけだった。その第 7 師団が今到着したのに、効率の悪いフランスの鉄道網から部隊を救出して、ウルク (Oureq) 川沿いの包囲された前線に移動させようにも、軍の輸送手段がまったくなかったのである。そのとき、ガリエニ将軍の脳裏に閃くものがあった。「タクシーを使ったらどうなんだ？」

　おそらく、長年の植民地行政官としての経験から、軍人としての発想の枠を抜け出し、民間輸送機関の利用を思いつくことができたのだろう。タクシーだけでなく、後にはバス、大型乗用車、さらには迷い込んだトラックまで利用したのである。理由はどうあれ、これは水平思考*2 の輝かしい一例であり、これこそが「マルヌの奇跡」を生んだものの正体であった。このようなことをわざわざ書くのは、信仰深いフランス人のなかには、「マルヌの奇跡」はジャンヌダルク (Jeanne d'Arc) の働きによるものだと信じている人もいるからである。

　パリのタクシーの何台かは、既にパリ軍事総督の管理下にあった。ガリエニ将軍の参謀長であったクレジュリー (Clergerie) 将軍は、500 台以上のタクシーが 5 人の兵士を乗せて往復 60 キロメートルの道のりを 2 往復すれば、ウルク川で戦闘中の第 6 軍に約 6,000 の増援部隊を送ってやれると見積もっていた。

---

　5)　これは控えめな表現というべきであろう。BEF 現地司令官陸軍元帥ジョン・フレンチ (John French) 卿は海峡の港まで後退し本国に帰還する決意を既に固めていた。幸運なことに、上司にあたるキッチナー将軍が、ガリエニ将軍の指揮下にとどまるよう命令した。ジョン・フレンチ卿は英国が戦場に送り出した最良の指揮官というわけではなかった。
　*2　既成の枠にとらわれず、視点をさまざまに変えて問題解決を図る思考方法

午後1時に命令が発せられ、出発はその午後6時と決められた。警官たちは、乗客を降ろしたタクシーを見かけると、タクシーが戦争に行くことになったと誇らしげに伝えた。タクシーはいったん車庫に戻り、ガソリンを満タンにしてから、ガリエニ将軍の司令部近くのアンヴァリット前広場(Esplanade des Invalides)に集まり始めた。午後6時までに600台が集まり、見事な列をつくった。そのほとんどが、ルノーAG型だった。

点検命令を下しながら、ガリエニ将軍はたいへん喜んで、「さて、これは少なくともふつう、見られないことだ！」と言ったが、1人のタクシー運転手が「料金はどうなるんで？」と尋ねた。パリっ子らしい話である。結局、報酬として、メーター表示値の27パーセントが支払われた。

タクシーが最初に使われてから2日後の9月8日までに、重圧に曝されたフランス第6軍は数千の新鋭部隊により増強された。ドイツ軍は、フランス第5軍および第6軍に圧迫されてエーヌ(Aisne)まで後退し、10日間の敗走の後にフランス軍が勝利を収め、マルヌの会戦は終結した。パリからのタクシーと6000の増援部隊がなければ、モーノーリ将軍の第6軍はおそらくドイツ軍の攻撃を支えきれなかっただろう。これ以後、パリが脅威に曝されることは第一次世界大戦中を通じて二度となかった。ガリエニ将軍がパリを救ったのである。

1915年、ガリエニ将軍は、アリスティード・ブリアン(Aristide Briand)首相の内閣に陸軍大臣として入閣したが、病を発して1916年に辞任し、ほどなく没した。1921年になって、元帥位を遺贈された。

11.2 ゴードン・ベッティ機長とセスナの捜索(1978年)

私はゴードン・ベッティ(Gordon Vette)機長とお会いして、話をする機会に何度も巡り合えた。2003年には、私はベッティ航空安全研究トラスト賞(A.G. Vette Flight Safety Research Trust Award)を受賞する名誉を得た。受賞理由は「航空業界における航空安全向上への多大な貢献、ヒューマンファク

ターでの業績と研究、およびエラー耐性の高いシステムの設計における功績により、賞を授与する」であった。少々自慢することをお許し願いたい。大学の心理学者が、国際的に高く評価されたパイロットにより表彰されることは滅多にない。またベッティ機長はスイスチーズモデルのファンでもある。以下に彼の功績の一部をなす事象を説明しよう。

【1】背　景

　1978年のクリスマスの3日前、元米海軍のパイロットだったジェイ・プロフノウ(Jay Prochnow)は、米国領サモア(Samoa)のパゴパゴ(Pago Pago)からニュージーランドの北数百マイルに位置するノーフォーク(Norfolk)島に向かって飛び立った。飛行距離は1,475海里(約2,730キロメートル)で、14時間の飛行が見込まれていた。同機は約22時間分の燃料を搭載していた。彼は農薬散布機のセスナ188 Agwagonをカルフォルニアからオーストラリアまで移送しているところだった。

　ノーフォーク島へ向かう飛行の後半で、プロフノウはセスナの自動方向探知機[6]にノーフォーク島の低周波ビーコンを受信し、自動方向探知機の針が直進を指していることを確認した。それは、このまままっすぐ行けばいいことを示している。しかし、予定時刻になってもノーフォーク島は姿を現さなかった。風が予想以上に、逆風だったのだろうと思い、そのまま飛び続けた。すると自動方向探知機の針がゆれて回り始めた。彼は他のビーコンに周波数を合わせたが、それらも同様にわけのわからない方向を示していた。自動方向探知機が故障していたのである。プロフノウは迷子になったことに気づいた。おまけに無線方向探知機もなく、農薬散布機で太平洋上を飛んでいるという、ひどい事態である。彼は海軍で訓練された方形捜索[7]を行ったが、依然として位置不明で、

---

[6]　自動方向探知機は、機器の傾きや方向にかかわりなく、常にまっすぐに通信信号発信塔を指し示す。
[7]　自機の最初の位置を中心に、正方形に飛び、正方形を徐々に大きくしながら燃料がなくなる前に目標を発見しようとする航法

深刻な事態に陥った。彼は高周波無線でニュージーランドのオークランド航空管制に向けてメーデー信号を発信し、深刻な事態であることを告げた。

同日、ゴードン・ベッティ機長、アーサー・ドウェイ（Arthur Dowey）副操縦士の操縦するニュージーランド航空 DC-10 型機がフィジー（Fiji）のナンディ（Nandi）を飛び立ち、オークランドへ向かっていた。オークランド航空管制は、同機が最もそのセスナに近いと考えた。機長は乗客に、その旨説明してから、方向転換してプロフノウの捜索に向かった。2 人のパイロットはともに航法士の資格があり、燃料も満載していたので、ベッティ機長は捜索するゆとりがあると考えた。また、同機には 3 つの慣性航行装置が装備されていた[8]。

【2】 セスナの捜索

夕方になり、陽が沈み始めていた。プロフノウはまだ明るいうちに、太平洋上に不時着することを考えていた。そうした場合、彼が生き残ることができないことは、ほとんど確実だった。プロフノウはその時点で 20 時間飛行しており、ノーフォーク島への到着時間を大幅に過ぎていた。

ほぼ同時刻にベッティ機長はセスナのプロフノウと無線通信を行い、2 機の位置関係をはっきりさせるため、一連の驚くべき航法計算を行った。最初に彼はプロフノウに夕日に機体を向けさせ、その方向を知らせるように求めた。プロフノウから機首方位 274 度との知らせがあった。ゴードン機長の DC-10 型機の機首方位は 270 度であることから、DC-10 型機の南にセスナがいることを確認した。

それからベッティ機長はプロフノウに機器パネルの上に手を乗せて、太陽の中心と水平線の間に指が何本入るかを数えるように求めた。太陽の中心と水平

---

8) プロフノウの救助に関する主要な文献は次のものである。
"Mayday in December"(http://www.navworld.com/navcerebrations/mayday.htm); BALPA's Outstanding Airmanship Awards(Harlington: BALPA)、および Schiff, B. "Ferry Pilot, aka Help from Above"(http://www.flight.org/forums/showthread.php?t=269110).

第 11 章　すばらしい臨機応変　**263**

線の間に、プロフノウの指は 4 本入り、ベッティ機長の指は 2 本入った。ベッティ機長の測ったものよりも、プロフノウの測った太陽の位置のほうが高いということは、セスナは太陽に近い、DC-10 型機の西にいることになる。指 1 本が 2 度強の角度に相当し、1 度が 60 海里（約 111 キロメートル）であることから、ゴードン機長はセスナが DC-10 型機の南西 240 海里（約 444 キロメートル）辺りにいると考えた。

　この後すぐに DC-10 型機は、セスナと VHF 無線での交信を確立した。プロフノウは DC-10 型機に向かって真東に飛ぶように言われた。そのときゴードン機長は閃いた。VHF 交信でセスナの位置を確認できることに気がついたのである。彼はプロフノウに旋回して話し続けるように指示した。彼は VHF 無線の交信範囲が直径 400 海里（約 740 キロメートル）の円であることを知っていた。彼の大きなジェット機を、交信範囲の円を横切るように飛ばし、交信のつながるところ（図 11.1 のポイント 1）、つながらないところ（図 11.1 のポイン

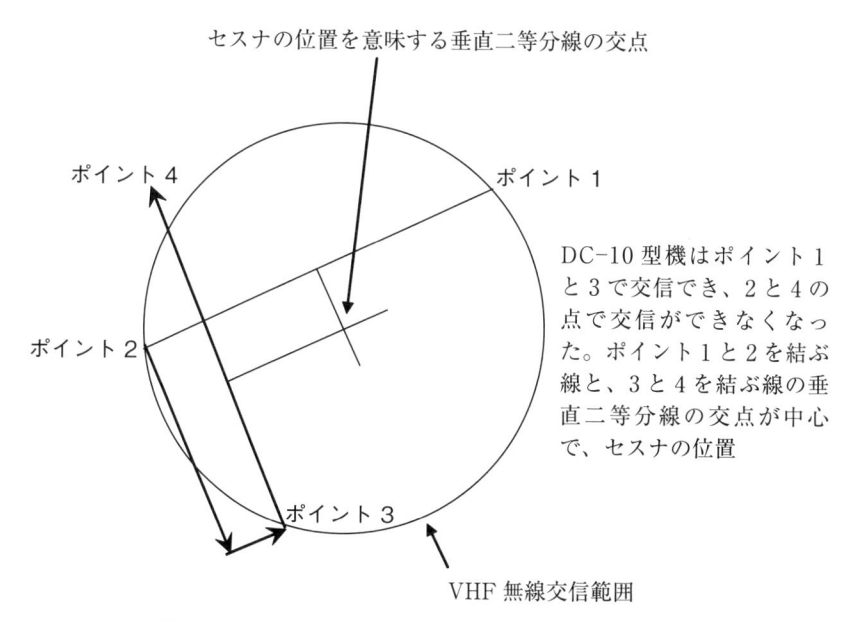

図 11.1　VHF 無線交信範囲を使ったセスナの捜索方法

DC-10 型機はポイント 1 と 3 で交信でき、2 と 4 の点で交信ができなくなった。ポイント 1 と 2 を結ぶ線と、3 と 4 を結ぶ線の垂直二等分線の交点が中心で、セスナの位置

ト2)を記録した。交信が切れたところで、90度、左に旋回し、そのまま交信範囲を超えた後もしばらく飛び続け、その後に左に旋回し、交信範囲に入ったところ（図11.1のポイント3）で、さらに左に旋回し、そのまま交信範囲を出るまで（図11.1のポイント4）飛び続けた。それぞれ旋回角度は90度である。彼が飛んだVHF無線交信円内の航路（ポイント1-2、ポイント3-4）の中心から垂線を延ばして交わるところが円の中心、すなわちセスナの位置である。しかし、セスナはそこにいなかった。おそらく、わずかなタイミングのずれが原因であったのだろう。

しかし、ベッティ機長には、もう一つの秘策があった。太陽がちょうど水平線に沈んだ。ノーフォーク島と上空のセスナから見た日没時刻の差から、経度を割り出そうというものであった。上空にいるセスナから見た日没時刻は、地上から見る場合よりも遅いので、セスナの高度で修正され、この時間差は22.5分で、1度は4分に等しいので、経度5.6度の差である。ノーフォーク島で日没を見た人の位置から、そのセスナはノーフォーク島の東291海里（約539キロメートル）にいると、ベッティ機長らは割り出した。

プロフノウは北西に飛ぶよう指示された。セスナは20.5時間飛び続けており、燃料はほとんど残っていなかった。そのとき、プロフノウは眼下に、牽引中の海底油田掘削設備を見つけた。海底油田掘削設備からDC-10型機にセスナの位置が知らされ、DC-10型機とセスナは、ついにランデブーできた。セスナはDC-10型機の乗客によって発見された。セスナはノーフォーク島から150海里（約278キロメートル）弱のところを飛んでいた。ベッティ機長はプロフノウに294度の方向に飛ぶように伝え、プロフノウは23時間以上飛行し、ようやく真夜中近くに無事に着陸した。ジェイ・プロフノウは巧みな操縦技術で、22時間分の燃料で、23時間以上、飛び続けていたのである。

【3】その後

非常に幸運だったジェイ・プロフノウは、現在は定期航空会社の機長になっているはずである。私は、この手品のような救難捜索を行えるDC-10型機の

パイロットはほとんどいないと思っている。ゴードン・ベッティ機長は航空航法の魔術師であり、最高の飛行機乗りである。彼のとった行動は、次から次に起こる問題に対して、次から次に独創的な解決手段を発想するという、インスピレーションにあふれた臨機応変の対応の典型例である。

　プロフノウを救助したとき、ゴードン・ベッティ機長には33年の飛行経験があったが、彼のニュージーランド航空でのキャリアには、もう一つの展開があった。1年後の1979年、この年はニュージーランドにとって非常に悲しい年になってしまった。ニュージーランド航空のDC-10型機が南極観光飛行の際に、エレバス山に衝突したのは1979年の11月末だった（**第7章参照**）。乗員乗客は全員死亡したのである。

【4】エレバス山墜落事故の追記

　経験豊富なパイロットがきちんと操縦している、性能に優れ、使い勝手の良い飛行機が、視界良好であるにもかかわらず、なぜ、エレバス山腹に墜落したのだろうか。ゴードン・ベッティ機長は、チッピンデール（Chippindale）報告[*3]で結論づけられているようなパイロットのエラーで起きた事故ではないと確信しており、それを証明するため、彼は科学的な証拠を集めたのである。大きな要因が2つあった。

　第一点は、飛行直前になって飛行機の慣性航法システムのプログラムがパイロットたちに知らされることなく、変更され、それが間違っていたことである。この結果、コンピュータが作成した飛行計画で、エレバス山の裏にあるマクマード湾（McMurdo Sound）が通過ポイントになっていたのである。パイロットたちは、3つの慣性航法システムを確認し、予定どおりマクマード湾に向かっていると考えていた。

　第二点は、ベッティ機長が非常に大きく貢献した部分であり、彼が自信をも

[*3] ニュージーランド事故調査委員会・主席調査官ロン・チッピンデール（Ron Chippindale）が取りまとめた報告書

って実証したことである。すなわち、ホワイトアウト現象*4と、層状に積み重なり、エレバス山にもかかっていた雲の影響が、長くて平らな雪原が地平線まで続いているという錯覚を生じさせたことである。そのため、パイロットたちはマクマード湾へまっすぐ向かっていると思い込んでしまった。心理学専攻の大学院生の息子2人と、オーストラリアのモナッシュ(Monash)大学の世界的に著名な認知心理学者のロス・デイ(Ross Day)教授の協力を得て明らかにしたこの結果を、ベッティ機長は、*Impact Erebus*(エレバス山衝突)という上下2巻の著作に詳しく述べている。

　この「ベッティ理論」は、エレバス山の悲劇に関するマホン高等法院判事の王立委員会に証拠として提出され、一切の修正なしに、あらゆる反論や法的あるいは規制上の検査に耐えた。それはマホン報告の主要部分となった。航空機事故の主席調査官ロン・チッピンデール、ニュージーランド航空の経営層、当時の首相に対するベッティ機長の挑戦は、多大な個人的犠牲を払うことになった。すなわち、ニュージーランド航空の最上位のチェックパイロットだった彼は、6年早く退職することを余儀なくされたのである。最終的な収入と退職年金の損失は、100万ニュージーランド・ドルを優に越えていた。

11.3　まとめ

　私は、二人の主役、パリを救ったヨゼフ・シモン・ガリエル将軍と、ジェイ・プロフノウを発見したゴードン・ベッティ機長が、驚異的なリカバリーを達成した、並外れて独創的な方法の何かを、いくらかでも伝えることができたと思う。彼らは一人でやってのけたわけではないが、二人ともこれらのすばらしい功績の立役者であったことは明らかである。彼らは一人で必要な行動を画策した。そして、このことは私に年齢に関する、ある考えをもたらした。この二人の男は、プロとしての現役生活の終わりが近かった。ガリエニ将軍は当時

　　＊4　雪や雲などによって視界が白一色となり、方向・高度が識別不能となる現象

65歳で、その後2年ほどでその生涯を終え、ベッティ機長は、操縦桿を30年以上握り、エレバス山の件で退職が早められたものの、退職まで手の届くところであった。

　年齢に関係した要因が驚異的なリカバリーで、大きな役割を演じているのではないだろうか。人生のピークをとっくに過ぎた私としては、この考え方に魅力を感じる。しかし、次章では、この考え方をさらに興味深いものにしていきたいと思う。**第12章**では、崩壊寸前のシステムを、災害の淵から引き戻すための基本的な構成要素について述べていく。

第12章
驚異的なリカバリーの源泉

　さて、そろそろ真実に迫るとき、あるいは少なくとも、それについて説明するときが来た。これから私は、第1章で書いた約束を果たしていきたい。驚異的なリカバリーの源泉とは何であろうか。

　各章のタイトルを振り返ってみよう。第8章の「訓練、規律、リーダーシップ」、第9章の「正真正銘のプロフェッショナリズム」、第10章の「スキルと幸運」、第11章の「すばらしい臨機応変」。しかし、これらは母親の小言のような感じがする。物事がうまく行かない理由をいうのは比較的容易なところが、問題である。もっとも、私は生涯、そのことを言い続けてきた。しかし、物事がうまく行く理由を言おうとすると、必要性と十分性だけを求めるふつうの論理的な説明では表現できない。なぜなら、特に偶然や情況、個人の要因が非常に大きな役割を果たしているからである。しかし、私たちはこのような疑問に対する答えを、他の人に伝えられるように、どのように組み立てたらよいのであろうか。これは、本章ならびに本書の残りの部分で、私が自分自身に課した課題である。

　本章では、「予想された潜在的な危険性への対処」「なさそうで、ありそうな潜在的な危険性への対処」、そして、「驚異的なリカバリーに必要な特性」の3つについて述べていく。問題は、これらの特性の多くが、特定個人の頭の中にだけあることである。さらに、人間はずっとベストの状態ではいられない、という無情な事実もある。しかし、別のこともいえる。緊急事態においては、一

つの特性だけでは十分でなく、良い結果を生み出すためには、それらを組み合わせて考えなければならない、ということである。

12.1 予想された潜在的な危険性への対処

　危険の多くは、予想の範囲に入る。少なくともあらかじめわかっている。火事、飢饉、疫病、傷害、干ばつ、害毒、戦争、犯罪、墜落、難破、溺死、落雷、洪水、火山噴火、猛獣、地震などは有史以来、人類に身近なものになっている。脅威が予想されると、その脅威がいつどこで起きるかを当てることは相当に難しいが、ある程度防ぐことはできる。

　進化によって、今日の私たちは、生まれながらにして感動すら禁じえない数々の生存メカニズムを備えている。その他の防護は、成長する過程で備わっていく。家族や従事する仕事によって徐々に教え込まれ、いつの間にか防護が身につくのである。さらに、個人の枠を越えて、ほとんどの共同体は住民を守るために必要な機関、すなわち、軍隊、警察、病院、救急サービスなどを作り出した。しかし、これらの安全措置やバリアのすべては、ともすればいくつかの点で不完全になりがちである。これが第5章で述べたスイスチーズモデルの大前提である。

　第Ⅳ部で述べた驚異的なリカバリーに関する11の話のうちの1つだけが、予想された潜在的な危険性に明らかに当てはまる。すなわち、第8章のフエンテス・デ・オニョーロ村での軽歩兵師団の撤退である。他の2つの軍隊の事例、すなわち、第8章の第1海兵師団の長津（チョンジン）撤退と、第11章のガリエニ将軍とパリのタクシーも同じカテゴリーに入るのではないかという意見もあるだろう。もし、兵士なら、奇襲と敗北は常に起こりそうなことである。しかし、ここで私は軽歩兵師団に話を絞ろうと思う。

　軽歩兵師団にとって、敵の騎兵を前にした行進と方陣形成は、何度も訓練したことであり、脊髄反射のようなものである。おそらく戦場での3マイル（約4.8キロメートル）以上の撤退距離は、異常に長く、その間、隊形の変更を幾度

となく繰り返さなければならなかった。しかし、重要なことは、そのタイミングであった。もし、軽歩兵師団の兵士が、ロングラン中のショーで躍る、しっかりリハーサルを積んだバレーダンサーのように振る舞ったとしても、指揮官は、ただ単に慣れ親しんだ楽譜の演奏を繰り返すオーケストラの指揮者とはまったく違う。脅威は、馬曳砲兵による散発的な砲撃は別として、撤退中ずっとほぼ同じであったが、状況は極度に流動的であった。将校は身のすくむような危険を前にして、図太くあり続けなければならないだけでなく、高い状況認識と適切な判断の下に命令を出すことが必要だった。命令自体はしっかり定型化されていたが、命令のタイミングはそうではなかった。もし、早過ぎたり、遅過ぎたりすると、彼らは全滅したであろう。ここでの指揮官は、オーケストラの指揮者ではなく、サッカーチームの監督のようなものであった。

では、11の事例のうち、"型どおり"のリカバリーに最も近い、1811年の軽歩兵師団の撤退の成功から、何がいえるのだろうか。これには3つの重要なポイントが考えられる。一つ目は、潜在的な危険性の特定と評価(この場合、撤退のはるか以前に行われたであろう)、二つ目は、脅威を相殺するための一連の対策の立案、評価と訓練(これもまた、対策が必要になるずっと以前から存在していただろう)、そして最後は、これら対策の効果的、かつタイムリーな展開、すなわち情況認識に極めて依存するプロセスである。また、最後のポイントについては、現状でのクリティカルな要素の知覚、これら要素の重大性の理解、将来どうなるかの予想の3つの要素がある。

これら3つのポイントは、すべてリカバリーがうまくいくために重要である。しかし、これらのなかでも、とりわけ情況認識が重要である。これは確かに身につけることが最も難しく、最も普遍的に求められているものである。私たちが21世紀において方陣をつくることなど起こりそうもないように、潜在的な危険性とそれに対する対策は、特定の場所と時間に特有なものであるのに対し、優れた状況認識は、あらゆる潜在的な危険性を有するシステムでは、生き残るための必須条件となっている。どこか他でうまく行われていることを繰り返し述べるよりも、私は、読者に私の友人ローナ・フリン(Rhona Flin)らが書いた

最新の本を教えたいと思う。それは、*Safety at the Sharp End*（現場第一線での安全）というタイトルの本で、一つの章をまるまる使って情況認識について述べている[1]。

12.2 なさそうで、ありそうな潜在的な危険性への対処

第Ⅳ部で述べた11のリカバリー事例のうち、9つは起こりそうもないが、まったく起こらないとはいえない緊急事態でのリカバリーであった。可能性の大きいものから順に並べると、第9章のタイタニック号生存者の救助、第9章の卓越した外科手術、第11章のセスナの捜索、第11章のガリエニ将軍とパリのタクシー、第9章のブリティッシュ・エアウェイズ（BA）09便、第9章のBAC1-11型機のインシデント、第10章のギムリー・グライダー、第9章のアポロ13号の生還ならびにユナイテッド航空（UAL）232便であろう。

これら9つのケースで最も答えに窮する質問の一つは、リカバリーの成功は、どの程度、主要登場人物の性格と腕によるものか、というものである。これは第8章で述べた、軽歩兵師団と第1海兵師団の撤退には当てはまらない質問である。ウェリントン将軍の軽歩兵師団でない別の部隊、第1海兵師団ではない別の部隊でも、訓練、規律、リーダーシップを発揮して、それぞれの緊急事態から抜け出すことはありうるだろう。しかし、他の部隊もそのとおりにやって、同じように敵に甚大な損害を与えるであろうか。それは、可能性はあるが、ほとんど期待できない。

【1】余人をもって代えがたい人々

上に述べた起こりそうもないが、まったく起こらないとはいえない緊急事態

---

1) Flin, R., O'Connor, P., and Crichton, M. (2008) *Safety at the Sharp End: A Guide to Non-Technical Skills.* Aldershot: Ashgate Publishing, (Chapter 2).

において、(比較的)幸運な結果の達成に欠かすことのできない人の名前を以下に示そう。私は、ここに挙げる名前に、誰もが納得できるものではないことは理解している。しかし、ここで、例を挙げて異論を引き起こすことは、大胆な主張をするよりも興味深く、おそらく有益であるだろう。まずは、異論が出そうもない名前から出していこう。

- ギムリー・グライダーのボブ・ピアソン機長とモーリス・クィンタル副操縦士
- UAL232便のアル・ヘインズ機長
- BAC1-11型機のインシデントのアラステア・アチソン副操縦士
- アポロ13号の生還のジーン・クランツ、ボブ・レグラー、エド・スマイリー、チャック・ディートリック、およびジョン・アーロンの5名の管制官
- パリのタクシーのヨセフ・シモン・ガリエニ将軍
- セスナの捜索のゴードン・ベッティ機長
- タイタニック号生存者の救助のカルパチア号アーサー・ヘンリー・ロストロン船長

ギムリー・グライダーのボブ・ピアソン機長とモーリス・クィンタル副操縦士については、疑問を差し挟む余地はほとんどない、あるいはまったくないといってよいだろう。腕のよいグライダーのパイロットが機長で、ギムリー周辺の飛行経験をもつ人が副操縦士であるという、ダメージを受けた飛行機を救うのに必要なこの2つが出会う可能性は限りなくゼロに近い。

UAL232便の乗員乗客の半数以上を救ったのは、チームワークであったが、主たる要因は、アル・ヘインズ機長の性格と彼のコクピットマネジメント技術であったと私は考えている。さらに彼の神がかり的な第1、第3エンジンを使った操縦のおかげで、緊急事態発生直後に航空機が裏返しになって、墜落する危機を回避できたのである。

BAC1-11型機のインシデントのアチソン副操縦士以外の誰が、機長が操縦室の窓から吸い出された状態で、BAC1-11型機を苦闘しながら無事に着陸させることができたであろうか。可能性はあるが、ほとんど考えられない。これはまったく状況によってすべてが決まったエピソードである。操縦室の窓が吹き飛んだときに、やるべき人が当然のことをやり、副操縦士が操縦に専念しただけのことである。

　私がなぜ余人をもって代えられない人々のなかに、アポロ13号の3人の宇宙飛行士を含めないのか。アポロ13号の生還劇に、彼らの貢献が少なかったというわけではない。しかし私は、元テストパイロットの3人の宇宙飛行士なら、同じようにうまくやっただろうと思う。すばらしいのは彼らを選んだことであり、訓練であった。しかし、新しく発生した問題を解く、特別な知識と並外れた能力をもつ地上の管制官は、欠くことのできない人間であった。ジーン・クランツは申し分のないリーダーシップを発揮し、ボブ・レグラーは生命維持に最低限必要な電力の供給方法を考え出した。エド・スマイリーは二酸化炭素の問題を解決し、チャック・ディートリックは宇宙船を適切な大気圏突入角度に軌道修正する方法を思いついた。ジョン・アーロンは大気圏に再突入する前の司令船への電源投入手順を考え出した。

　ガリエニ将軍とパリのタクシーの事例で、パリを防衛するために、他の司令官でも、前線に是非とも必要な援軍の輸送に民間の乗り物を使うことを考えたであろうか。私はそうは思わない。ガリエニ将軍のパリ防衛への貢献は彼独特のものである。一つ目は、フランス軍の上層部がドイツ軍から十分に距離を置けるところまで撤退し、部隊の再編を考えていたときに、ガリエニ将軍は、フォン・クルック将軍の無防備になった側面を攻撃する機会を見つけたのである。二つ目に彼は、鉄道システムが混乱していたことと軍事輸送手段がほかにないといった二重の問題を解決するため、タクシーを使ってマルヌ会戦を勝利に導いたことである。これらは、彼の植民地行政官としての長い経験のおかげだと、私は考えている。彼は、従来の軍人的な発想の枠から飛び出し、斬新で効果的な解決策を見つけた。民間輸送手段を使うことは、後から考えれば、新しくも

何ともないが、当時はそうではなかった。思い出してほしい。自動車が世に現れてまだ10年ほどしか経っていない時代である。

　セスナの捜索の事例で、航法士の資格をもった、経験豊かな民間航空の機長なら誰でも、ジェイ・プロフノウが操縦するセスナを発見できたはずだという意見もあるだろう。そのとおりかも知れないが、私には確信がもてない。ゴードン・ベッティ機長は、捜索に一連の独特なものを持ち込んだ。粘り強さ、工夫とかなりの知恵である[2]。セスナの発見は、航法の訓練どおりにはいかなかった。それは困難の連続で常に変化し、ますます深刻になる状況に対し、知っている原理を創意工夫して適用することが求められた。要するに、セスナのジェイ・クロフノウは、ゴードン・ベッティ機長に頭が上がらない、幸運な男であった。

　タイタニック号生存者の救助のアーサー・ヘンリー・ロストロン船長はどうであろうか。他の経験ある定期船の船長でも、タイタニック号の生存者を救助できたであろうことは間違いない。しかし、ロストロン船長のように迅速にできたか、疑わしいと思う。ロストロン船長のシーマンシップと救助活動の指示は極めて例外的であった。タイタニック号とカルパチア号の位置関係を把握すると、彼は、生存者の発見、乗船、応急処置[*1]、身元確認、宿泊スペースの確保に関し、並外れて詳細、かつわかりやすい指示を次から次へと出した。彼は今まで、海で救助活動を行ったことはなかったが、あたかもやるべきことが書かれているチェックリストを読み上げているかのようであった。しかし、実際にはチェックリストなどは存在せず、自分で考えて指示していたのである。ゴードン・ベッティ機長と同様に、ロストロン船長は、第一原理から考えていたのである。そして、彼の場合、古風なランカシャー(Lancashire)流[*2]の常識で考えていた。次に彼は、設計速度を3ノット(時速約5.6キロメートル)上回

---

　[2]　もし、さらなる証拠が必要なら、マホン報告へのゴードン・ベッティ機長の非常に大きな貢献を考えてみるとよい。
　[*1]　毛布や暖かい飲み物の提供、救急医療の提供など
　[*2]　ロストロン船長は英国イングランド北部ランカシャー州の出身

る速度で、多くの氷山の間を縫うようにカルパチア号を走らせた。彼は無謀で、こまごまと指示を出す管理者だという人がいるかも知れない。しかし、私は、彼がその状況で必要なことを行ったと信じている。私の考えでは、彼は、余人をもって代えがたい人物である。

【2】 意思決定スタイル

　ロストロン船長の意思決定ならびにマネジメントスタイルを、UAL232便のアル・ヘインズ機長のスタイルと比較してみたい。飛行機の姿勢を安定させるためにアル・ヘインズ機長が第1、第3エンジンの出力を制御した場面を考えてみよう。アル・ヘインズ機長自身の説明によると、多くの命を救うことになったこの行動を本能的に行ったという。もちろん、時間的には、タイタニック号の生存者救助の場合とはかなり違う。飛行機が裏返しになって、墜落する前に、飛行機を正しい姿勢に戻すためには、アル・ヘインズ機長に残された時間はほんの数秒しかなかった。カルパチア号の乗員乗客には、少なくとも初期の段階では、差し迫った危機は何もなく、タイタニック号の救命ボート周辺に達するまで、4時間が見込まれただけだった。

　ローナ・フリンら[3]は、意思決定スタイルについて、すばらしくそして最新の説明を加えており、ここでの議論で、その確からしさを確信した。彼女らによると、意思決定にはいくつもの方法があり、特定の状況に適したものがある、ということである。意思決定スタイルには主に次の4つのものがある。

① 直感的なもの（再認プライム型意思決定[*3]）
② ルールベースのもの（覚えている経験や手順から、経験則やルールが使える場合）
③ 分析的なもの（選択肢を比較して選ぶ）

---

3) 前掲書、Chapter 3
*3　ゲイリー・クレイン（Gary Klein）が提唱した「人間がいかにして、選択肢を比較・検討することなく、迅速に意思決定を下しうるか」を説明するためのモデル

④ 創造的な思考によるもの（新しい問題を解決するためのまったく新しいものを思いつく）

どの意思決定スタイルを選択するかは、状況をどう評価するかで決まる。アル・ヘインズ機長のように、リスクが高く、時間がない場合は、①の直感的あるいはダイナミックな意思決定が、唯一の意思決定スタイルとなることが多い。

差し迫ったリスクが低く、比較的タイムプレッシャーが小さい場合は、③の「選択肢を評価する、より分析的なスタイル」が適しており、ロストロン船長の場合、タイタニック号の生存者を下船させる港のいくつかの選択肢のなかから、ニューヨークを選んだ。生存者をカルパチア号に乗船させる準備についての指示では、彼はきっと②の「ルールベースの意思決定スタイル」も使っただろう。これには、①の「直感的なスタイル」よりも頭を使うことが必要で、経験のなかから適切な一連の行動を思い出す、あるいは、マニュアルや状況に特化した手順から指針を見つけることを、意思決定者に求めている。

④の「創造的なスタイル」は、まったく新しい行動計画が求められるといった、未知の状況において重要な役割を担う。これは、アポロ13号のヒューストン管制センター、UAL232便（左右のエンジン出力を調整して、機体を制御することに成功したとき。非番の機長デニス・フィッチが操縦室に来たとき）で使われたスタイルである。このことについては、後で、ロストロン船長とヘインズ機長のマネジメントスタイルを比較するときに、もう少し詳しく述べることにする。

第2章で「心」について述べた理由の一つは、メタ認知の考え方を紹介するため、あるいは「考える」ことについて、考えるためである。心の働きを知っていれば、リスクの高い状況で意思決定するときに非常に役立つ。私たちの頭の中は、構造化された知識でぎっしりと埋め尽くされており、その時々の呼び出し条件に反応して、類似性照合（similarity-matching）と頻出性ギャンブル（frequency-gambling）によって、知識が自動的に心に呼び出される。第3章で述べたように、この無意識の探索プロセスによって、時々、私たちはエラーを

犯してしまう。しかし、このようにして心に呼び出されるものが、適切であることのほうが多い。プレッシャーがあると心は、この特定の状況で多く用いられるものを自然に求めようとする。頻繁に使われるものは、一般的に役立つことが多い。

自然主義的意思決定論のパイオニアであるゲイリー・クレイン(Gary Klein)は、彼の最新の本のタイトル *Intution at work: Why Developing Your Gut Instincts Will Make You Better at Work You Do*(直感と仕事：直感を磨くと、なぜ、あなたの仕事がうまく行くのか)[4]に、この考えを示している。ローナ・フリンらが指摘したように、認知スキルの訓練の重点は、少なくとも軍隊では、「何を考えるか」から「どのように考えるか」[5]に移行している。

【3】マネジメントスタイル

ヘインズ機長は彼のコクピットマネジメントの哲学を、次のように明確に述べている。

「パイロットにとって重要なことは、一人ひとりがもっている資質をチームのメンバーとして利用することである。一人ぼっちではない。もし副操縦士がいるなら、その言葉を聞きなさい。必ずなんらかのアドバイスをしてくれるでしょう。私たちが危機に見舞われたとき、操縦室には飛行経験103年の歴史があり、それらは確かに役に立った。しかし、私たちが飛行機を飛ばそうとした1分間は、その103年のなかには一度もなかった1分間だった。もし私たちが協調して作業していなかったら、どうなっていただろうか？　アイデアの浮かんだ全員により、次にどのような手を打つべきか、どのように実行すべきかについて議論した。そうしなかったら、スー・ゲートウェイ空港に着陸できなかったと思う。」[6]

---

4) Klein, G. (2003) *Intuition at Work*. New York: Doubleday.
5) Flin, R. *et al.* (2008), pp. 60-61.

ロストロン船長は、彼のマネジメントスタイルを口にはしなかったし、また考えもしなかったであろう。彼は、おそらくそれを代々の船長から引き継がれている船長マントのようなものと思っていたであろう。エドワード7世時代（1901～1910年）の英国には、厳格な階級区分があり、船長の役割は部下に指示を出すことであった。

　タイタニック号の報告を聞くと、ロストロン船長は、部下に状況を説明した。しかし、私たちの知る限り、彼は、船をどのように進めるべきかについての意見を部下に求めなかった。もし意見が出されたのであれば、それが、彼の考えている行動計画と一致している限り、彼はそれをよく聞き、考慮したであろう。しかし、彼にとって、すべきことは明らかで、そして彼はボスであった。彼は、船の安全を守り、任務を成功させるという責任を負っていた。彼の部下たちも多分同様に感じたことであろう。

　相談がうまくいくには2つの要素がある。部下の側に話しかけようとする意欲があることと、リーダーの側に聞こうとする意欲があることの2つである。ユナイテッド航空は1980年代初めから、クルーリソースマネジメントの文化を構築していた。考え方を共有するような文化がカルパチア号の船長と乗組員の間にあったとはとても思えない。また、この場合、そういう文化が必要ではなかった、あるいは望ましいとも思われなかったであろう。現代の操縦室とエドワード7世時代の客船のブリッジは、まったく違ったことを必要とする、まったく別の場所といえる。タイタニック号のスミス船長には、氷山海域が予測されていたにもかかわらず、北大西洋横断の新記録をつくろうとすることの危険性について、彼を説得する部下がいなかったことはたいへん悲しいことである。おそらく彼は、ホワイトスター・ライン（White Star Line）社[*4]のオーナーのように、自分の船は沈まないという、揺るぎない信念をもっていたのであろう。

---

6) Haynes, A. *Eyewitness Report: United Flight 232.* 〈http://www.airdisaster.com/eyewitness/ua232.shtml〉, p. 4.

*4　タイタニック号の所有会社

驚異的なリカバリーについてベストの意思決定のスタイルがないように、マネジメントスタイルについてもベストなものはない。競争馬と競馬場の相性の問題と同じである。何が適切であるかは、状況と関係者によって決まる。効果的なリカバリーの方法は一つではない。しかし、まだ道は残されている。

12.3 驚異的なリカバリーに必要な特性

驚異的なリカバリーの多くは、例外的な人々の努力によってもたらされたが、個人の努力と、特定の状況の双方をしのぐ、多くの要因も存在していた。これらを以下に述べていこう。

【1】現実的楽観主義

現実的楽観主義は、絶望の対極にある。それは、危機を救うヒーローを目指すために必要な特性の上位にリストアップされる。また、それは、これら緊急事態の多くでそうであったように、問題が次から次に起こるとき、特に重要である。勝るのは、「最終的にはうまく行くさ」という頑固なまでの信念である。

この快活な自信は、第9章で述べた優秀な外科専門医の間で特に共通していた。複雑な大血管転換術において、ある外科医は、人工心肺装置[7]離脱直後、患児の容態が不安定だったことから、人工心肺装置の装着、離脱を6回も行った。大血管転換術165例を一人で観察したヒューマンファクターの専門家ジェーン・カーシー博士は、その外科専門医の行動を次のように述べている。

> 「毎回、その外科医は、患児に人工心肺装置を再装着し、内在するたくさんの問題の一つを解決するために、新しい外科的介入を試みていた。彼は、原因について複数の仮説をもちながら対応していたようであり、患児の不安定な状態の裏にある原因を柔軟に考えていた。彼は、いかなるとき

---

7) 心臓が止まったとき、血液を循環させる機械

もストレスの兆候を表に出さず、終始、問題は解決できるという信念をもっていた。」[8]

カーシー博士によると、問題解決に自信をもてない外科医は、「認知的な視野狭窄」になりやすく、正しくない仮定に執着する固着エラーを起こしてしまうのである。

他の危機を救ったヒーローたちはまた、"不屈の精神"によっても支えられていた。アル・ヘインズ機長は、彼の飛行機がアイオワ州の平坦な農地の上を飛んでいたことや、晴れていたことから安心感を得た。もし、彼らがスー・シティーのスー・ゲートウェイ空港に到着できなかったとしても、彼は、飛行機をどこかに不時着させて、乗客を救う自信があった。

月明かりが出て視界も良かったとはいえ、ロストロン船長は氷山の密集した海域を、設計速度を3ノット（時速約5.6キロメートル）上回る速度でカルパチア号を走らせた。後日、ニューヨークで行われた聴聞会で彼は、「氷山を確認することができました。迷いなどまったくありませんでした。」と証言した。

アポロ13号の生還劇でヒューストン管制センターの管制官の楽天的な態度は、そのときに実際には言われなかったが、ジーン・クランツが気に入って使っている「失敗という選択肢はない」という言葉に要約される。後に、彼は著作のなかで「月を回ると決めてしまえば、管制官チームが困難を切り抜けてくれることにまったく疑いがなかった」とも述べている。さらに、クリス・クラフトは宇宙飛行士について、「こういった状況でパニックに陥らない人物が必要だった。この3名（筆者注：ラヴェル、スワイガート、ヘイズ）は元テストパイロットであり、こうした考え方の象徴だった」とも語った。

ドイツ軍のフォン・クルック将軍がひどい誤りを犯して、彼の部隊の側面をパリ守備隊に曝したときに、ドイツ軍を打ち破ることができるとガリエニ将軍

---

8) Carthey, J. *et al.* (2003)'Behavioural markers of surgical excellence.' *Safety Science*, 41:409-425, (p. 420).

は、ジョフル将軍と乗り気でない英国大陸派遣軍の説得を、いらだたしく思いながら何度も試みた。最終的には、彼の度重なる説得が功を奏し、フランス軍と英国大陸派遣軍は引き返して戦った。自信のない男だったら主張し続けることはなかっただろう。

　私は今、*Bomber Boys* という本を読んでいる。これは、第二次世界大戦中の爆撃機軍団*5（Bomber Command）の乗員たちの生死を詳細に描いたものである[9]。乗員と航空機の損失は恐ろしいほどであった。およそ半数が戦死した。もし、長い訓練期間や、乗員らが戦争中の作戦に従事しなかったことを加味するなら60パーセントの乗員が戦死したことになる。ドイツ、特に、ベルリンを空襲して、無傷、あるいはほとんど無傷で戻ることは、驚異的なリカバリーに極めて近い。良い乗員ならしめるものについてのパトリック・ビショップ（Patrick Bishop）の分析のなかで、「自信」ならびに「自己確信」といった文言がどれくらい頻繁に現れるかを見るのは興味深い。例を示そう。

- ジョー（Joe）の何もかもがいらだちを誘ったが、ウィリー（Willie）たち乗員は彼に何か安らぎを感じた。彼にはうまく飛ぶ自信があり、他の乗員たちは彼を見ると安心し、自分自身を愛する誰もが、心から、「生き残ることができる。無事に帰れる」と確信していた。彼らの予感は正しかった。後に彼らが緊急事態に直面したとき、ジョーの"腹立たしい"ほどの有能さ、才覚が発揮されたのである[10]。
- 乗員の団結に重要なものは、信頼である。もし、メンバーの一人が仲間の信頼を失ったら、一人ひとりの士気は萎えてしまう[11]。
- 空の上では、士気を維持することが最も重要であり、それは機長の双肩にかかっていた。信頼は士気の質を維持するうえで一番大事であり、ウ

---

9) Bishop, P.（2007）*Bomber Boys: Fighting Back 1940–1945*. London: Harper Press.
10) 前掲書、p. 185
11) 前掲書、p. 185
*5　英国空軍の部隊

ィリーたちの乗る爆撃機の機長ジョン・メイズ(John Maze)はそれをふんだんにもっていた[12]。

【2】 古いことと新しいこと──適切なバランスを見つける

　本節では、訓練、知識、経験をとおして、危機を救ったヒーローたちが緊急事態に持ち込んだ古いことと、緊急事態で思いついた新しいこととのバランスを考えることにする。興味深いことに、成功裏に終わるための古いやり方と、新しいやり方のバランスは実に多様である。以下で11の事例を簡単に振り返ってみよう。

① フエンテス・デ・オニョーロ村での軽歩兵師団の撤退(1811年)

　この退却の成功は、予想された危険、つまり、決然たるフランス軍の大規模な騎兵隊を前にして、よく訓練された「方陣形成」を繰り返し実行したことにより達成された。極めて重要な点は、師団の指揮官が出す指示のタイミングのすばらしさ、状況認識のすばらしさであった。この撤退の最も並外れた部分は、師団が撤退した距離の長さである。軽歩兵師団がほぼ完全無傷で撤退を完了できたのは、主に、長い年月をかけて構築された訓練、規律、そして現場でのリーダーシップのおかげであった。

② 第1海兵師団の長津(チョンジン)撤退(1950年)

　最も重要な要素は、以前から存在している団結心、積極果敢な闘争心、相互支援の倫理的価値観、細かなことに対する注意、優れた武器と航空支援であった。敵の特徴の半分は予想していたが、彼らの戦闘スタイルは驚きであった。これに対処するため、師団の指揮官は、夜間は陣地の守りを固め、日中は攻撃勢力を撃破する戦術をとった。これが効を奏した。極寒の山間部を80マイル(約130キロメートル)以上も撤退することは、海岸線周辺での局地戦に慣れた海兵隊にとっては、極めて稀な戦闘スタイルで、

---

12) 前掲書、p. 195

海兵隊員の誰もが経験したことのないものであった。

③ **ロストロン船長とタイタニック号生存者の救助（1912年）**

　カルパチア号の船長としての並外れたプロフェッショナリズムが、タイタニック号生存者の救助にあたっての一番大きな特徴であった。これは、思うに、大部分が彼の性格と商船士官としての長い経験によるものであろう。どちらも救助のずっと前から持ち合わせている。アル・ヘインズ機長が30年以上の飛行経歴のなかでエンジン故障に見舞われたことがなかったように、ロストロン船長も、緊急救助を経験したことはなかったが、すばやく、包括的に、細部に十分な注意を払って、一連の指示を出した。指示の大部分は、まったく新しい状況への対応ではなく、ある種既知の緊急事態への常識的対応、訓練どおりの対応の指示であった。設計速度を3ノット（時速約5.6キロメートル）超えるスピードで、月明かりに照らされた氷山海域を走り抜けることは、彼のいつもの行動ではないと思う。彼はリスクを計算したうえで、自船の安全を保ちつつ、可能な限り早く、タイタニック号のもとへ駆けつけたのである。

④ **アポロ13号の生還（1970年）**

　タイタニック号生存者の救助と違って、宇宙飛行士救助のほとんどすべての重大な局面には、新しい試みや試したことのない変更があった。もちろん、これらは、事前に行われたシミュレーション訓練はもちろんのこと、管制官の幅広い経験と宇宙船の専門領域についての深い知識をもとに考え出された。しかし、バランスから見ると、以前からあった方法を応用するというよりも、閃いた新しい方法を選んだことは明らかである。

⑤ **ブリティッシュ・エアウェイズ（BA）09便（1982年）**

　航空機への火山灰の影響は、それほど珍しいことではない。1980〜2004年の間に、100機以上のジェット機が火山灰の中を飛行してダメージを受けた。しかし、4基のエンジンがすべて一時的に停止したのは、たった2例しかない。エリック・ムーディ機長のBA09便がその最初であった。ただ、彼の場合、1基のエンジンが2度停止したので、エンジン停止が5回

あったことになる[13]。パイロットたちは何度も訓練どおりにエンジン再始動を行ったが、再始動に失敗した。彼らが海上に不時着水しようと機体を海に向けようとしたとき、第4エンジンが再始動し、その後、残りの3基のエンジンも生き返った。しかし、火山灰のため操縦室の窓は傷だらけで外が見えず、また計器着陸装置も使えず、ジャカルタのスカルハッタ国際空港への着陸は困難を極めた。この驚異的なリカバリーは、その大部分において、エンジン再始動手順を何度も繰り返したことと、特に、最終進入時と着陸時の見事なエアマンシップにより達成された。ここでのバランスは、海への不時着水はまったく新しい経験ではあるが、主として、確立された技術と手順に重きが置かれていた。

⑥ **BAC1−11型機のインシデント(1990年)**

機長が操縦室の窓に空いた穴から半分吸い出されたという最初の出来事は、まったく今まで経験したことのないものであった。リカバリーは、冷静な判断、エアマンシップ、複数課題をこなす並外れた処理能力と昔ながらの基本的操縦技術によって達成された。このため、少なくともこのリカバリーの成功は新しいやり方ではなく、ほとんど古いやり方によるものであった。

⑦ **卓越した外科手術(1995〜1997年)**

相当の専門技術に加え、優秀な外科たちは、コントロールできなくなる前にさまざまな精神的な属性、すなわち、楽観主義、認知の柔軟性、適応力、コミュニケーションスタイル、安全認識ならびに問題予測によって、有害事象にうまく対処していた。良い結果は、初めて行う臨機応変の対応ではなく、いつも手術室に持ち込んでいるもので決まった。

⑧ **ギムリー・グライダー(1983年)**

これは、既存の技術、サイドスリップとギムリー飛行場の位置について

---

[13] 1989年12月15日、KLMのボーイング747が、アラスカのリダウト(Redoubt)山からの火山灰雲に突っ込み、4基のエンジンが一時的に停止した。推進力を失ったが、エンジンが再始動して、無事、アンカレッジに着陸した。

の知識を適用して、極めて危険な緊急事態を乗り越えた古典的な例であった。技術と知識は前からあったが、それらを適用することはまったく初めてであった。

⑨ **アル・ヘインズ機長とユナイテッド航空（UAL）232便（1983年）**

操縦室のパイロットたちには、合計100年以上の飛行経験があり、これはアル・ヘインズ機長がクルーリソースマネジメントのテクニックを利用したことで、技術的にいっそううまくいった。生き残っていた2基のエンジンの出力調整で大きく傾いた機体の姿勢を修正することは、まったく新しい飛行機の操縦技術であった。また、その後も、左右のエンジンの出力調整で飛行機を飛ばし続けることもまったく新しいことであった。

⑩ **ガリエニ将軍とパリのタクシー（1914年）**

ガリエニ将軍の経歴は主として植民地行政官としてのもので、戦闘経験はほとんどなかった。これが、まさに「マルヌの奇跡」を起こすために必要な組合せだったのであろう。植民地統治者として彼は、兵站の問題を純粋な軍人的な発想を超越して考えることに慣れていたのだろう。ドイツ軍のフォン・クルック将軍の方向転換の戦術的意味を的確に評価した彼には、おそらく過去2週間にわたって勝てそうもない敵のためにずるずると後退させられていたことからくる負け犬的な発想がなかったのであろう。

⑪ **ゴードン・ベッティ機長とセスナの捜索（1978年）**

ここでの主たる特徴は、基本的な航法原理を比較的新しい状況、少なくとも関係者全員にとってはそうであった状況に巧妙に適用したことである。セスナと最初に短波無線で連絡がとれたときから、ゴードン・ベッティ機長はセスナのジェイ・プロフノウに簡単なことをやらせて、ベッティ機長のDC-10型機とセスナの位置関係、ノーフォーク島とセスナの位置関係を明らかにした。まず、自分と同じように、セスナを夕日に向かわせ、セスナが自機より南側にいること、指の本数で太陽高度を測ってセスナは自機より西にいること、VHF無線で交信できることからセスナは自機の南西200海里（約370キロメートル）にいること、音響探索[*6]と、セスナと

ノーフォーク島から見た日没時間の差から、セスナはノーフォーク島の南東約 300 海里（約 560 キロメートル）にいることを、次々につきとめた。そして、セスナのジェイ・プロフノウは幸運なことに、牽引中の海底油田掘削設備と連絡がとれたのである。

　ここで、驚異的なリカバリーが繰り返されるパターンはあるのだろうか。実はそのようなパターンは存在しないのである。驚異的なリカバリーは、軽砲兵師団の撤退のように確立した技法に完全に依存したものから、アポロ 13 号の生還に見られた、まったく逆のものまで実に幅広い。アポロ 13 号の生還は、ヒューストン管制センターの管制官があっという間に作り出した新しい解決方法のおかげである。

　もちろん、これら 2 つの出来事は、時代も、分野も違うことから正確な比較はできないともいえる。しかし、比較を 5 つの航空機事例に限定したとしても、古いやり方と新しいやり方の割合には、まだ大きな違いがある。BA09 便と BAC1-11 型機のパイロットたちは、既存の手順および操縦技術に従った。ところが、UAL232 便のパイロットたちは、まったく新しい姿勢制御方法を考え出さなければならなかった。また、ギムリー・グライダーの機長は既存の滑空技術をまったく新しい状況に適用した。

　以前の経験も新しい技術も、驚異的なリカバリーを決定づける特徴とはならないように思える。どちらも必要であり、その適切なバランスは関係者と緊急事態の性質に大きく依存する。発生や形態が比較的予測可能であるエラーや違反に比べて、驚異的なリカバリーは、はるかに特異で、予測できない出来事である。緊急事態の多様性を考えれば、最良の意思決定スタイルやマネジメントスタイルを一つに絞り込むことはできないし、また、すべての状況に当てはまる古いことと新しいことの最適なバランスもない。古いことと新しいことのバ

＊6　VHF 無線で継続的に送信を繰り返し、交信できなくなった場所と再び交信可能になった場所から位置を突き止める方法

ランスは、状況に応じて適切に調整しなければならないのである。

12.4 まとめ

　驚異的なリカバリーの主たる源泉を明らかにするこの試みから、一つのことが非常に明確になった。もし、一つだけ、最も重要なものがあるとすれば、それは適切な人が、適切なときに、適切な場所にいることである。これらの人のなかには、組織のなかで交替可能な人もいる。例えば、ブリティッシュ・エアウェイズの他の機長でも、BA09便を救えたであろうし、他の宇宙飛行士でもアポロ13号を生還させたであろう。また、軽歩兵師団、第1海兵師団でなくても、撤退を成功裏に収めることができたであろう。しかし、大部分において、幸運、あるいは比較的幸運な結果は、実際その場にいた人々固有の技術で決まる。彼らのほとんどが、余人をもって代えがたい人であった。もしそうでなかったならば、多くのリカバリーは"閃きの柔軟性"、正確な状況認識、性格、プロフェッショナリズム、チームワーク、また、ある場合は、予想もできなかった技術の幸運な組み合わせのおかげである。幸運が多くのリカバリーに大きな役割を果たした。効果的なリカバリーに対する一つの確実な障害は、自信の絶望的な喪失であろう。そして、このことは一番優れている人々にも起こりうる。

　しかし、危機を救ったヒーローたちがまったく突然現れたわけではなかった。ヒーローたちは、彼らの属する組織によって選ばれ、訓練され、大事に育てられ、支援されたのである。第13章で個人要因と組織要因の相互関係を詳しく考えることにしよう。

第 V 部
レジリエンスを高める

第13章　個人の注意深さと集団の注意深さ

第14章　安全を求めて

第13章
個人の注意深さと集団の注意深さ

13.1 一貫性と変動性

　複雑で潜在的な危険性を有するシステムを運用・管理する人々にとって、不安全行動の低減は重要な課題の一つとなっている。もっともなことだが、エラーや違反は、望ましい行動あるいは適切な行動からの逸脱と見られている。システムの管理者たちは、技術の不信頼性と同じように人間の不信頼性を、望ましくない変動性と捉え、第Ⅱ部で述べたように、標準手順書や自動化、深層防護によって人間の行動の一貫性を高め、そしてシステムのパフォーマンスの一貫性を高めることが解決策であると考えている。

　しかし、このようなシステムの管理者は、不安定で変動する世の中で不完全なシステムを維持できるのは、タイムリーな補正、微調整、順応という形で現れる人間の変動性のおかげであることを、正しく認識していない場合が多い。そこに安全管理の矛盾がある[1]。人間のもつ変動性を、"経験的に"安全で生産的だと思われている行動に押し込めようとすることが、逆に、システムの最も重要な安全措置を埋没させているのである。これまで述べてきた驚異的なリ

---

1) Reason, J. (2000)'Safety paradoxes and safety culture.' *Journal of Injury Control and Safety Promotion*, 7: 3-14.

カバリーが、これを証明している。

13.2 動的非事象

　この矛盾の真髄は、「信頼性とは、動的非事象である」という、カール・ワイク（Karl Weick）の洞察力に満ちた言葉[2]に表されている。システムの状態は、人間が行う継時的な調整や対処によって、許容可能な範囲にとどまっているため、「動的」である。また、結果が安全ならばほとんど、あるいはまったく注目されないため、「非事象」である。つまり、安全管理の矛盾の根源は、事故は目立つ一方で、「正常状態」は目立たないというところにある。

　ワイクら[3]は、組織の信頼性は日常的な業務の一貫性や再現性、不変性によって決まるという、一般に受け入れられた知見に疑問を投げかけている。彼らによると、一定不変のパフォーマンスは予期せぬ出来事に対処できない。彼らは、予期せぬ不確実な出来事にうまく対処する高信頼性組織の成功の理由を組織のもつ2つの機能、すなわち認知と活動だとしている。

　認知とは、思いがけずに起こる好ましくない出来事の可能性に注意を払うこと、好ましくない結果が起きる前にその可能性を見つけ、正確に把握し、リカバリーするために必要な心構えを組織全体で共有することである。従来型の有能な組織は、活動を安定させる努力をしているが、認知がばらばらで、重大事故の前後でそのばらばらな認知の実態が露呈される。一方、高信頼性組織では、活動はさまざまであるが、これらの活動を理解する認知には安定性がある[4]。認知の安定性は、まさに「報告する文化」によって決まり、ワイクらはこれを「集団の注意深さ（Collective Mindfulness）」と名づけている。

---

2) Weick, K. E. (1987) 'Organizational culture as a source of high reliability.' *California Management Review*, 29: 112-127.

3) Weick, K. E., Sutcliffe, K. M., and Obstfeld, D. (1999) 'Organizing for high reliability: processes of collective mindfulness.' In B. Staw and R. Sutton (eds) *Research in Organizational Behaviour*, 21: 23-81.

4) 前掲書

13.3 集団の注意深さ

　集団の注意深さ、すなわち集団全体が注意深いと、思いがけず起こる好ましくない出来事にも最適に対処できる。「最適」というのは、「どのような場合でも」という意味ではない。しかし、過去の知見によると、集団の注意深さが組織のレジリエンスの重要な要素と考えられている。

　複雑かつ厳重に防護されたシステムであれば、大惨事は滅多に起きるものではない。そのため、集団として注意深い組織では、ほとんど起きないインシデントや事故のデータから、より多くの価値ある情報を引き出すことに腐心している。そして報告する文化を構築するために、褒めたり、ときには報酬を与えたりしながら、エラーや危機一髪の経験を報告するように促すのである。彼らは、それぞれ異なる不具合やエラーであっても、上流側にあるさまざまな寄与要因の影響を受けて起きたものと捉えている。そのため、それぞれのエラーを個別の案件として扱うのではなく、どのような箇所にも当てはまるように一般化して捉えている。また、エラーの問題を個別に解決するのではなく、システムの改善を行おうとする一方で、過去の出来事をいくら積み重ねても、将来を確実に予測することはできないとも考えている。さらにシステムの不具合は、いまだかつて見たことのない形をとることから、彼らは"秘密の抜け道"、すなわち、即発的エラーや潜在的状況要因が合わさって、システムの防護やバリア、安全措置を破る、あるいはすり抜ける道を常に見つけようとしている。つまり注意深い組織は、エラーの可能性ばかり考えているのである。

　私の書斎の窓から外を眺めると目にするハイイロリスのことを、例として講演でよく使う。ハイイロリスは、用心深いげっ歯類でこのサイズの四足動物のなかではおそらく最も賢い動物であろう。捕食動物はほとんどいなくて、犬や猫を見下しているし、人間など、ほとんど眼中にない。しかし、それでもハイイロリスは不安げで、神経質に周囲を警戒している。地面をつついたり、周囲を見回してばかりいる鳥のように、「注意深さ」を示す好例である[5]。

本章では、まず集団の「注意深さ」について説明し、次に集団の「注意深さ」を個人の注意深さ（Individual Mindfulness）と併せて論じ、合理的な用心深さ（intelligent wariness）の維持には個人と集団における「注意深さ」がそれぞれ必要であることについて述べていく。ここでは、主に医療分野を例にとって話を進めるが、これらの例は他の業界にも容易に一般化できるものである。私が医療分野の事例を選んだ理由について、もう一度振り返ってみたい。

- ここ10年ほどの私の仕事は、医療分野に関するものが多かった。前述のように、患者の安全は非常に重要なテーマであり、どこにでも存在しうる。救急処置を受けた患者の約10パーセントが、医師の処置が原因で被害を受けたり、死亡している。
- 医療従事者のエラーが特に多いわけではなく、業務内容が特にエラーを引き起こしやすいのである。この問題は、エラーを能力不足の証しと捉える医療分野の文化の下では改善されない。医療分野の教育は、完璧な医師をつくることを前提としており、長く厳しい教育を受けた医師は、業務を間違いなく完璧にこなせると自分自身思っているし、周囲からもそう期待されている。しかし、私たちと同じように、医師も間違いを犯すのである。
- 米国国立科学アカデミー医学研究所（IOM）と英国保健省（UK's Department of Health）は、これまでシステムアプローチを強く推奨してきた[6]。これは、人間を潜在的な危険性と捉える考え方を過度に信奉するよりはよいものの、適用には限界がある。看護師や若い医師のような現場第一

---

5) ここでは、地面をつついているように見える多くの放し飼いの鶏は除く。鶏はのんきな鳥類の典型である。狐に捕まってしまった、私の隣人が飼っていた鶏を例に挙げよう。私は隣人と、「よく卵を生んでくれたのに」と、その死を悲しんだ。この鶏の例は、「そんなことはここで起こるはずがない」と考える人々に対する教訓となるだろう。

6) Kohn, K., Corrigan, J., and Donaldson, M. (2000) *To Err is Human*. Washington DC: National Academy Press. Donaldson, L. (2000) *An Organisation with a Memory*. London: The Stationary Office.

線で働く人々には、システムを変えるチャンスがほとんどなく、助けを求めることしかできない。ここから、個人の注意深さの議論が生まれてくるのである。

本章は、図 13.1 のそれぞれの要素に関する内容で構成されている。図 13.1 は、経営層から始まって上級管理者、ライン管理者と続き、現場第一線で患者と直接接する若い医師や看護師に至る医療施設の組織図を表している。医療従事者間のインタフェースは直線で示されているが、実際には非常に荒れた道路のように、乱れていて起伏に富んでいる。ジクザグの線は、でこぼこの道で生じる衝撃を吸収するショックアブソーバーのようなもので、患者安全への脅威を最小化するハームアブソーバー（harm absorber）である。患者と直接接している黒い長方形は、現場第一線で働く医療従事者が行う処置を示している。求められる処置は多様で、またさまざまな医療機器を使って行われる[7]。以下で

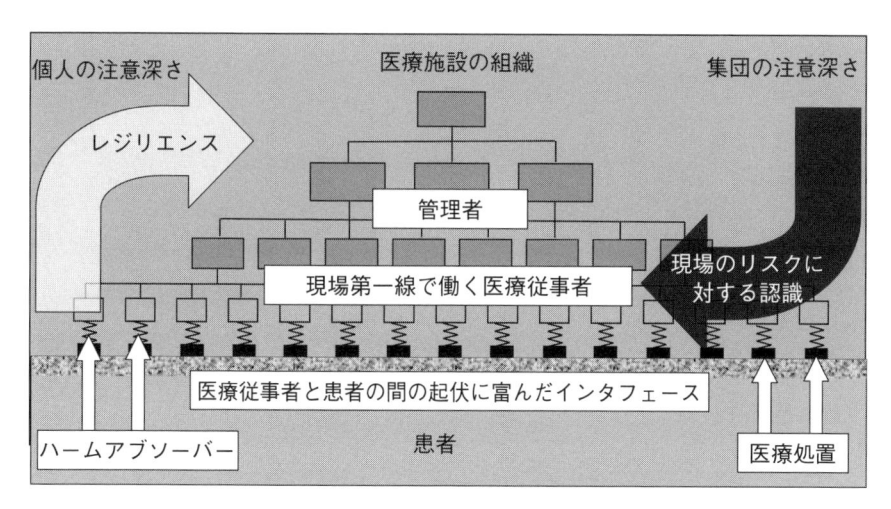

図 13.1 患者安全を高めるための個人の注意深さと集団の注意深さ

---

7) 輸液ポンプのように、共通した機能をもつ装置であっても、たくさんの種類がある。例えば、輸液ポンプは 40 種類もあり、設定方法もかなり異なる。

は、図の左側にある上方向の矢印、すなわちシステムのレジリエンスにつながる個人の注意深さに焦点を当てる。

13.4 個人の注意深さ

　神経毒性薬ビンクリスチンを脊髄内に投与して、患者が死亡した事例に関する詳細報告書を参照して、個人の注意深さについての考え方を説明していこう。詳細は文献[8]に書かれているので、ここでは個人の注意深さの必要性を説明する事例のみを引用する。この事例は特に、現場第一線で働く人々の「エラーに関する見識」と、リスク認識を向上させる方法について考えさせられた事例である。

　急性リンパ性白血病からほぼ回復していた18歳の男性患者に対し、誤って神経毒性薬ビンクリスチンが脊髄内に投与された。この処置は、高度専門研修医（specialist registrar）の監督の下で、専門研修医（senior house officer）によって行われた。専門研修医は、脊髄内へのビンクリスチン投与によって起きる、通常は回復することのない神経組織の損傷について理解しておらず、高度専門研修医もその病院に来てまだ3日目だった。

　専門研修医が脊髄内に薬剤を投与するには、高度専門研修医の監督が必要であったが、この監督業務は、着任3日目の高度専門研修医の担当範囲から外れていた。他に監督してくれる人が誰もいなかったことから、この高度専門研修医は何とか役に立ちたいと投与の監督を買って出た。処置の直後にエラーが発見され、直ちに緊急処置が施されたが、患者は3週間後に死亡した。

　この病院では、ビンクリスチンの脊髄投与を防止するために、さまざまな対策がとられていた。しかし、これらのさまざまな対策は、さまざまなレベルで、またさまざまな形で破られてしまったのである。"上流側"の対策には、次の

8）　Toft, B.（2001）*External Inquiry into the Adverse Incident that Occurred at Queen's Medical Centre, Nottingham, 4th January 2001.* London: Department of Health.

ような欠陥があった。これらについては、私の別の文献[9]に詳細に記している。

- 管理上、手続き上の安全措置の不備
- 表示や注意書き、物理的バリアの不備
- 若い医師に対する監督や指示の不備
- コミュニケーションエラーとその場しのぎの問題解決によって生じた防護の欠陥
- 集団としての間違った知識と仮定

ビンクリスチンが投与される20分前の17時には、後の悲劇を引き起こす大半の材料が揃っていた。システム上の防護に、知らないうちに多くの不足と欠陥が生じ、それらが今や事故を起こさんと待ち構えているような状態であった。さらに、互いの知識や経験を過剰に信頼していた、準備不足の2人の若い医師が、患者に化学療法を施そうと準備していたのである。

それは木曜日の午後で、病棟も静かな時間帯であった。代勤の専門医はオフィスで働いており、この高度専門研修医を監督しなければならないスタッフ級医師(staff grade doctor)[*1]は、非常勤であり、その日は勤務していなかった。病棟看護師長も帰宅しており、ほかに手の空いている高度専門研修医もその午後はいなかった。また、今や大事故に至らんとする一連の出来事を食い止めることができるベテランの医師もいなかった。そして状況をさらに悪化させたのが、後に死亡する患者とその祖母が、事前連絡もなく、予定外に来院したことであった。最後の防護の壁の"穴"が、他の穴と一直線に並ぼうとしていた。

最後の防護の壁は、その場にいた若い医師たちであった。専門研修医は、脊

---

9) Reason, J. (2004)'Beyond the organisational accident: the need for "error wisdom" on the frontline.' *Quality and Safety in Health Care*, 13: ii28–ii33.

*1 英国の医療制度において、経験にもとづいて与えられる医師のランク。数年の経験の後、準専門医に昇格することもある。高度専門医になるために高度専門研修医プログラムに応募することもある。

髄投与の実践経験を積むために薬を投与したいと思っていた。高度専門研修医が彼に注射器を手渡したとき、高度専門研修医は、患者の名前と薬品名、そして投与量を注射器のラベルから読み上げた。しかし、投与するルートを声を出して確認しなかった。またほかにも、次に示すミスがあった。

- 高度専門研修医は、治療計画や処方箋を注意深くチェックしなかったために、ビンクリスチンが一つの薬パッケージの中に入っていても、翌日に静脈投与すべき薬であることに気づかなかった。
- 高度専門研修医は、注射器にある注意書きを見逃した。
- 高度専門研修医は、2本目の注射器を手渡したときに、専門研修医に「ビンクリスチンを脊髄投与ですか？」と問いかけられたが、その重要性に気づかなかった。

　これらのエラーが悲劇を招いた。しかし、専門外のことを押しつけられ、そしてそれを引き受けてしまった状況でとられた高度専門研修医の行動には、完全に一貫性があった。システム内の防護に潜んでいた多くの欠陥が、彼に化学療法の脊髄投与を監督する必要があると思わせた。静脈投与と脊髄投与の両方の薬が入ったパッケージを彼が受け取ったことで、さまざまな安全措置のすべてが崩れ去るとは、高度専門研修医には思いもよらなかったのであろう。このような間違った思い込みの下では、投与ルートに関する情報を与えても、役に立たなかったかもしれない。これはまるで、スープの入ったお皿を誰かに手渡して「スプーンを使いなさい」というようなものである。

　高度専門研修医をこの恐ろしい状況へと誘い入れたものは明らかである。しかし、どうすれば彼の頭の中で警鐘を鳴らすことができただろうか。たしかに、彼が経験不足であったことや、その場の監督をする他の医師がいなかったこと、また彼は2週間は臨床業務をやらなくてもよかったという事実、そして患者の予期せぬ来院といった、いくつものよからぬ兆候はあった。しかし、パッケージに入っている両方の薬は脊髄投与用であるという思い込み、専門研修医は患

者のことを知っているという高度専門研修医の間違った思い込み、そして同じパッケージ[10]に2つの薬を入れた人と同じように、役に立ちたいという高度専門研修医の「思いやりの致命的集中」によって、悲劇への道を突き進んで行ったのである。

【1】 エラーに関する見識の獲得

看護師や若い医師にとっては、システムの防護を改善する機会など、ほとんどない。しかし、エラーが発生する可能性が高い状況を理解して、もし可能ならば、それを避けるためのメンタルスキルを身につけさせることはできないだろうか。図13.2に示す「3つのバケツモデル(Three-Bucket model)」を用いて、可能な方策を探ってみよう。

どのような状況であれ、不安全行動が起きる確率は、3つのバケツの中にある「厄介もの(brown stuff)」[11]の関数である。第一のバケツは関係者個人の現在の状態であり、第二のバケツは情況(コンテクスト)の特徴を反映しているも

個人　　　　　情況　　　　　タスク

図13.2　リスクの高い状況を評価するための3つのバケツモデル

---

10) 治療計画では、これらの薬を別々のパッケージに入れ、それぞれ別の日に投与することになっていた。しかし、患者はきちんと通院しない人で、病院に2回やって来ることを嫌がったため、このような工夫がなされた。

の、第三のバケツはタスクのもつエラーの起こりやすさである。それぞれの分野のプロたちの大部分は、自分自身に関する「厄介もの」(知識不足、疲労、人生におけるネガティブな出来事、経験不足、体調不良など)や、情況に関する「厄介もの」(外乱、割込み、引継ぎ、ハラスメント、時間不足、必要資材不足、使用できない装置など)については理解しているが、タスクの各段階によってエラー発生の可能性がかなり異なることについては、あまり理解していない。例えば、オミッションエラーがよく起きるのは、タスクの最後に近い段階、前段階のタスクからの手がかりが不足している場合、また必要な業務ステップのすべてが終わらないうちに、タスクの主要な目的が達成されてしまった場合などである。これらについては、別の文献[12]で詳細に述べている。

バケツがいっぱいであっても、必ずしも不安全行動が起きるわけではないし、バケツが空だからといって(バケツが完全に空になることはありえないが)安全が保証されるわけでもない。ここでは、確実性よりも確率を問題にしている。

人は、すばやく直感的に状況を順序づけることをとても得意としている。エラーを誘発する条件を教えるという比較的費用のかからない方法と併せて、現場第一線で働くプロたちに、メンタルスキルを習得させることで、ある状況でのエラーのリスクをざっと前もって評価することができるようになるだろう。バケツは決して空になることはないので0点という目盛りはなく、それぞれのバケツには1〜3点の目盛りがつけられている。3つのバケツがすべて満杯になったら9点となる。この主観的な評定が6〜9点となった場合は、細心の警戒が必要である。図13.3では、この評定が若い医師たちにどのように解釈されるかを示している。医療分野では、緊急にやるべきことがほかにあるが、それについては後で述べることにしよう。

このような心の準備が、必要な専門技術以上に、スポーツや外科手術での優れたパフォーマンスに大きな役割を果たしていることが、数多く指摘されてい

---

11) 国際的に理解されるカラーコーディングで、"brown stuff"は重大な影響を与えるものの意味である。
12) Reason(2004).

一人で働いている若い医師たちによるバケツの中身の解釈

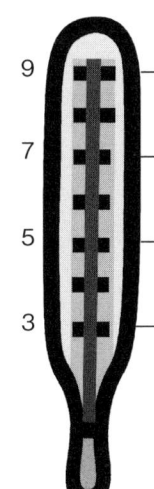

```
9 ─────────────────────────────
    重大なリスク：もし可能なら、それに近づかない。
7 ─────────────────────────────
    中程度から重大なリスク：十分に気をつける。
5 ─────────────────────────────
    日常的から中程度のリスク：気をつけながら仕事を続ける。
3 ─────────────────────────────
```

図 13.3　バケツの中身の解釈の仕方

る[13]。「3つのバケツモデル」とそれに関連したツールでは、次のような心構えを重要視している。

- エラーは起こりうるということを受け入れなさい。
- タスクに取りかかる前に、その状況における「厄介もの」を調べなさい。
- 対応計画を準備して、予想される問題に対処しなさい。
- より能力のある支援を探す準備をしなさい。
- 遠慮をせずに、同僚、特に新しい同僚の知識や経験を確認しなさい。
- 有害なインシデントへの道は、間違った思い込みと、「思いやりの致命的集中」によって、つくられていることを理解しなさい。

---

13)　Orlick, T. (1994) *Mental Readiness and its Links to Performance Excellence in Surgery*. Ottawa: University of Ottawa.

13.5 レジリエンスの様相

　第5章で触れた米国の著名な社会科学者ロン・ウェストラムは、「トラブルからの組織の防衛は、トラブルが起きる前、起きている最中、あるいは起きた後に行われる」と述べている[14]。これら3つのそれぞれがレジリエンスの要素であるが、それぞれは異なる要素だと彼は述べている。

① 悪いことが起きないようにする能力
② 悪いことが悪化しないようにする能力
③ 起こってしまった悪いことからリカバリーする能力

　このうちの③の能力については、本書の第Ⅳ部で詳しく述べた。そこで、①と②の能力に関する医療分野での事例を2つ紹介したい。ここで再び、ジェーン・カーシー（Jane Carthey）博士の優れた業績と、ハームアブソーバーとして機能する医療分野のプロたちの例として、大血管転換術の詳細な観察を引用しよう。

【1】悪いことが起きないように

　大血管転換術を必要とする新生児のうちの1パーセントは、再建が極めて困難なタイプBの冠状動脈パターンを生まれながらにしてもっている。ある症例では、手術前のエコー検査で、このふつうでない動脈パターンが発見された。主治医の外科医Aは、タイプBの手術経験がほとんどなく、このような冠状動脈パターンの再建に成功したこともなかった。そこで外科医Aは、このような特殊な症例での大血管転換術で知られている外科医Bに、手術を代わっ

---

14) Westrum, R. (2006)'Resilience typology.' In E. Hollnagel, D. Woods, and N. Leveson (eds). *Resilience Engineering: Concepts and Precepts*. Aldershot: Ashgate Publishing(p. 59).

てもらうことにした。外科医Bがその依頼を引き受けて、手術は成功裏に終わった。カーシー博士は次のように賞賛している。

> 「外科医Aはその手術を自ら行っても成功を収めたかもしれないし、そうではなかったかもしれない。しかしこの事例は、外科医Aが自分自身の能力を見通して、〈中略〉最も安全な結果をもたらすために決断した例である。」[15]

この決断は容易なものではない。特に、良い外科医はすべてのことに対処できなければいけないという、プロフェッショナルな文化が優勢な分野では、なおさらである。

【2】悪いことが悪化しないように

ある大血管転換術の最中、外科医は、うっかり心膜腔からスワブ[*2]を取り除くことを忘れてしまった。器械出し看護師は、スワブの数が合わないことから、スワブが1つ行方不明であると、繰り返し医師らに伝えたが、初めのうちは、彼女の言葉は無視された。手術が進むにつれて、スワブが右冠状動脈を圧迫していったが、人工心肺装置が使われていたために、そのときにはわからなかった。10分後、その器械出し看護師は、手術を中断しなければ、縫合糸と縫合器を渡せないと、強行に中断を求めた。手術を続けられなくなった外科医は、行方不明のスワブを探さなければならなくなった。スワブは無事見つかり、手術後の危機から免れたのである。

---

15) Carthey, J. *et al.* (2005) *Safety Management Systems, High Reliability Organisations and Resilience Engineering: Implications for Strategies to Improve Patient Safety.* London: National Patient Safety Agency (p. 17).

＊2　綿棒のようなもの

13.6 英国患者安全機構による洞察訓練

2005年に、英国患者安全機構(UK National Patient Safety Agency)[16]は洞察訓練(Foresight Training)を開発した。当初はジェーン・カーシー博士がその責任者で、看護師を対象にしたプログラムだった。しかし、その後、医療安全管理者、医療安全管理チーム、リスクマネージャー、診療科長、看護師長、助産部門長やその他の部門の管理者にも適用された。これは、前述の「3つのバケツモデル」にもとづいて開発されている。

洞察とは「患者安全を脅かすインシデントが発生しそうな初期の兆候を見つけ、それに対応し、リカバリーする能力」と定義されている[17]。洞察訓練の目的は、異常を示す初期の兆候を見定めるために必要なメンタルスキルを、看護師や他の関係者に提供することにある。また、洞察が実践された、あるいは患者を危険から守るのに役立った"体験談"をスタッフ間で共有する機会を提供することも目的としている。さらに訓練は、他の同僚や管理者の間で自覚を促すきっかけにもなる。看護師は、医療組織のなかの本質的に異なるさまざまな要素をつなぎ合わせる接着剤といわれており、医療組織の中の至る所にいることから、洞察訓練のメッセージを伝達する唯一無比の役割を担っている。

洞察訓練は、グループで行われ、各グループにはファシリテーターがおり、また紙ベースあるいは映像化されたさまざまなシナリオが用いられる。これらのシナリオは、救急治療、プライマリケア*3、またメンタルケアの場面であり、一つ以上の出来事が含まれているものもある。この訓練の目的は、患者の安全を脅かすインシデントに関連する要因について、スタッフの知識を向上させることにある。訓練の参加者は、インシデントに関連する「洞察要因」(foresight

---

[16] 「記憶力をもつ組織(An Organization with a Memory)」という保健省の刊行物によって、2001年に設立された。
[17] NPSA (2006) *Foresight Training*. London: National Patient Safety Agency.
*3 かかりつけ医などが総合的に診て行う初期治療、一時的な救急処置など

factors)*4 を個人、情況、タスクの3つのバケツに振り分ける。参加者が潜在的なリスク要因である「洞察要因」をじっくりと考え抜くために、この「3つのバケツモデル」が取り入れられている。シナリオは、次の4つのカテゴリーに分類される。

① **行為の熟考**(Reflection on action)：個人、情況、タスクが、患者安全を脅かすインシデントにそれぞれどのように関与しうるかを参加者に考えさせ、互いに議論させる紙ベースのシナリオである。また、「洞察要因」を事前に発見することが、どのような違いをもたらすかについても考えさせる。

② **物語**(Storytelling)：患者安全を脅かすインシデントについての短いストーリー仕立ての紙ベースのシナリオである。同種のインシデントの経験や、そのときに患者に危険が及ぶのを防ぐためにとった行動について、グループ内でざっくばらんに議論させるようにつくられている。ここでも、「3つのバケツモデル」の分類に沿って議論が進められる。

③ **違いの発見**(Spot the difference)：ここでは、同じシナリオにもとづく2つのパターンの映像を用いる。一方はエラーの機会が増大する状況を示したもので、他方は危険の機会が減少する状況を示したものである。このペアになった映像は、参加者の間でインシデントの発生に影響する「洞察要因」や、インシデントを防止する手段について議論させるように設計されている。

④ **庭園の路**(Garden Path)：映像化されたストーリーが展開される。このシナリオ上のキャラクターが参加者に、次に何が起こるかを尋ねる。このシナリオでは、参加者が自分自身で洞察し、今までのシナリオから学んだことを着実に自分のものにできているかをテストする。

＊4　シナリオから読み取れるインシデント発生に影響する要因、問題点

この洞察訓練に対する看護師からの反響のほとんどは、非常に良いものであった。しかし、問題点についても数多く指摘された。そのなかで最も興味深いのは、洞察訓練が看護師の文化、すなわち"コツコツ仕事をこなす"という文化に反するという意見、および今までの態度や行動を変えることは慎重に行う必要があるという意見である。また、洞察訓練は患者安全のためのシステムアプローチと矛盾しているという誤解もあった。この点については、本章の締めくくりで触れることにする。

13.7 組織のサポート

図 13.1 には、個人の注意深さと書かれた上向きの矢印に加え、集団の注意深さという下向きの矢印が描かれている。現場第一線で働く人々の洞察能力や「エラーに関する見識」を向上させるためにつくられたプログラムには、中間管理職や経営層からの強力な支援が必要であることは明らかである。単に、必要なメンタルスキルを教え込む、一回限りの訓練プログラムを提供して、実施したという実績をつくるだけでは不十分である。メンタルスキルには、専門技術と同様に、訓練、実践、改善を繰り返すことが求められる。このような試みは、もし挫折せずに続くならば、他の安全対策と同様に、長期にわたる取組みになるだろう。

組織は、現場第一線で働く人たちが自ら判断し、必要なときには、危機と思われる状況から立ち戻って助けを求めることのできる雰囲気を醸成しなければならない。医療現場の場合、必ずしもこれが可能ではない。しかし、可能な場合には、手を止めて、立ち戻って考え、患者安全を脅かすインシデントを回避する行動が許されることを、医療従事者が肌で感じられるようでなければならない。ただ単に、現場第一線の人々に対して「エラーに関する見識」を発揮するように強く迫るだけでは、うまくいかない。組織の文化と日頃の実践が、絶え間なく彼らに潜在的な危険性の存在と、それに関心を向けることの必要性を思い出させ続けなければならない。組織が、個人の注意深さを支援しなければ

ならない。そのような体制がなければ、訓練プログラムは徐々に存在感を失い、日々の業務の忙しさにかき消されてしまうだろう。

　組織のサポートに関する好例として、オーストラリア西部にあるウエスタン・マイニング社（Western Mining Corporation）の取組みがある[18]。この会社では、「Take Time, Take Charge（時間をかけろ、責任をもて）」というプログラムが実施されている。これは、作業員が手を止め、考え、適切な行動をとることを目指している。このプログラムでは、毎日、監督者が作業員に、「時間をかけて責任をもった状況」を尋ねる。この回答は、週に一度の経営会議に報告される。そこで重要だと見なされたものについては対策がとられ、最初に報告した作業員にその結果がフィードバックされる。さらにこの会社には、これらのすべてのプロセスを監視する専任の社員がいる。このプログラムは、現場第一線にいる作業員のリスク認識を向上させることをねらいとしているが、経営層や監督者の積極的な参加も要請している。実際、経営層や監督者こそが、プログラムの成否を決定づけるのである。

13.8　将来を見据えて

　本節では、本書の主役になっている2つの論点に立ち戻ってみたい。まず一つ目は、安全についてのパーソンモデルとシステムモデルについてであり、二つ目は、パーソンモデルのなかでもほとんど省みられなかった部分、すなわち人間を潜在的な危険性と捉える考え方と、ヒーローと捉える考え方である。

　パーソンモデルは、主に事象の観察から構築されていたため、ヒューマンエラーや違反が、患者安全を脅かすリスクを支配していると見られることは避けられない。しかし、忘れられているのは、医療は、プロたちによる日々の洞察、リカバリー、調整、適応、対処、臨機応変の対応なしにはまったく機能しない

18）　Hopkins, A.（2005）*Safety, Culture and Risk: The Organisational Causes of Disaster*. Sydney NSW: CCH Australia Limited（p. 19）.

ということである。

　極端にいえば、パーソンモデルとシステムモデルは、ヒューマンエラーの起源、性質、管理方法について、まったく対称的な見方を示している。このことについては第Ⅱ部で詳細に述べたが、簡単に述べると次のようになる。パーソンモデルでは、たいていの場合エラーは、気まぐれなメンタルプロセスによって引き起こされるものと考えて、エラーする個人への対策に焦点を当てている。このような考え方は、概してエラーを引き起こす個人の責任を組織全体から切り離すことから、法律の点からも、組織管理の点からも便利な考え方といえよう。一方、システムモデルでは、現場第一線でエラーを起こしやすい個人を、有害事象を起こす張本人というよりは、有害事象が起きる状況を押しつけられた者と捉えている。エラーを誘発するシステム要因と、欠点のある防護のために、知らず知らずのうちに、患者を傷つけてしまうことから、現場第一線で働く人々も患者と同様にこれらの犠牲者と見なされている。

【1】 循環型の発展

　以下では、患者安全への長い道のりをたどってみたい。過去から現在までの発展を振り返るだけでなく、将来像も考えていこう。患者安全に関する議論は、人間を潜在的な危険性と見なす考え方が広く受け入れられていた1990年代に始まる。現在では、さまざまな有力な考え方のなかで、システムモデルが数多くの質の高い報告書で強く支持されるようになり、医療施設のなかのさまざまなレベルで蠢いている潜在的状況要因、すなわち「内在する病原体」に対する認識が高まった。しかし、システムの変化は遅く、現場第一線で働く人々に「エラーに関する見識」、すなわちリスクの高い状況の察知と回避に役立つメンタルスキルを提供する必要があることも、私たちは認識している。このようなエラーマネジメントツールを現場第一線の人々に提供することは、パーソンモデルにおける人間をヒーローと見る視点に、一段と重点を置くことになると思われる。しかし、これにも弊害がつきまとう。部分的な改善によって、経営層やその他、全体的な改善を継続させる力をもつ人々に、システムの問題を見え

にくくしてしまう可能性がある。このプロセスがもっと理解されると、より穏やかな形ではありこそすれ、人間を潜在的な危険性と見なす考え方の復活を求める経営層、患者、弁護士から反発が出る。こうして、プロセスが一回りし、元に戻るのである。

　この循環は、その後も続くだろう。しかし願わくば、医療施設が学習を通じて成長していき、この循環の最初の一周で明らかになる広範な変動性が徐々に消え、これらすべての要素が調和して共存できる状態、つまりレジリエンスと頑健性の両方を備えた状態へと変わることを期待する。この循環の主な通過点を、図 13.4 に示す。

　図 13.4 における A～D は、循環プロセスの一時的な状態を示している。各状態について、以下で詳しく述べていこう。

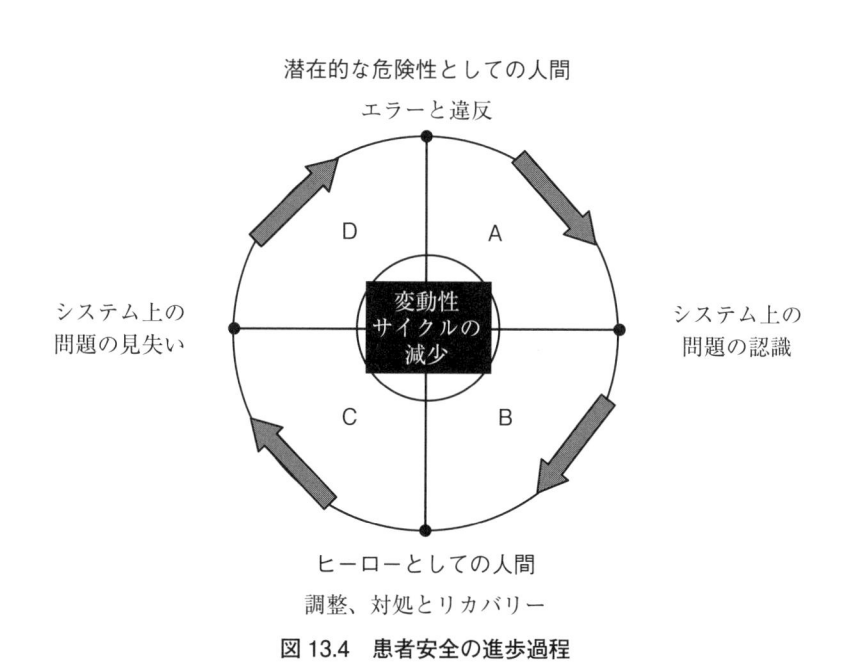

図 13.4　患者安全の進歩過程

(a) 状態 A：潜在的な危険性としての人間から、システム上の問題の認識へ

　この状態は、1990年代後半から現在にいたるまでを表している。ここ7～8年の間に、患者安全への関心は急速に高まり、問題が非常に大きいこと、そしてどこにでも存在しうることが広く知られるようになった。他の潜在的な危険性を有する分野では、そのような大きな変化は、大事故をきっかけに起きるものである。しかし医療分野では、いくつかのセンチネルイベント(sentinel event)*5 を除いては、他分野のような"ビッグバン"はなく、その代わりに、多くの衝撃的な報告書と疫学的な調査が、変化のきっかけとなった。とりわけ影響が大きかったのは、米国国立科学アカデミー医学研究所(IOM)が1999年の後半に発行した報告書[19]である。

　IOMのこの報告書が焦点を当てたのは、1991年に発行されたものの、さしたる注目も浴びていなかったハーバード・メディカルプラクティス・スタディ(Harvard Medical Practice Study：HMPS)[20]であった。HMPS報告書の内容は、ニューヨーク州の病院の患者カルテを調査した結果から、毎年9万人にのぼる米国人が医療事故で死亡していると推定され、その後も死亡者数は増加し続けている、というものであった。英国やニュージーランド、オーストラリア、デンマーク、カナダにおける研究でも、救急病院に搬送された患者の10パーセントが医師の治療が原因で死亡、あるいは障害を負っていることが明らかになった。

　麻酔科医は例外として、人間を潜在的な危険性とする考え方は、1990年代に医療従事者の間で浸透した。エラーを名指しで非難し、責め、辱めることは、直感的に人の心に訴えるだけでなく、誤りやすさを無能さあるいは質の低さの証しと見なす医療分野の文化によって、ますます広がっていった。それ以来、

---

19) Institute of Medicine (1999) *To Err is Human: Building a Safer Health System*. Washington DC: IOM.
20) Department of Health (2000). (訳注：ハーバード大学医学部、公衆衛生学部の研究者が行った医療過誤と訴訟に関する研究)

*5 死亡あるいは肉体的・精神的障害がともなった予期せぬ出来事。米国の医療機関認定合同委員会(JCAHO)が定義した。

さまざまな要因が影響して、医療事故の背景としてシステム上の問題に関心が向けられるようになった。また、図らずも患者に危害を加えてしまった医療従事者を、不幸な出来事を引き起こした張本人としてではなく、医療施設自身に巣くっている「今にも発生せんと待ち構えている事故」をただ押しつけられた人と見なすようになったのである。

- タイトルが示しているように、IOM のこの報告書は、非難し責める文化を強く否定し、患者安全への脅威の調査にシステムアプローチの必要性を強く主張している。潜在的な危険性を有するシステムにおいては、ヒューマンエラーが、主要な事故原因であることを理解したうえで、この報告書は次のように続けている。

    「……ヒューマンエラーによって事故が発生したとしても、非難していることにはならない。なぜなら、ほとんどのヒューマンエラーはシステム上の欠陥によって引き起こされているからである。」[21]

    システムアプローチも同様に、先に述べたあらゆる質の高い国際的な報告書によって推奨された。このような考え方がもとになり、標準的な事故インシデント報告システムの必要性が叫ばれ、組織内のミスや他の組織のミスから教訓を学び取ろうとしている。このねらいは、「記憶力をもつ組織」をつくることである。すなわち、患者を危険に曝した直接的な原因だけでなく、より上流側にあるシステムの影響、つまり複数の人々に同じようなエラーを繰り返し起こさせる「内在する病原体」あるいは「エラーの罠」を把握できる組織を構築することにある。
- 1980 年代にシステムモデルを導入した麻酔医のリードで、現在では多くの医療従事者は、優秀な安全実績を挙げている他分野、特に民間航空

---

21) Institute of Medicine (1999), p. 63.

分野のリスクマネジメントに注目している。航空事故調査官は、どの防護やバリア、安全措置が損なわれ、人間や資産、環境にダメージを与えたかを明らかにすることを、国際民間航空機関(ICAO)から求められている。それぞれの事故では、直接的な事故原因としてエラーや違反などのさまざまな不安全行動がかかわっているだろう。しかし、最も重要なのは、直接的な原因の特定が調査の終わりではなく、調査の出発点であるということである。多くの場合、このような調査が、航空システム全般にわたる欠陥を指摘してきた。さらに医療分野では、医療従事者はミスをしないという作り話にもとづいているのに対して、航空分野では、100年前に初めて空を飛んだ頃から、人間は間違いを犯しうるものだという前提に則ってきた。最初のパイロット用のチェックリストをつくったのは、オーヴィル・ライト(Orville Wright)だったろうか、ウィルバー・ライト(Wilbur Wright)だったろうか。

- 感情的になり、また強い心の葛藤から、エラーや違反をした人間に厳しい罰を与えることがある。法律的にも、組織運用上もうってつけではある。しかし、そのために、非難する文化には厳しい処罰が付き物であると、多くの医療従事者が意識している。エラーを起こした人間を排除してしまうと、不安全行動を起こさせた潜在的状況要因を明らかにすることが非常に難しくなる。排除しないにしても、パーソンモデル[*6]のアプローチをとると、第6章で述べたエラーを再発させる罠を特定することが不可能になる。エラーの罠を見つけ出し、取り除くことは、リスクマネジメントの基本の"き"といえる。非難する文化と報告する文化が簡単には共存できないことが、事態を難しくしている。エラーの罠を見つけ出すには事故インシデント報告システムをうまく機能させることが不可欠である。要するに、非難は問題の解決に、ほとんどあるいはまったく貢献しないのである。

[*6] 第5章参照。

(b) 状態 B：システムモデルとパーソンモデルのバランスを取り戻す

　人間を潜在的な危険性と見なす、過度に単純化したアプローチではなく、システムアプローチによって、患者安全が明らかに向上している。しかし、これにも欠点がないわけではない。とりわけ重大なものを以下に示す。

- 航空分野とは違い、医療分野の業務内容や設備器具は、極端に多様である。一部の設備器具は、航空分野のものほど高度化されておらず、人間関係は心理的にも組織的にも、航空分野より複雑である。さらに医療行為は、民間航空のパイロットが行う安定した定常的な運航業務よりは、航空機の整備業務に共通する点が多い。医療行為はまさに"手作業"であり、当然のことながら、エラーの機会も多い。また、患者も医療従事者も認めようとしないが、医療にはいまだ不明な部分、不確実な部分が多く残されている。これらの特徴から医療分野ではエラーが発生しやすく、さらに患者はそもそも体調の優れない人であることから、被害の生じる可能性が一段と高まるのである。それに加え、航空事故調査の結果が広く一般に報告されているのに比べると、医療事故の今までの閉鎖的な調査の影響で、幅広い教訓を学びとったり、水平展開することは難しかった。

- 潜在的な危険性が既知で、事業も比較的一定で予測しやすい設備産業では、広範に及ぶ自動化された安全対策、すなわち「深層防護」を取り入れることも可能である。医療従事者の一部、例えば、麻酔科医や集中治療専門医、放射線科医は、同等程度に自動化された安全措置を導入しているが、内科医や外科医、看護師は、患者を危険から守るために自らのスキルに、かなり頼らざるをえない。患者を傷つけるか、傷つけないかは紙一重である。

- 特に看護師は、システムの問題を末端の現場で解決することに、プロとして満足している。しかし、次に見ていくように、その場しのぎの問題解決は、弊害をもたらす。

(c) 状態C：人間をヒーローと見なすことの弊害

　サイクルのこの段階になると、近い将来の話となり、これから述べることは推論にすぎない。とはいえ最近の研究からは、人間をヒーローと見なすことも含め、個人の自主性への過信について、組織がどのように気づいていくかを示す、いくつかのポイントが明らかになっている。以下に例を示していこう。

　タッカー(Tucker)とエドモンソン(Edmondson)[22]は、9つの病院に勤務する26名の看護師の仕事を観察した。第一の関心は、看護師たちが患者の治療の妨げとなる現場の問題にどのように対処しているかであった。現場の問題とは、例えば、「医療器具が見つからない、もしくは壊れている」「必要なものがない、もしくは足りない」「情報がない、もしくは間違っている」「人や医療機器が到着するのを待つ」「複数の業務が重なる」などの問題である。観察された状況の93パーセントでは、患者の処置が続けられるように、その場しのぎの対策がとられるだけで、その背後にある組織的な欠陥を改めるようなものではなかった。また、42パーセントの状況では、根本的な問題に対策を講じることのできる上司よりも、むしろ他の看護師の助けを求めるといった解決策がとられた。いずれの場合でも、システムを改善する機会を逸していることになる。さらに、看護師たちは、それらの問題に対処することで満足感を得たにもかかわらず、フラストレーションや疲弊感を感じることが多くなっていた。

　現場のレベルで見れば、このような善意によるその場しのぎの問題解決は、私たちが日々の仕事で経験している多くの問題をスムーズに解決しているように見える。しかし、大局的な視点からすると、重大な弊害をもたらしている。すなわちシステム上の問題解決を図るべき人々に問題を報告しなかったり、システム上の安全措置に別の抜け道をつくる、あるいは欠陥を生じさせたりするのである。これらの弊害は、その性質上、すぐには表面化しない。短期的には物事はいつものように進んでいるように見える。この「何とか切り抜けようと

---

22) Tucker, A. L., and Edmondson, A. C. (2003) 'Why hospitals don't learn from failures: organisational and psychological dynamics that inhibit system change.' *California Management Review*, 45: 55-72.

する姿勢」は、人手が不足している複雑なシステムで働く人々にとっては、おなじみのことである。しかし時間が経つと、潜在的な病原体は埋もれてしまい、他の病原体がシステムの中に種を植えつける。これは油断のならないプロセスである。本質的には異なる要因が組み合わさって、患者に危害を与えることに気づくのは、望ましくない事象が起きた後である。

それに加えて、このようなその場しのぎの問題解決に頼ったり、それを奨励する組織には、安全状態の劣化の前兆である、相互に関係する3つの組織上の病原体が住み着いている。

- **逸脱が当たり前になること**：問題や欠陥があまりにもありふれていると、明らかに取るに足りないものになってしまう。そのため、リスクが徐々に認識されなくなり、日常生活の正常なものの一部になってしまう。米国航空宇宙局（NASA）内部で起きたこのようなプロセスが、スペースシャトル・チャレンジャー号やコロンビア号の事故の要因の一つとされている[23]。
- **無理して頑張ること**：これは、コロンビア号の事故調査委員会によって明らかにされたもう一つの要因である。患者に適切な処置を施すだけでなく、現場の問題解決をも医療分野の現場第一線で働く多忙な人々に期待することで招く、当然の結果である。
- **恐れを忘れてしまうこと**：少なくとも個々の看護師や医師が見渡せる範囲では、悪いことはそれほど多くは起こらないため、些細な欠陥でもそれが思いもかけず重なると大惨事を引き起こすことを、医療従事者は忘れてしまう。もし、高信頼性組織の決定的な特徴を一つ挙げるとすれば、それは慢性的な不安、すなわち、物事は悪い方向に変化しうることを常に考えていることである。

---

23) Vaughan, D. (1996) *The Challenger Launch Decision: Risky Technology, Culture and Deviance at NASA*. Chicago, Il: University of Chicago Press.

(d) 状態D：人間を潜在的な危険性と見なすモデルの復活

これは、将来、いつの日にか、起こるだろう。そして、この一連の循環の中で、最も憶測にもとづくものである。状態Cで述べたプロセスの多くは、上級管理者にとって、日常的には気づきにくいものである。気づくまでには、公開された事故報告書がいくつも必要になるだろう。しかし、ひとたびその重要性が認識されると、現場第一線の医療従事者の行動の自由を制限する厳しい対策が講じられる。このような急激な対策は、トップダウン的に行われることが多いが、もう少し穏やかな形をとった場合であっても、人間を潜在的な危険性と見なすモデルへ立ち戻ってしまうのが、このような対策の実質的な結果である。

- 管理者や弁護士、そして犠牲となった患者の家族から、"悪い"医師や看護師に対して、激しい抗議が再び始まるだろう。これがマスコミから注目されるとともに、政治家や病院の理事会は、お決まりの行動をとるであろう。
- バーコードやオーダーリングシステム[*7]、電子カルテ、自動調剤システムは、この5年間のうちにある程度導入された。自動化することによって、少なくともエラーが共通的に起きる業務から、間違いやすい人間を引き離すことができる。しかし、だからといって必ずしもヒューマンエラーがなくなるわけではなく、単にヒューマンエラーの場所を他に移しているだけである。おそらく、現場第一線の人々にあまりにも頼りすぎていたことへの反動の一部が、医療行為の急激な機械化、自動化への動きという形をとるのだろう。過去には、実際には現在においても、このような革新的な動きが技術的または経済的な問題を引き起こしているが、将来的にはこれらの問題も克服されるだろう。そして経営層がヒューマ

[*7] 診療現場の医師・看護師が検査や投薬・注射などの指示（オーダー）を入力すると、その内容が電子的に関係部局に伝達されるシステム

ンファクター問題を扱う方法の一つは、ハイテク技術を使った解決策を手に入れることであると、複雑で潜在的な危険性を有するシステムの歴史が示してくれるだろう。
- ヒューマンファクターの問題解決のために、よく用いられる別の方法は、現場第一線で働く人間の行為を安全で生産的なものに限定しようと、手順書や治療計画、管理統制を見直す方法である。人間の行為を極めて安全なものにするために、医療行為の自律性を損なわせる取組みが集中的に行われるだろう。手順書や治療計画、ガイドラインが安全管理上、重要な役割を果たすが、それ自体には、**第4章**で詳しく述べたような問題がないわけではない。

一見すると、**図 13.4** の循環には"良い"領域(右側)と"悪い"領域(左側)があるように見える。しかし、それほど単純なものではなく、良い領域にも悪いところがあり、悪い領域にも良いところがある。完全に黒白はっきりさせることは意味がない。すべての状態に長所と短所が混在するのである。このことをよく理解してうまく扱えば、各状態において長所を最大化し、短所を最小化できるであろう。

【2】 変動を小さくする

医療組織がこれらのプロセスを会得すれば、この循環の中での変動が小さくなると見込まれる。循環内には、目に見えない緊張関係や遷移が残るだろうが、混乱を招くことは少なくなるだろう。やがて、パーソンモデルとシステムモデルが競合するのではなく、協調して作用し始めることが期待される。この変動性の減少を**図 13.5** に示す。

「同じ川に二度入ることはできない」[*8] と同じように、どのような組織であ

[*8] 紀元前 5 世紀のギリシャの哲学者ヘラクレイトス(Herakleitos)の言葉であり、万物は流転するという意味

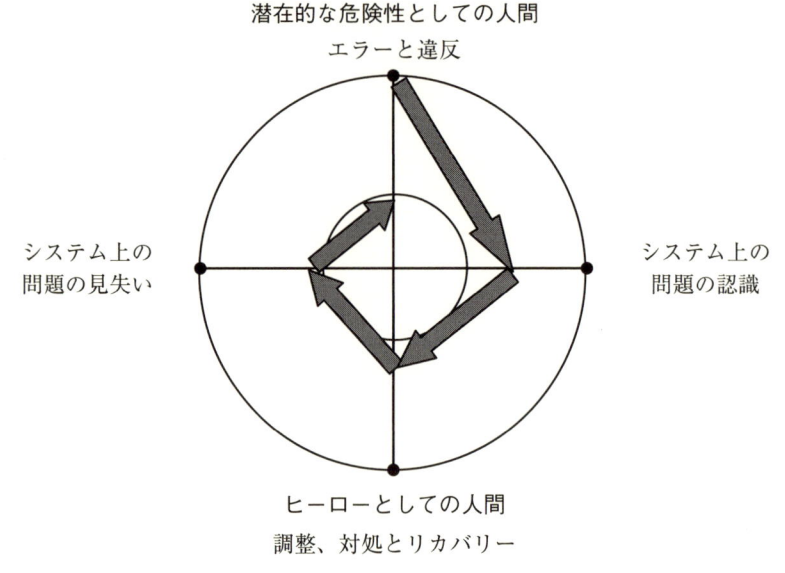

```
                潜在的な危険性としての人間
                     エラーと違反


システム上の                              システム上の
問題の見失い                              問題の認識



                 ヒーローとしての人間
                  調整、対処とリカバリー
```

図13.5　循環しながら減少していく変動性

れ、同じ状態であり続けることはできない。図13.5の内側の円は、外側の円で示した問題についての相対的に適切な状態を示している。変動が少ない領域では、システムモデルとパーソンモデルの間、またパーソンモデルのなかでは人間を潜在的な危険性と見なす考え方とヒーローと見なす考え方の間で、バランスをよりいっそう成熟させることが期待できる。さらに望むとすれば、このバランスがもたらす成果の一つが、レジリエンスの向上であろう。私たちは、ヒューマンエラーや技術的欠陥も、そして、不適切なコミュニケーション、資源の制約、政治的圧力などの組織に内在する病原体をすべて取り除くことはできない。しかし、私たちには、システムをつくることが可能であり、悪影響に強いシステムをつくることもできる。欠陥をゼロにするのではなく、レジリエンスを高めることが、実現可能な目標なのである。

13.9 注意深さとレジリエンス

　機器の標準化、バーコード、患者識別用ICチップ、オーダーリングシステム、自動調剤システムのようなシステム対策は、医療分野でのヒューマンエラーの低減に貢献するとともに、安全な組織文化に不可欠な要素を構築するだろう。そういった動きは必要ではあるものの、それだけで十分というわけではない。突き詰めていえば、組織のレジリエンスとは、現場第一線で働く人々のメンタルスキルと専門技術の創発特性[*9]である。リチャード・クック（Richard Cook）ら[24]は、現実の世界で安全に業務を遂行するために極めて重要なことは、「迫り来る潜在的な危険性に気づくこと、発端の不具合を発見し対処すること、不具合が回避不能の場合にはそこからリカバリーすること」だと述べている。

　本章では、本書を通じて論じてきた2点、すなわち個人とシステム、人間を潜在的な危険性と見なす考え方とヒーローと見なす考え方の調和を試みた。次の最終章の**第14章**ではさらに大局的な視点に立ち、安全空間モデルと結び目のあるゴムバンドモデルという2つのモデルを紹介する。これは、安全という捉えどころのない性質、組織のレベルと個人のレベルのなかでそれを実現するために必要なことを解明するのに役立つだろう。

---

24) Cook, R. I., Render, M. L., and Woods, D. D. (2000) 'Gaps in the continuity of care and progress on patient safety.' *British Medical Journal*, 320: 791–794 (p. 793).

[*9]　システムを構成する個々の要素には見られないが、要素どうしの関係によって生じる特性

第14章 安全を求めて

14.1 はじめに

　安全という言葉は、安全であることよりも、安全ではないことによって定義される。この最終章では、安全という肯定的であるが、いまだ隠れている顔の特徴を強調する2つのモデルを示して、言葉と定義のバランスを修正していきたい。安全空間モデル(Safety Space model)では、安全目標の設定、システムの潜在的な危険性に対応するために本来備わっている抵抗力、すなわちレジリエンス、プロセスの事前評価と結果の事後評価との関係、レジリエンスを最大限発揮できる状態にするための文化力(Cultural drivers)、および安全空間のナビゲーション(navigational aids)の重要性について述べていく。このモデルの当然の帰結として、主要な文化力である3つのC、すなわち参画(commitment)、認識(cognisance)および能力(competence)が、マネジメントの4つのP、すなわち原理・原則(principle)、方針(policy)、手続き(procedure)、および実践(practice)とどのように関係しているのかを示して、レジリエンスが高く、安全な組織とはどのようなものであるかを、広範に述べていきたい。

　第二のモデルは、結び目のあるゴムバンド(Knotted Ruber Band model)の特性を利用して、動的非事象としての安全の概念を詳しく述べる。2つのモデ

ルはともに、安全の性質についての優れた見方を示している。安全空間モデルは、安全を戦略的な側面から扱う一方で、ゴムバンドモデルは現場の安全管理における戦術面に焦点を当てている。

14.2 「安全」という言葉の意味

「健康」という言葉と同じように、「安全」という言葉を理解するには、「安全ではない」ということを理解しなければならない。安全が長期間続いていることよりも、ほんの一瞬だけ、安全ではなくなっていることのほうが、はるかにわかりやすい。私たちは、安全であることが何を意味するかを説明することよりも、かなり具体的に事故、傷害、損失、インシデント、危機一髪のような、時々起きる安全状態からの逸脱として表現し、理解し、定量化することのほうが得意である。

辞書では、安全を何かの欠如として定義しているので、それ以上、役に立たない。例えば、『コンサイス・オックスフォード辞書(Concise Oxford Dictionary)』では、安全を「危険またはリスクからの自由」と定義している。『ショーター・オックスフォード英語辞典(Shotter Oxford English Dictionary)』は、「怪我あるいは傷害から免れること、危険からの自由、怪我や傷害を起こさない性質」と定義している。

このような日常的な使い方は、安全科学あるいはリスクマネジメントに関係する人々には、ほとんど役に立たない。日常的な使い方が、重力、地形、天候、エラー、院内感染、放射性物質など潜在的な危険性がある航空、医療、原子力発電での活動の現実を、うまく表現できるわけでもなく、潜在的な危険性を有するシステムで働く人々が努力して達成しなければならない目標の本質を伝えるわけでもない。潜在的な危険性を有するシステムで働く人々は、当然のことながら彼らの目標を、損害と損失の低減および除去に置いている。しかし、コントロールできる範囲に入っているのは、これらの一部でしかない。さらに、厳重な防御が最も進んだ技術分野では、不幸な結果は非常に稀であるために、

悪い事象を抑え込み、コントロールする方法についての指針がほとんど、あるいはまったくない。もちろん、これは、採鉱、輸送、医療、および建設のような、より危険に近い分野には必ずしも当てはまらないが、本章では、主に危険が潜在的に大きく、また広範囲に及んでいるが、有害事象の頻度が概して低い先端技術の活動に焦点を当てる。

特定の理論がどれだけの経験的な活動を作り出すかによって価値が評価される自然科学と比較して、安全科学者はさらなる挑戦に直面する。研究的な興味だけではなく、研究成果が実用的でなければならないのである。これを実現できるのは、潜在的な危険性を有するシステムの安全管理に携わる人々と容易に連絡しあえる場合だけである。ここでは、行動科学でもそうであるように、モデル、イメージ、メタファー、およびアナロジーが、重要な役割を担っている。これらは、複雑な考え方を簡潔で理解しやすく伝えるだけでなく、危険なシステムで働く安全のスペシャリストがこれらの考え方を組織に広めやすくしている。安全の追求よりも複雑な事業はほとんどない。

モデルは、文字どおり、「真実」である必要がなく、モデル間で一貫している必要もない。むしろ、捉えどころがなく、不可解な現象の重要な点をわかりやすく説明する、あるいは図で表現することのほうが重要である。最も役に立つモデルは、これまでに明らかにされていない、あるいは少なくとも注目されていない安全プロセスの重要性を強調する内的論理や説明力をもっているものである。しかし、役に立つということが絶対的な基準である。すなわち、モデルによって伝えられた考え方によって、システムの潜在的な危険性に対する抵抗力が高まる、つまり安全性が向上しなければならない。

14.3 安全の2つの顔

安全には、以下に示すような、ネガティブな顔とポジティブな顔があり、注意を引くのはネガティブな顔である。

- ネガティブな顔は、事故、死者、負傷者、資産損失、環境被害、医療事故およびすべての種類の有害事象の事後評価をするという点である。さらに、危機一髪、ニアミス、およびフリーレッスンを評価することもある。これらすべては容易に定量化され、そのために数字を求める多くの技術系の管理者にたいへん好まれる。これらの数字は便利で、扱いやすいかもしれないが、後でわかるように、ある程度を過ぎると、その妥当性は非常に疑わしくなる。
- 安全のポジティブな顔は、システムの潜在的な危険性に対して、システムが本来もっている抵抗力である。それは、生産性と安全性の双方に関する組織の「健全性」を反映するプロセスの事前評価によって測定される。これらの指標については、後で詳しく述べることにする。

安全空間モデルの主な目的は、安全のポジティブな顔が何を意味するかを説明することである。それについて述べる前に、脆弱性とレジリエンスの概念を説明するもう一つのメタファーを紹介したい。図14.1 は、さまざまな形の台の上にあるボールを表しており、ボールがシステムを意味している。ボールと

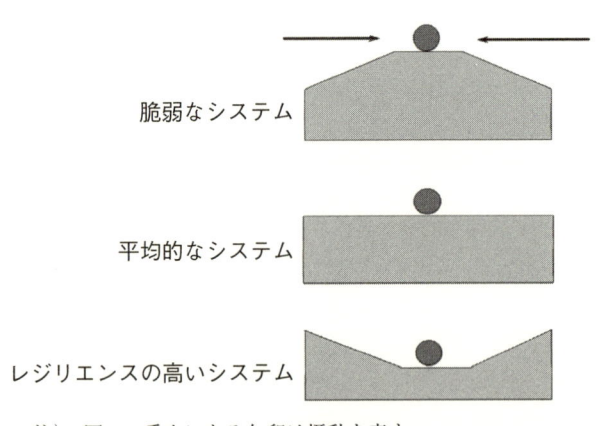

脆弱なシステム

平均的なシステム

レジリエンスの高いシステム

注) 図の一番上にある矢印は摂動を表す。

図14.1 脆弱性とレジリエンス

台はどちらも、ボールを台から落とそうとする連続的な揺れや摂動[*1]の影響を受けている。ボールが落ちるということは、事故が起きたということである。

明らかに、一番上のボールと台は最も脆弱で簡単にボールが台から落ち、一番下の組合せが最も抵抗力が高い。しかし、この一番下の組合せであっても、ボールを落とすことは可能である。身近なもので譬えるなら、卵とサラダボウルを載せたお盆を想像してほしい。脆弱なのは、逆さまにしたサラダボウルの上に卵を載せた状態であり、抵抗力が高いのは、ふつうに置いたサラダボウルの中に卵を入れた状態である。お盆の傾きが摂動に相当する。

14.4 安全空間モデル

ここで述べる一つ目のモデル、安全空間モデル(Safety Space model)は、組織活動を悩ませる危険への相対的な脆弱性あるいは抵抗力に応じて、安全空間内に広がる似たような組織が空間内を自由に移動する様を説明している。このモデルの重要な特徴は、現実世界のシステムにとって達成可能な安全目標を特定することである。安全は絶対的な状態ではないので、達成可能な安全目標は無事故ではない。むしろ、システムの潜在的な危険性に対応するために本来備わっている抵抗力を最大化し、維持することである。

このモデルは、**第6章**で述べた、同じ期間に同じような潜在的な危険性に曝された人々の集団が経験した事故の数に個人差があったことから生まれた。この個人差の傾向は、通常、偶然に関する理論分布であるポアソン指数級数の予測値と関係づけて表される。ポアソン分布は、おおよそ鐘形の、正規分布の右半分のような形をしている。事故傾向の分布は、この右半分で事足りる。事故傾向だけの評価だからである。私たちの関心は、事故傾向で無視されていた鐘形の左半分、すなわち集団の半分以上は無事故であるという事実である。これは単に偶然によるものだったのか。これらの人々は単に幸運だったのか。なか

[*1] 結び目を安全ゾーンから引き出そうとする力。外乱

には、そういう人もいただろう。しかし、その他の人々は、被害を受けにくい特徴をもっている可能性がある。

言い換えれば、ある期間内での「不安全」の程度を示しているという、事故傾向の一方向だけの説明は、個人の安全の違いを反映する双方向への広がり、すなわち本来備わっている高いレベルの抵抗力から、かなりの脆弱性までの幅を見えにくくしている。個人の事故傾向が双方向に広がるという概念から、**図14.2**に示す安全空間モデルに発展した。

安全空間の左端は、システムの潜在的な危険性に対する抵抗力を最大にして事業を継続できている状態、右端は、非常に脆弱で何とか生きながらえている状態を表している。同じ潜在的な危険性のなかで活動する架空の組織を、この抵抗力と脆弱性の空間上に表現している。どちらかの端に位置する組織はほとんどなく、多くの組織が中央部分にいるために、安全空間は葉巻きのような形をしている。

抵抗力と脆弱性の空間上にある組織の位置と、ある期間中にその組織で起きた良くない事象の数との間には、おそらく何らかの関係がある。しかし、それ

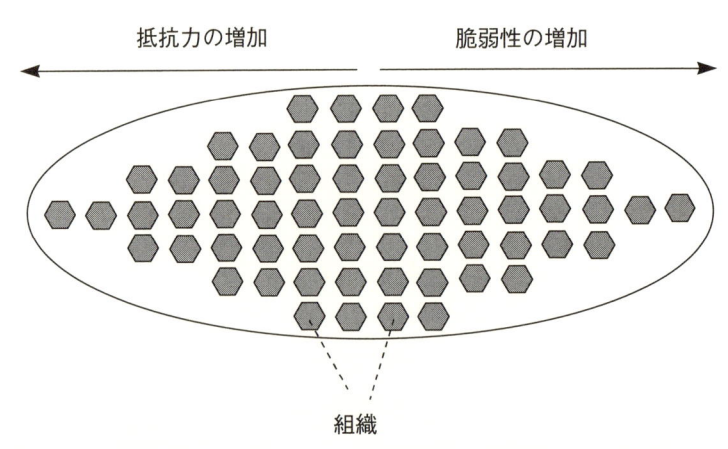

図14.2 安全空間内に散らばる、同じ潜在的な危険性のある分野の架空組織

は非常に関係性の弱いものであろう。もしも、システム管理者が組織内のすべての事故を引き起こす条件を完全にコントロールしているとしたら、その組織の事故やインシデントの発生率は、彼らの取組みの質と直接的な関係があると考えがちである。しかし、そうではない。偶然もまた事故発生に大きく影響している。システムの潜在的な危険性、現場の変化、および人間の誤りやすさが存在し続ける限り、偶然はそれらと結びついて、システムの防護[1]を破ろうとする。そのため、最も抵抗力の高い組織でも事故が発生するし、最も脆弱な組織であっても、少なくとも一時的には事故を回避することができる。運はどちらの方向にも働く。運は価値あるものを苦しめ、価値のないものを守ることもある。

　抵抗力と脆弱性の空間上にある組織の位置とある期間中にその組織で起きた有害事象の間の不完全な相関には、さらに意味がある。航空や原子力発電のように、活動範囲内での事故率が非常に低いレベルになると、事故が発生するか否かでは、安全空間内で組織の位置を示すことにはならない。事故の発生率が比較的低いレベルの組織は、抵抗力と脆弱性の空間内のどこか、まったく違う位置にいて、その場所がわからないのである。それではどうすれば組織は安全空間内で自身の位置を把握できるのだろうか。つまり、どのような安全空間のナビゲーションがあるのだろうか。

　どの営利組織も、2つの命題をもっている。リスクを可能な限り低くすることと、事業を継続することである。危険な状況で営利目的の事業を継続する組織にとって、最大の抵抗力をもってしても、完全には危害から逃れられないことは明らかである。抵抗力を最大に高めることが、限られた資源と最新の技術で、組織ができる唯一最善の対策である。これらの制約を仮定すると、組織には安全空間内に自らの位置を把握する2つの方法がある。プロセスの事前評価と結果の事後評価である。

---

1) Reason, J. (1997) *Managing the Risks of Organizational Accidents*. Aldershot: Ashgate Publishing. (邦訳『組織事故』日科技連出版社)

重大事故がほとんどない場合、事後評価は、ニアミスとインシデント報告システム、すなわちフリーレッスンから得られるだろう。このような安全情報システムについては、文献[2]で検討されているため、ここでは割愛し、利点をまとめることにする。

- もし過去のデータから教訓が正しく学びとられるなら、教訓はワクチンのように効いて、将来のより深刻な事象の発生に対する組織の防護機能を高める。また、ワクチンのように、システムに害を与えることもない。
- これらのデータから、どの安全措置やバリアが機能していて、損害を与える事象を防いでいるかが明らかになる。
- ニアミス、危機一髪、およびフリーレッスンは、防護の小さな欠陥が重なって、どのようにして重大事故を引き起こすかを、定性的に教えてくれる。
- 広範な定量分析に必要な多くのデータがある。いくつかの分野で行われたインシデントの分析によると、単一事象の調査ではほとんど明らかにならない原因と結果のパターンが明らかになった。
- より重要なことは、これらのデータの理解と普及は、滅多に経験しないシステムの潜在的な危険性に対する恐れを忘れてしまうという、避けられないプロセスを遅らせることができることである。特に、運転員が、コントロールするプロセスからも、関係する潜在的な危険性からも物理的に離れている原子力発電所のようなシステムでは役立つ。

事前評価では、将来の事象の発生に影響する可能性のある要因を事前に特定できる。適切に用いれば、システムを運営し、管理する人々は、潜在的な危険性を有するシステムにとって避けられない潜在的状況要因や「内在する病原

---

2) Van der Schraaf, T. W., Lucas, D. A., and Hale, A. R. (1991) *Near Miss Reporting as a Safety Tool*. Oxford: Butterworth-Heinemann.

体」(第7章参照)を見えるようになる。これらの利点は、事故やインシデントを待つ必要がないことである。事前評価は今すぐにでも行える。事前評価には、設計、建設、予測、スケジューリング、予算、仕様、メンテナンス、訓練、選抜、手順書作成などの組織の防護とその不可欠なプロセスに対して行う定期的なチェックも含まれる。組織の「安全健全性」[3]をたった一つの手法で評価できる包括的手法はない。安全健全性を確立することは、医療のように、システムの生命信号となるさまざまな指標を大量に収集することを意味する。

効果的な安全管理には、事後評価と事前評価の双方が必要である。これらを組み合わせることにより、防護の状態や良くない結果の発生に寄与することが知られているシステム要因や作業環境要因についての本当の情報が得られるのである。表14.1にその主な要素を示す。

安全空間のナビゲーションは必要であるが、十分とはいえない。内的な力がなければ、組織は安全空間内の流れに身を任せることになるだろう。これらの安全空間内に働く外的な力が両端に向かって働き、強まれば強まるほど、組織

表14.1 事後評価と事前評価の主な要素

	安全空間のナビゲーションのタイプ	
	事後評価	事前評価
作業現場、組織の状態	多くのインシデントの分析によって、原因と結果の再発パターンを明らかにすることができる。	抵抗力あるいは「健全化(fitness)」を絶えず増進させるように、最も改善を必要とする箇所を同定する。
防護、バリア、安全措置	それぞれの事象は、防護をすり抜けた軌跡の一部または全体を示す。	定期的なチェックによって、欠陥が今どこに存在するか、次にどこで欠陥が生じる可能性が高いのかが明らかになる。

---

[3] Reason(1997).

はどちらかの端にどんどん近づいていく。

組織が安全空間内の脆弱性の高いほうへ近づくほど、前に述べたように、これはまったく避けられないことではないものの、良くない事象に遭遇する可能性が高くなる。損失や、ぞっとするようなニアミスのほかには、事業の危機を経営層に知らせるものがほとんどない。規制や市民の圧力と一緒になって、これらの事象は、安全空間の高い抵抗力の端へ組織を動かし、安全対策を強化させる力となる。しかし、そのような改善は多くの場合長続きしない。管理者は、恐れることを忘れ、安全性よりも生産性に、限られた資源を向け始める。組織は見せかけだけの安全な状態に慣れ、脆弱性の高い領域に向けて方向転換してしまう。「安全エンジン」がなければ、組織は安全空間内で働く外的な力にのみ影響を受け、漂流物のように漂うだろう。

「安全エンジン」というものを考え始めると、組織文化の核心に迫ることになる。安全エンジンを動かすものとして、ミンツバーグ(Mintzberg)がシステムの「戦略尖(strategic apex)」[4]と名づけられた領域の中にある3つの文化力(Cultural drivers)、すなわち参画(commitment)、能力(competence)と認識(cognisance)の3つのCが必要である。

参画(commitment)には、モチベーションと資源の2つの要素がある。モチベーションに関しては、組織が安全面で優秀な組織になろうと努力するのか、あるいは規制要件を満足するだけであるのかによって決まる(第5章で述べた生成的組織と病的組織の違いを参照)。資源に関しては、単に金銭の問題ではなく、システムの安全管理を指揮するために配属された人々の才幹と地位に関係がある。システムの安全管理を指揮する仕事を出世コースにいる人に任せるのか、あるいは力不足またはやる気をなくした管理職に押しつけて放っておくのか、ということである。

参画だけでは十分ではない。組織には安全を高めるために必要な専門技術に

---

4) Mintzberg, H. (1989)*Mintzberg on Management: Inside Our Strange World of Organizations*. New York: The Free Press.

関する能力(competence)が求められる。潜在的な危険性や安全上重要な活動は特定されたか。どれだけ多くの危機に備えているか。危機管理計画は、業務復旧計画に密接に関連づけられているか。防護、バリア、および安全措置には、適切な多様性と冗長性が備わっているか。組織構造は十分に柔軟で、適応性が高いか。安全関連情報が適切に収集・分析されているか。安全関連情報は周知されているか、役立っているか。効果的な安全情報システムは、レジリエンスの高いシステムの前提条件である[5]。

　組織がその活動を脅かす危険を十分に認識していなければ、参画と能力でも十分ではないであろう。認識(cognisance)の高い組織は、レジリエンスを高めるための取組みの本当の意味を理解している。認識の高い組織にとっては、有害事象のない長い期間は「十分、安全である」という意味にはならない。それを危険が高まっている期間と正しく認識しているため、相応に自組織の防護を精査し強化する。つまり、認識の高い組織は、良くない結果がないときでさえ、合理的な用心深さ(intelligent wariness)を維持している。これは安全文化のまさに本質である。

　図14.3に今まで述べたことを要約する。またこの図は、安全管理の第一の目標を示している。すなわち、本来備わっている抵抗力を実現可能なレベルまで高める安全空間内の領域へ到達し、そしてそこにとどまることである。正しい方向に動くことだけならば、比較的容易である。しかし、この目標の状態を維持することは非常に困難である。逆行する強い流れに逆らい、そのような位置を維持することは、事後評価と事前評価という安全空間のナビゲーションの巧みな活用と、現在の経営層の意向にかかわらず力を出し続ける強力な「安全エンジン」の両方が必要である。良好な安全文化は、どのような最高経営責任者にも負けないものでなければならない。最高経営責任者は渡り鳥のようなも

---

5)　Kjellen, U. (1983)'An evaluation of safety information systems of six medium-sized and large firms.' *Journal of Occupational Accidents*, 3: 273-288. Smith, M. J., Cohen, H., Cohen, A., and Cleveland, R. J. (1988)'Characteristics of successful safety programs.' *Journal of Safety Research*, 10: 5-14.

第Ⅴ部　レジリエンスを高める

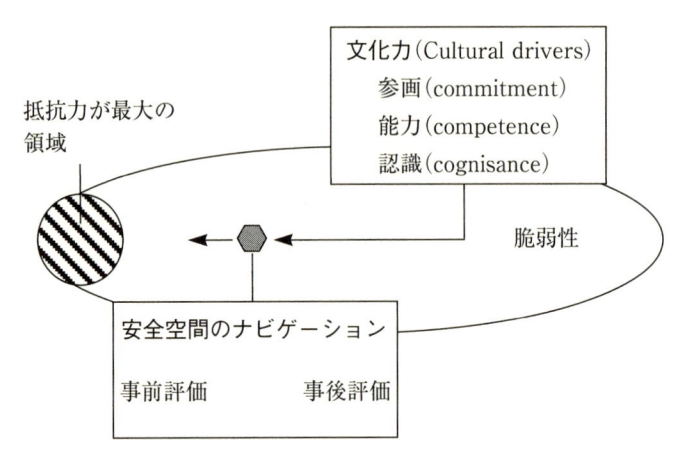

図14.3　抵抗力が最大になる領域に向けて組織を動かすために必要な文化力と安全空間のナビゲーション

（図中の要素：抵抗力が最大の領域、文化力（Cultural drivers）／参画（commitment）／能力（competence）／認識（cognisance）、脆弱性、安全空間のナビゲーション、事前評価、事後評価）

ので、頻繁に職を代える。今日、彼らがいる場所にどのようにたどり着いたのかわからないし、彼らが将来今までと違う行動をとったとしても不思議はない。

　この実現可能な安全目標を達成するには、管理可能なことを管理する必要がある。多くの組織は、安全管理を生産プロセスのマイナス面として扱う。そのような組織では、良くない結果のレベルを低くすることを目標とする。しかし、予想外の事象は、その性質からして、直接的にコントロールできない。そのため、予想外の事象がもたらす変化は、組織が影響を与えられる範囲外にある。安全空間モデルは、その代替手段として、長期的健全化計画を提案している。既に低く、おそらく底を打っているレベルの有害事象を削減しようと無駄に努力するのではなく、良くない事象の発生に影響することが知られている、組織の基本的なプロセス、すなわち、設計、ハードウェア、メンテナンス、計画、手順書、スケジューリング、予算、情報伝達を定期的に評価して改善すべきである。これらは、システムの潜在的な危険性に対して、システムが本来備えている抵抗力を決定する管理可能な要因である。そして、どのような場合でも、管理者はこれらを管理するために雇われているのである。このように、安全管

理は組織の事業そのものの一角であり、単なるおまけではない。

14.5 レジリエンスの高いシステムとは

【1】3つのCと4つのP

米国のヒューマンファクターの専門家であるアール・ウィーナー(Earl Wiener)は、組織マネジメント活動のさまざまな側面を分類する4つのP、すなわち原理・原則(principle)、方針(policy)、手続き(procedure)、および実践(practice)のフレームワーク[6]を考案した。そこで、この4つのPを縦軸に、3つのCを横軸にした4行3列の**表14.2**を示す。

文化力の3つのCが、どのように組織マネジメントの4つのPに現れるのだろうか。例えばセル1では、経営層の参画が組織の原理・原則、基本哲学にどのように現われるのだろうか。セルごとに見れば、Pに対するCの影響を、表全体で見れば、レジリエンスの高い組織がどのように見えるのかを表すことになる。**表14.2**のセル内の番号に応じてそれぞれ、述べていく。そのなかの

表14.2 3つのCと4つのPの組合せ

	参画	認識	能力
原理・原則 (基本哲学)	1	2	3
方針	4	5	6
手続き	7	8	9
実践	10	11	12

---

6) Degani, A. and Wiener, E. L. (1994)'The four "P"s of flight deck operation.' In N. Johnston, N. McDonald and R. Fuller(eds)*Aviation Psychology in Practice*. Aldershot: Avebury Technical.

いくつかについては、医療を念頭に置いたものとなっているが、他の潜在的な危険性を有するシステムにも当てはまる内容である。

セル1．原理・原則と参画
- 安全は、リスクマネジメントチームだけでなく皆の責任であると認識している。
- 社是で、安全を最優先の目標とし、経営層の言動、資源配分と一致している。
- 経営層は、エラー、失敗、および予想外の良くない事象を避けられないものとして受け入れ、繰り返し従業員に、用心深く、警戒を怠らないように伝えている。
- 安全関連問題は、良くない事象の後だけでなく、日常的に経営層の会議で検討されている。

セル2．原理・原則と認識
- 過去の事象は徹底的に経営層の会議で検討され、そこから得られた教訓にもとづいて、限定的、局所的な改善ではなく、包括的な改革が行われる。
- 不幸な出来事の後、経営層の第一の目的は、システムの壊れた防護を特定し、それらを改善することであって、現場第一線の特定個人に非難の矛先を向けることではない。
- 有効なリスクマネジメントは、関連する安全関連情報の収集、分析、および周知で決まることを理解している。

セル3．原理・原則と能力
- 経営層は、安全に対して先を見越したスタンスをとる。
  - —エラーを再発させる罠を見つけ出し、取り除く努力をする。
  - —システムのエラー誘発要因を取り除く。
  - —新しい失敗シナリオを捻り出す。
  - —組織の"生命信号"の定期的な健全性チェックを行う。

- 経営層は、エラーを誘発するシステム要因は、はかない心理状態よりも是正が容易であることを認識している。

セル 4. 方針と参画
- 安全関連情報は経営層に直接伝えられる。
- 安全管理は、人事の吹き溜まりではなく、出世コースである。
- 安全に関係する会議には、さまざまなレベルの人、幅広い部門の人が集まる。
- スケジューリングをする人と、計画立案者は、チームが有効に機能している場合、状況が許せば、そのチームに手をつけないようにしている。

セル 5. 方針と認識
- 組織は、可能な限り、医療従事者に対しては、治療に関係ないことよりも、治療を優先させる。
- 診療室、病棟、手術室において治療には関係のない注意を散漫にさせる原因を減少させている。
- リスクの高い手術では、終始、ベテラン医師に立ち会わせる。

セル 6. 方針と能力
- 報告システムに関する方針
  - ―処罰からの限定的な免責
  - ―機密性と匿名性の確保
  - ―懲戒手続きからの分離
- 懲戒制度に関する方針
  - ―受入れられる行為と受け入れられない行為の間の合意された識別
  - ―懲戒手続きへの同等地位者の関与

セル 7. 手続きと参画
- 若手スタッフの訓練が、従来の徒弟制度より優れており、訓練を受ける者は、十分な指導と監督の下で、あらかじめ設定された能力基準に到達できるようなプログラムが用意されている。

- 特に新しい薬と技術に関して、ベテランスタッフの再教育と継続的な専門能力開発を促進する訓練プログラムが用意されている。

セル8. 手続きと認識

- 治療計画が、エラーの認識およびリカバリーの訓練によってサポートされている。
- エラーの再発パターンがスタッフに伝えられている。
- 現場の状態に関する十分なコミュニケーションが行えるように、当直の引継ぎが手順化されている。
- 類似した手順によって、病棟または手術室から集中治療室まで安全が保証されている。

セル9. 手続きと能力

- 臨床実習指導医は、安全と効果的なパフォーマンスを達成するために、専門技術と同様に、メンタルスキルについても実習生を教育する。
- 複雑または通常でない手術の際には、臨床チームは事前打合せを行う。また必要な場合には、事後打合せも行う。
- 仕事に必要な知識を、手順書、備忘録などで共有している。

セル10. 実践と参画

- 必要性が生じたときには、いつでも安全関連の問題がすべてのスタッフによって議論される。
- 特に看護師に、時に慢性的なシステムの欠陥を克服するための"その場しのぎの問題解決"を思いとどまらせている。
- むしろ、システムの欠陥に上司の注意を向けさせた看護師に報いている。

セル11. 実践と認識

- 看護師、若い医師のような現場第一線の要員に、リスクの高い状況を認識させるために必要なツールとメンタルスキルを提供している。
- 最適な教育を受けていない状況、現場に監督者がいない状況、非常にエラーが起きやすい状況では、若いスタッフに、手を止める権限を与

えている。

　セル12.　実践および能力
- 教訓や必要な行動についての迅速で、役に立つ、わかりやすいフィードバックがある。
- ボトムアップの情報に耳を傾け、必要な場合にはそれにもとづいて行動する。
- 患者参加および情報公開が奨励されている。
- 不幸な出来事が生じた場合、
　―責任を認める。
　―謝罪する。
　―再発の可能性を減らすために、被害者とその関係者に、教訓として生かしていくことを納得してもらう。

14.6　結び目のあるゴムバンドモデル

【1】連続制御プロセスへのモデルの適用

　次にゴムバンドの特性を使って、「信頼性とは動的非事象である」ことを説明していこう。ここでは、あるプロセスまたは装置を管理する現場第一線で働く人々の行動に注目する。

　中央に結び目のあるゴムバンドを想像してほしい。結び目は管理対象のシステムを表し、その結び目の位置はゴムバンドの両端を引く力によって決まる。ゴムバンドの3つの状態を**図14.4**に示す。

　図の中央の網掛け部分は安全な事業活動ができる安全ゾーンである。管理者の仕事は、ゴムバンドのもう一つの端へ、安全ゾーンから結び目を引き出そうとする力を相殺するように、適切な補正を加えて、結び目を安全ゾーンの中にとどめておくことである。**図14.4**の上段の図は、比較的安定した状態で、バンドの両端にちょうど釣り合った力が働いて、結び目が安全ゾーンの中にある。中段の図は、不安定、不安全な状態を表しており、バンドの片側に摂動が加え

```
釣り合いを          安全ゾーン          危険な摂動
とる補正
```

[図: 結び目のあるゴムバンドの3つの状態を示す図]

安定した
システム

摂動を受けた
システム

補正された
システム

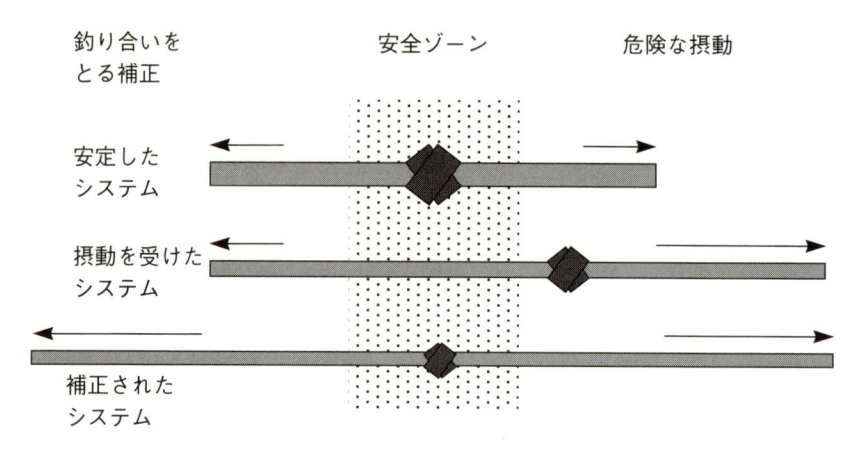

図14.4　結び目のあるゴムバンドの3つの状態

られ、結び目を安全ゾーンの外に引っ張り出している。下段の図は、補正された状態を表しており、反対方向に均等な補正が加わり、安全ゾーンの外へ引き出そうとする摂動を相殺している。もちろんほかにも多くの状態があるだろうが、ゴムバンドの状態としては、これらが最もわかりやすいだろう。

　ゴムバンドには、さらに重要な特性がある。安全ゾーンに結び目をとどめておくためには、あらゆる摂動に対して、同じ大きさの補正を、同時に、反対向きにかける必要がある。この補正が遅れると、結び目が少なくとも一時的に、安全ゾーンの外に出てしまう。これを同時性原理と呼ぶことにしよう。

　原子力発電所、化学プラントや現代の民間航空機のような複雑で高度に自動化された技術では、ほとんどの予測可能な摂動に対しては、あらかじめ設計者によって、工学的な安全装置が備えられている。システムのパラメーターが制限値から逸脱すると、これらは自動的に作動し始める。したがって、残された摂動の大部分、すなわち設計者によって予測されていないものは、現場での予期できない変化、あるいはオペレーター、パイロット、保守作業員、整備員などのシステムの人間要素の予想できない行動、つまりエラーや違反の2つである（第3章と第4章を参照）。

　複雑な技術を管理する人間という摂動の性質を考えると、同時性原理は何を

意味するのか。一つは、適切な補正をタイムリーに行うための、摂動の発生を予想する能力ということである。これはさらに、何がこれらの摂動を引き起すのかについて、相当な理解が必要となる。すなわち、さまざまなものの中でも人間の誤りやすさの根本に関する、システムの管理者の知識と経験に依存するであろう。ワイクが述べているように[7]、これは、状態が長期間、一定のままでいる安定的なシステムよりも、かなり頻繁に摂動が生じるシステム、あるいは摂動が予想される期間にあるシステムに、よりいっそう当てはまるだろう。明らかに、この一般化には限界がある。

ヤークス・ドットソン（Yerkes-Dodson）の法則[*2]の逆U字カーブが、最適なヒューマンパフォーマンスは覚醒度の低い状態と高い状態の間にあると考えているのと同様に、システムの最適なパフォーマンスは、事実上の安定と管理できない摂動の間のどこかにあると考えられる。

このことは、原子力発電、航空母艦の飛行甲板作業、および航空交通管制[8]を対象にしたフィールド研究の結果からもいえる。エラーを誘発しそうな状況を予想するために、システムオペレーターは、模擬訓練のなかでのものはもちろんのこと、彼ら自身あるいは他人のエラーから学ぶことにより、エラーを誘発しそうな状況を直接経験する必要がある。エラー検出とエラーリカバリーは獲得すべきスキルであり、その獲得を習慣づけなければならない。船の操舵士が一般的な海路状況で、必要以上に他の船舶に近づくように操船するのは、スキルを磨き続けるためである[9]。見張り要員は、意図的な異常接近から、重要な回避技術を学ぶことを勧められている。

---

7) Weick, K. E. (1987)'Organizational culture as a source of high reliability.' *California Management Review*, 19: 112–127.
8) 前掲書
9) Habberley, J. S., Shaddick, C. A., and Taylor, D. H. (1986)*A Behavioural Study of the Collision Avoidance Task in Bridge Watchkeeping*. Southampton: The College of Marine Studies.
*2　人間の覚醒度とパフォーマンス（作業成績など）の間の関係に関する経験則。ロバート. M. ヤークス（Robert M. Yerkes）とジョン・ディリンガム・ドットソン（John Dillingham Dodson）によって1908年に提唱された。

【2】生産性と安全性のバランスへのモデルの適用

図14.5は、組織の資源配分のバランスを説明するためのゴムバンドモデルである。すべての組織は、生産性と安全性の最適なバランスを必要としている（第7章および文献[10]を参照）。ここでは、網掛け部分を最適ゾーン、両脇の四角を生産性資源、安全性資源とする。ゴムバンドは限りのある資源システムである。伸ばされるほど、ゴムバンドを制御する潜在力は小さくなる。このことはもちろん、片側あるいは他方の側の張力を解放する場合には、当てはまらない。

図14.5の上段の図は、バランスのとれたシステムで、ゴムの結び目が最適ゾーンに入っていて、生産性にも安全性にも余裕がある。中段の図は、アンバランスな状態で、生産性を高めたために、結び目が最適ゾーンから外れている。また、下段の図も反対方向だが同様にバランスがとれていない状態である。中段も下段もいずれも、望ましくない資源配分である。中段の図では、生産性のほうにさらに力が入ったときに、それを補正する可能性がほとんど、あるいはまったくなく、潜在的に危険な状態である。一方、下段の図では、安全性に必要以上の資源が投入され、システムに重大な経済的損失となる。前者のケース

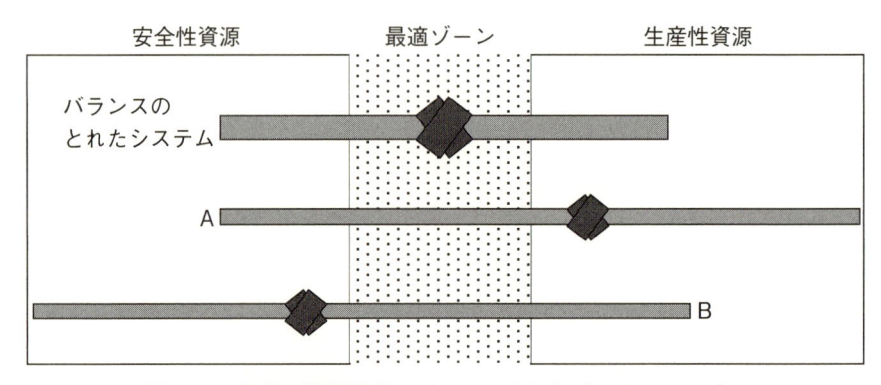

図14.5　組織の資源配分のバランスを示すゴムバンドモデル

---

10) Reason (1997), Chapter 1.

でのリスクは、操業上の潜在的な危険性が表面化したときに、安全性に振り向ける資源がないというリスクであり、後者のリスクは、極端にいえば、破産である。

【3】対処能力低下へのモデルの適用

ゴムバンドは、過度に伸ばされると、それ以上伸びなくなる特性があることから、ゴムバンドモデルには、さらに適用先がある。第9章で述べた大血管転換術の話を思い出してほしい。手術中に遭遇する大小さまざまな事象の数が少ないほど有害事象に対処する外科専門医の能力は高かった。意味するところは、明らかである。対処資源は有限である。繰り返されるストレッサーによって、対処資源は使い果たされてしまうのである。

第9章では、限られた対処資源を表すためにチェダーチーズを、また有害事象の累積的効果を表すものとしてそれを少しずつかじるネズミを用いた。しかし、ゴムバンドモデルを使って表現することも可能である。有害事象に対処するということは、それぞれの摂動を相殺するためにゴムバンドを引っ張ることに相当する。有害事象が多いと、ゴムバンドはこれ以上伸びないところまで伸びてしまい、両端の張力がなくならない限り、有害事象に対処する余裕が生まれないのである。

14.7 安全の積極的な定義

この結びのセクションの目的は、安全についての2つのモデルを組み合わせて「安全」というものについての、「不安全」という稀少なエピソードだけに依存しない、一つの見方を示すことである。各モデルの主な特徴を順に要約していこう。

【1】安全空間モデルのサマリー
- 有害事象に曝される頻度だけでなく、それぞれのシステムでの潜在的な

危険性への抵抗力は、人によっても、組織によっても違う。

- 先に述べたように抵抗力は、行き当たりばったりのものではなく、あらかじめ決められた特性である。偶然の要素が大きい事故とは異なり、本来備わっている抵抗力に寄与する要因は、かなり広範な要因までも、システムを管理し運用する人のコントロール下にある。これらには、予測、設計、仕様、計画、運転、メンテナンス、予算、情報伝達、手順書作成、管理、訓練などのような一般的なプロセスが含まれている。

- 偶然性が影響することから、抵抗力の高いシステムでさえ、依然として良くない結果を経験することがある。安全は絶対的ではない。危険からの完全な自由はない。反対に、脆弱性の高いシステムであっても、長い期間、事故に遭わないこともある。このように、システムの抵抗力または脆弱性と事故との関係については、長い目で見れば関係はあるが、ある短期間では関係は薄くなる。

- 大部分の安全に関する定義の意に反して、先に述べたように良くない結果に関するデータは、システムが本来もっている抵抗力の状態を表す指標としては不完全で、誤解を招きかねない。現代の多くの産業のように、事故率が非常に低い、あるいは底を打った状態にある場合には、特にそうである。

- 組織の現在の安全レベルは、事業上の危険への高い抵抗力と高い脆弱性を両端にもつ、葉巻状の空間内の位置で表すことを提案したい。

- いかなる組織にも安全空間の両端から内側に押し戻す外部からの力がかかる。もし組織が安全空間内の流れに身を任せるだけならば、組織はある程度の脆弱性と抵抗力の間を行ったり来たりしているだけである。

- 先に述べたように、あらゆる組織にとって、唯一の達成可能な安全目標は無事故ではなく、抵抗力を実現可能な最高レベルにまでもっていき、そこに長期間留まることである。このために、それぞれの組織は信頼できる安全空間のナビゲーションと内的な推進力の両方を必要とする。

- 事後評価と事前評価で安全空間をナビゲーションする。効果的な安全情

報システムで事故、インシデントおよびニアミスに関する情報を収集、分析、および周知を行う。あわせて、システムの"生命信号"を定期的にチェックし、注意を必要とするプロセスを継続的に改善していく。
- 組織の安全エンジンは本質的には文化力(Cultural drivers)である。理想的な文化は、現在の指導者の営利上の関心にかかわらず、安全空間の抵抗力の高い側に向けて、組織を動かし続ける文化である。安全文化の中心には、参画(commitment)、能力(competence)、および認識(cognisance)の3つのCがある。
- 安全空間モデルから来る考えを12のセルからなる表にまとめた。この表では、3つのCのそれぞれが4つのP、すなわち原理・原則(principle)、方針(policy)、手続き(procedure)、実践(practice)のそれぞれに影響していることを示している。表全体としては、安全でレジリエンスの高い組織がどのように見えるかを示している。

【2】結び目のあるゴムバンドモデルの特徴

- ワイクの考え方と同様に、このモデルは、信頼性があり安定した状態にシステムを保つために必要なコントロールの特徴を示している。
- ゴムバンドモデルの特性は安全ゾーン内に結び目、すなわちシステムを維持するための均等で、反対向きで、同時に働く補正の必要性を示している。
- 先に述べたように、複雑かつ厳重に防護されたシステムでの予測可能な摂動のほとんどは、設計者によって予測されて、工学的安全装置によって自動的に補正される。残された摂動は、現場での予期できない変化、そして人間の要素である。これらの人間の要素には、組織の上層部が作り出し、長い間潜んでいる潜在的状況要因、および人間とシステムの接点にいる人々の即発的エラー、すなわちエラーと違反が考えられる。
- これらの摂動をタイムリーに補正するためには、システムオペレーターは、摂動の予兆を知らせる状態を認識しなければならない。そのために

は、彼らは、現実またはシミュレーションにおいてそれらを経験し、必要なエラー検出とリカバリーの技術を磨く必要がある。

- この発想からすると、摂動が比較的頻繁なシステムのオペレーターは、比較的安定したシステムを管理する人よりも、これらの技術をもっている可能性がある。これらの非正常状態が直接経験をとおして理解されるシステムは、この機会がほとんどないシステムよりも、安全である可能性が高い。

- モデル化しようとするシステムと同様に、ゴムバンドモデルも資源が限られている。ゴムバンドが伸びれば伸びるほど結び目の位置を補正する余力は少なくなる。ゴムが限界点近くまで伸びている場合、結び目を動かすことができる唯一の方法は、片側あるいは両側からの張力を少なくすることである。

- ゴムバンドの片側にかかる力が安全性で、他方の側に作用する力が生産性であると仮定すると、2つのアンバランスなシステムをモデル化できる。一つは生産性の力が結び目を最適ゾーンの外に引き出してしまう状態、もう一つは過度の安全性の力が作用している逆の状態である。両方の状態はともに潜在的に危険である。前者では、良くない結果に結びつく摂動を補正できないリスクがある。後者には、操業上の潜在的な危険性に見合った以上の防護への投資による経済的な破綻というリスクがある。

- モデルの三つ目の適用は、対処能力資源への適用である（第9章の大血管転換術を参照）。それぞれの摂動に対して、ゴムバンドを伸ばして補正する必要があるために、ゴムバンドは過度に伸ばされ、さらなる摂動に対処する余裕がなくなってしまう。

どのようにしたら、これらの2つのモデルの特徴を安全についての一つの首尾一貫した説明に統合することができるだろうか。2つのモデルが補完的であり、多少異なるレベルの説明をしているという事実を考えれば簡単である。安

全空間モデルは、安全に関するより広い戦略的側面に重きを置いており、一方のゴムバンドモデルはより戦術的な、その時々の管理の課題を扱っている。

安全空間モデルは、システム上の潜在的な危険性に対する最大の実行可能な抵抗力の達成と維持という、安全管理の目的を定義している。また、それを達成するためには、事後評価と事前評価という安全空間のナビゲーション、そして原動力としての文化力（Cultural drivers）が必要である。一方、結び目のあるゴムバンドモデルは、システム管理の実践、特にエラーを誘発する状況、補正のタイミング、生産性と安全性への資源配分の適切なバランスを説明している。

14.8　本書のおわりに

　本書の締めを書くにあたり、私は本書がいかに不完全で、要領を得ていないかを実感している。より安全な事業のための方程式や処方箋という点では、読者にほとんど何も示していない。しかし、少なくとも、私や他のコンサルタントが、方程式や処方箋として示すものを、読者が疑うようになっていると思う。神の恵みを勝ち取ったという人がいたら大いに疑うように、もし自分たちの安全文化は高いなどという人がいれば、あなたは大いに疑うようになっているだろう。

　たどり着くことが重要なのではなく、そこに向かって努力し続けることが重要なのである。終わりがあるとすれば、それは崩壊だけである、勝ち目のないゲリラ戦のようなものが安全との戦いである。私たちは、最善を尽くし続けなければならない。

　私は、危機を救ったヒーローたちの話を書けたことをたいへん喜ばしく思っている。しかし残念なことに、すぐに現場で使えるものを、あまり読者に示せなかった。必要なことのほとんどは、特別な人自身がもっているからである。危機に適切に対処できる人材を育てることが、組織の課題であろう。それまでは危機が生じたときに、そのような人がいることに期待しよう。

索　引

[英数字]

3つのC　333
3つのバケツモデル　299
4つのP　333
9.11同時多発テロ　85
AECB　97
AECL　97
ALARPの原則　152
ASSIBの原則　152
BAC1-11型機　220, 285
BALPA　219
CAA　165
CAIB　167
CANDU炉　97
CEGB　94
CFIT　138
DC-10型機　162, 244
F-28型機　163
ICAO　164
INPO　94
IOM　87
JCAHO　149
KATUSAプログラム　189
NASA　167
NRC　93
NTSB　161
QuIC　84
RBMK　94
RHR　140
Take Time, Take Charge　307
VHF交信　263

[あ 行]

アイブロックス　158
アウトプットコントロール　81
アクエリアス　207
アーサー・ドウェイ　262
アトゥール・ガワンデ　124, 146
後知恵バイアス　90
アバーファン　158
アポロ13号　206, 284
アラステア・アチソン　220
アラバマ　159
アラン・ホッブス　140
アル・ヘインズ機長　244, 286
アルメイダの包囲戦　181
アロハ航空243便　159
安全エンジン　330
安全空間のナビゲーション　327
安全空間モデル　325
安全健全性　329
安全性　3
安全目標　152
アンドリュー・ホプキンス　108
イクシーダンス　42
意識の作業スペース　14
意思決定スタイル　276
位置喪失エラー　40
一貫性　291
意図貯蔵　38
意図に着目したエラー分類　35
違反　59, 83
　──の「バランスシート」　69

意味記憶　14
医療機関認定合同委員会　149
インシデント　43
ウィリアム・ジェームス　17
ウィリアム・レコード　244
ウィリアム・ワーグナー　61
ウエスタン・マイニング社　307
ウェリントン将軍　176
うっかりミス　132
エア・カナダ　239
エアバス社　160
エアマンシップ　195
　　──勲章名鑑　219
　　──ゴールドメダル　223
　　──大賞　244
英国患者安全機構　304
英国国鉄　64
英国枢密院　163
英国中央電力庁　94
英国保健省　294
英国民間航空パイロット協会　219
疫学的事故モデル　114
エシュデ　159
　　──列車事故　159
エストニア　159
エド・スマイリー　213
エピソード記憶　14
エラー　83
　　──形成要因　134
　　──に関する見識　299
　　──の罠　129
エリック・ホルナゲル　113
エリック・ムーディ機長　216
エルンスト・マッハ　86
エレバス山　158, 161, 265

欧州委員会共同研究センター　95
王立委員会　163
「起こるはずのない」事故　61
オーストラリア海難事故調査隊　142
オーストラリア政府航空安全管理局　165
オーストラリア民間航空安全局　165
オーストラリア民間航空局　165
オデッセイ　207
オミッション　37
　　──エラー　142
思いやりの致命的集中　144, 299, 301
オンタリオ航空　163
オンタリオ・ハイドロ社　101

[か 行]

加圧水型　103
　　──原子炉　95
海難事故　142
外部電源喪失　59
外乱　40
学習性無力感　125
確証バイアス　45, 57, 142, 148
塊＆ボードモデル　25
カナダ運輸省　163
カナダ原子力管理委員会　97
カナダ原子力公社　97
カニッツァの三角形　147
ガリエニ将軍　255, 281, 286
カルパチア号　196
カール・ワイク　292
還元主義　102
干渉エラー　54
監督・懲罰モデル　72
管間違い　145

監理的利便性の原理　91
官僚的組織　105
官僚的文化　105
偽陰性　48
記憶書き込み　49
記憶検索　51
記憶保持　50
記憶力をもつ組織　311
議会名誉黄金勲章　205
気質決定型事故多発傾向　132
基本的帰属エラー　89
基本的な驚き　161
キム・ヴィセンテ　101
ギムリー・グライダー　237, 285
ギムリー飛行場　238
キャンパーダウン号　106
驚異的なリカバリー　171, 269
偽陽性　48
局所的罠　150
規律　173, 193
キングス・クロス駅の地下鉄火災　107
クインティンスヒル　137
クラッパム　56
グラビティ・ドロップ　242
クルーリソースマネジメント　250
グレート・オーモンド・ストリート小児病院　224
グレートバリアリーフ　143
訓練　173, 193
計画策定　38
軽微事象　226
軽歩兵師団　177, 270, 283
結果に着目したエラー分類　41
結果の事後評価　116, 327

ゲティスバーグの戦い　78
ケビン・バックマン　247
現実の楽観主義　233, 280
原子力発電運転協会　94
限定合理性　57
原理・原則　333
行為に着目したエラー分類　37
高信頼性組織　105, 292
公正世界仮説　45
構造化された知識　14
行動原因モデル　71
高度専門研修医　145, 296
合理的な用心深さ　80, 294, 331
黒鉛減速沸騰軽水圧力管型原子炉　94
国際海上衝突予防規則　143
国際航空連盟　244
国際民間航空機関　164
国民医療サービス訴訟局　149
誤検出　48
心　11
　――の仕事　21
固執エラー　39
個人の事故傾向　129
個人の注意深さ　291, 296
固着エラー　142
ゴードン・ベッティ機長　260, 286
誤認　47
コペンハーゲンの海戦　77
コミッションエラー　142
コールドレグ　140
コロンビア号　159, 167
混合　38
コントロールの錯覚　68

350　索引

[さ 行]

最小努力の原理　91
サイズウェルB原子力発電所　94
サイドスリップ　239
再認プライム型意思決定　276
再発する事故　129
最良滑空比速度　241
サウスオール鉄道事故　138
サリー・ジャイルズ　149
参画　330
残留熱除去　140
ジェイク・チャップマン　103
ジェーン・カーシー　224, 280, 303
時間空白　49
ジークムント・フロイト　11, 151
事故構造フレームワーク　114
自己コントロール　81
事故症候群　131
事故進展・バリアモデル　114
システム　3
　――アプローチ　115, 294
　――事故モデル　114
システムモデル　84, 112, 124, 307, 313, 317
自然主義的意思決定論　278
実践　333
疾病モデル　84
シーマンシップ　195
社会コントロール　81
社会病質的外向性　130
ジャカルタ　216
視野狭窄　45, 86, 234, 281
自由意志の幻想　89
重大事象　226
集団の注意深さ　292, 293
自由なエージェント　89
柔軟な閃き　195
重要軍務女王賞　219, 223
主胆管　125, 145
受動的接触　147
順序間違い　38
遵法闘争　78
状況に依存した違反　64
情況に着目したエラー分類　39
状況要因　166, 168
使用済み核燃料　96
尚早エラー　39, 55
上訴裁判所　163
静脈投与　144
省略行動　62
ジョン・アーロン　214, 274
ジョン・リー　101
シリンジポンプ　135
ジーン・クランツ　210, 274, 281
人工心肺装置　234
深層防護　291, 313
心的外傷後ストレス障害　252
遂行　38
推進力　151, 342
スイスチーズモデル　116
スカルハッタ国際空港　218
スキーマ　14
スキルベース　16
スー・ゲートウェイ空港　245
スー・シティー　245
ストレス　40
スプーナー誤法　54
スペイン独立戦争　173
スリップ　35, 47, 132

スリーマイル島　158
　──原子力発電所事故　99
スワブ　303
性格特性　129
生産性　7
生産目標　61, 94, 106, 152
脆弱システム症候群　87
脆弱性　326
生成的組織　105
生成的文化　105
脊髄投与　144
摂動　325
ゼーブリュージュ　59, 107, 158
セベソ　158
潜在的状況要因　83
センチネルイベント　310
セントエルモの火　216
専門研修医　145, 296
戦略失　330
即発的エラー　83, 117, 168, 293, 343
組織事故　43, 86, 95, 116, 152, 163
組織の"生命信号"　169, 329, 334, 343
その場しのぎの問題解決　313

[た　行]

第185アイオワ空軍州兵　246
第1海兵師団　182, 283
大血管転換術　111, 224, 280, 302, 341
対象間違い　38
対処資源　229, 341
タイタニック号　107, 196, 275, 284
タイミング間違い　38
打算的組織　105
打算的文化　105
ダドリー・ドヴォラーク　244

ダブルバインド　60
団結心（エスプリ・ド・コープ）　192
胆嚢切除術　145
チェルノブイリ原子力発電所　41, 59, 65, 76, 93, 158
チッピンデール報告　265
地表衝突事故　138
チャック・ディートリック　213
チャレンジャー号　94
チャンセラーズビルの戦い　77
注意資源　17, 40, 55, 133
注意深さ　81, 105
中断　40
長期記憶　14
朝鮮戦争　173
長津湖　7, 182
長津撤退　181, 283
強い習慣　52
抵抗力　321, 324, 329, 342
停止現示信号冒進　42, 137
ディートリッヒ・デルナー　108
ティム・ランカスター機長　220
テストステロン　67
手続き　333
鉄道事故調査ツール　121
デニス・フィッチ機長　244
テネシー峡谷開発公社　93
テネリフェ　53, 158, 160
デ・ハビランド・コメット型機　157
デビッド・ウッズ　155
デビッド・マークス　112
テロリスト　60
展望記憶　50
電力中央研究所　139
洞察訓練　304

洞察要因　304
同時性原理　338
動的非事象　292, 337
ドミノ理論　114
ドライデン　159, 162
トリビアル・パスート　27
努力を最小にすること　64

[な 行]

内観分析　148
ナレッジベース　16
二階建てバス　53
日常的な違反　64
乳がん　109
ニュージーランド航空事故調査委員会　162
認知の再形成　17
ネガティブな顔　324
年齢を感じる瞬間　133
能動的接触　147
喉まで出かかっているが口に出ない　12

[は 行]

パイパーアルファ　77, 159
破壊活動家　60
パーソンモデル　84, 86
パターンマッチング　23
発生を待っている事故　101
パディントン　159
バテル・シアトル研究センター　101
ハーバード・メディカルプラクティス・スタディ　310
バーミンガム国際空港　220
ハームアブソーバー　295
バリー・ダウンリーフリーマン　216
パリのタクシー　255, 286
バルジの戦い　187
バンダリズム　79
反復　37
ピケットの突撃　78
非常用ディーゼル発電機　60
非常用炉心冷却装置　59
ビッグバン　310
必要な違反　64
否定　88
非難　88
　——する文化　88
ヒューリスティック　21, 147
ピュロスの勝利　187
病原体　113, 120, 166, 308
病的組織　105
病的文化　105
ヒーロー　124, 280, 307
ビンクリスチン　144, 296
ヒンクリーポイント　95
頻出性ギャンブル　15, 19, 277
頻出性バイアス　57
不安(不安定)内向性　130
不安全行動　33, 62, 83, 291, 299
部位間違い　149
フエンテス・デ・オニョーロ村　176, 283
フォッカー社　162
腹腔鏡下胆摘時胆管損傷事故　146
腹腔鏡下胆嚢摘出術　125, 145
不合理性　57
不死身の錯覚　68
不遵守行為　60, 91
沸騰水型　103

負の転移　134
普遍的特性　150, 168
不本意合理性　57
フライトマネジメントシステム　160
プライミング　39, 135
振り子　165
フリックスボロー　158
ブリティッシュ・エアウェイズ09便　216, 284
ブリティッシュ・エアウェイズ優秀賞　223
フリーレッスン　42, 80, 92, 324
プロセスコントロール　80
プロセスの事前評価　116, 324, 327
プロフェッショナリズム　195
文化力　152, 330
ベアリング銀行　107
米国医療品質諸機関間調整タスクフォース　84
米国原子力規制委員会　93
　──運転データオフィス　103
米国航空宇宙局　167
米国国立科学アカデミー医学研究所　87
米国国家運輸安全委員会　161
米国名誉十字章　205
米国薬物安全使用協会　110
蛇と梯子ゲーム　150
ヘビーランディング　42, 131
ヘラルド・オブ・フリー・エンタープライズ号　60, 107, 161
変動性　291
ポアソン分布　130
ボイド係数　65
ボーイング767型機　237

ボーイング社　160
報告システム　91, 153, 311, 328, 335
報告する文化　91, 292
方針　333
法律モデル　84, 110
ポジティブな顔　324
ホットレグ　140
ポートリミット　143
ボパール　159
ボブ・ピアソン機長　237
ボブ・レグラー　210
ホワイトアウト現象　266

[ま　行]

マーキング　149
マクダネル・ダグラス社　244
マーク・デュルバール　224
マーシャル卿　95
間違った目標の追求　106
マネジメントスタイル　279
マーフィーの法則　143
マホン報告　161, 162, 266
マルヌの奇跡　259, 286
マルヌのタクシー　258
マルプライアンス　78
マルベンション　76
磨き仕事　106
未検出　48
ミステイク　35
ミスプライアンス　77
ミスベンション　65, 76
ミッドループ運転　140
ミニ理論　85
結び目のあるゴムバンドモデル　337
名詞失語症　51

メタファー　25
メンタルスキル　81
メンタルプロセス　35, 45, 64, 308
モシャンスキー報告　163
物忘れ対策　51, 133
モーリス・クィンタル　237
モーリス・シュルジンガー　131

[や 行]

ヤークス・ドットソンの法則　339
ヤング　165
油圧システム　244
優越の錯覚　68
有視界飛行　162
輸液ポンプ　135
ユナイテッド航空232便　244, 286
ユーバーリンゲン　159
予期せざる結果の法則　110

[ら 行]

楽観的な違反　63
ラップ・コーレ　145
ラドブローク・グローブ鉄道事故　138
ラドロー　53
ラプス　35, 47, 132
ラムエアタービン　240
ランディング・ギア　242
リーダーシップ　193

リナーテ　159
リマインダーカラー　137
類似性照合　19, 277
類似性バイアス　57
ルイシャム　53
ルート間違い　144
ルール関連行動　59, 73
ルールの質　73
ルールベース　16
例外的な違反　65
レジリエンス　116, 233, 293, 302, 319, 321, 333
レッドレーク　237
レベルバスト　42, 131
連結作業　64
連続事故モデル　113
労働安全衛生　86
ロジャー・グリーブス　216
ロストロン船長　196, 284
ローナ・フリン　271
ロールシャッハテスト　157
ローレンス・ウェイ　146
ロン・ウェストラム　104
ロングアイランド　159
ロンドン救急サービス　109

[わ 行]

割り込み　37

●著者紹介

　ジェームズ・リーズン(James Reason)
　1977～2001年まで英国マンチェスター大学(University of Manchester)の心理学部で教授を務めた。同氏は1962年に同大学を卒業、1967年、博士号を取得し、1964～1976年まで、英国レスター大学(University of Leicester)心理学部で講師、准教授を務めた。また、英国ハンプシャー州ファーンバラ(Farnborough)にある英国空軍航空医学研究所(Royal Air Force Institute of Aviation Medicine)、米国フロリダ州ペンサコラ(Pensacola)にある米国海軍航空宇宙医学研究所(US Naval Aerospace Medical Institute)に勤務した。
　同氏の研究上の主な関心は、複雑かつ厳重に防護されたシステムの崩壊に対する人間と組織のかかわりである。同氏は、うっかりミス、ヒューマンエラー、航空ヒューマンファクター、組織事故、また最近は、保守事故についての本を執筆している。また、航空、鉄道、原子力発電、海上保安、原油・ガス田開発、採鉱業、化学産業、交通安全、金融や医療の分野での研究やコンサルタントを行っている。
　1995年に米国ヒューマンファクター学会(US Human Factors and Ergonomics Society)から外国人奨励研究者賞(Distinguished Foreign Colleague Award)、2001年に航空安全財団(Flight Safety Foundation)エアバス社賞、航空宇宙学へのヒューマンファクター研究の適用に対して2001年に王立航空協会(Royal Aeronautical Society)からロジャー・グリーン(Roger Green)メダル、2002年に航空安全財団ボーイング社特別功労賞を受賞した。同氏は、英国アカデミー(British Academy)、王立航空協会、英国心理学会(British Psychological Society)のフェローであり、2002年に英国アバディーン大学(University of Aberdeen)から名誉博士号を授与され、また患者安全への貢献に対して2003年に大英帝国勲章(Order of the British Empire)CBE(comander)を授与された。2006年に王立一般医大学(Royal College of General Practitioners)の名誉フェローになった。

●訳者紹介

佐相邦英(さそう くにひで)　〈監訳〉
　㈶電力中央研究所　社会経済研究所　ヒューマンファクター研究センター
　　上席研究員、日本人間工学会認定人間工学専門家
吉村誠一(よしむら せいいち)
　　同　副センター長、上席研究員　博士(工学)
藤本順三(ふじもと じゅんぞう)
　　同　上席研究員
長坂彰彦(ながさか あきひこ)
　　同　上席研究員
伊藤　武(いとう たけし)
　　同　スタッフ　上席
弘津祐子(ひろつ ゆうこ)
　　同　主任研究員
長谷川尚子(はせがわ なおこ)
　　同　主任研究員
廣瀬文子(ひろせ あやこ)
　　同　主任研究員
早瀬賢一(はやせ けんいち)
　　同　主任研究員
三沢　良(みさわ りょう)
　　同　主任研究員　博士(心理学)、専門社会調査士
武田大介(たけだ だいすけ)
　　同　研究員

●電力中央研究所の紹介
　電力中央研究所は「電力王・電力の鬼」と呼ばれた松永安左ェ門が電力技術の専門研究機関の設立を構想、1951(昭和26)年11月に設立。以来、半世紀以上にわたり、電気事業が直面する課題の解決に先駆的に取り組み、電力の安定供給・信頼性の向上に大きな貢献を果たしている。また、学術研究機関として、エネルギーや環境など、地球規模の問題にも、幅広い専門性を生かし、総合的な視点から研究に取り組んでいる。

組織事故とレジリエンス
人間は事故を起こすのか、危機を救うのか

2010年6月30日　第1刷発行
2023年8月22日　第9刷発行

著　者　ジェームズ・リーズン
監訳者　佐相　邦英
訳　者　㈶電力中央研究所
　　　　ヒューマンファクター研究センター
発行人　戸羽　節文

検印省略

発行所　株式会社日科技連出版社
〒151-0051　東京都渋谷区千駄ケ谷5-15-5
DSビル
電　話　出版　03-5379-1244
　　　　営業　03-5379-1238

印刷・製本　㈱シナノパブリッシングプレス

Printed in Japan

© Central Research Institute of Electric Power Industry 2010
ISBN978-4-8171-9353-7
URL http://www.juse-p.co.jp/

本書の全部または一部を無断でコピー、スキャン、デジタル化などの複製をすることは著作権法上での例外を除き禁じられています。本書を代行業者等の第三者に依頼してスキャンやデジタル化することは、たとえ個人や家庭内での利用でも著作権法違反です。